国家林业和草原局职业教育"十三五"规划教材

林业企业管理

张秀媚　张　毅　主编

中国林业出版社
·北京·

内 容 简 介

本教材遵循职业教育教学规律,以案例为导入,以企业管理人员的职业能力为主线进行设计,由以下 8 个学习单元组成:林业企业管理基础知识、林业企业组织环境、林业企业目标与计划管理、林业企业战略决策管理、林业企业人力资源管理、林业企业领导方法与沟通艺术、林业企业财务管理、林业企业创新发展与创业管理。

本教材可以作为高职院校商务管理、农业经济管理、市场营销、物流管理、财务管理等专业的基础课程教材,也可以作为各类基层管理人员的培训教材。

图书在版编目(CIP)数据

林业企业管理 / 张秀媚,张毅主编. —北京:中国林业出版社,2020.6
ISBN 978-7-5219-0489-5

Ⅰ.①林⋯ Ⅱ.①张⋯ ②张⋯ Ⅲ.①林业企业-企业管理-高等职业教育-教材 Ⅳ.①F307.26

中国版本图书馆 CIP 数据核字(2020)第 028302 号

中国林业出版社·教育分社

策划编辑:田 苗 曾琬淋
责任编辑:田 苗 丰 帆 曾琬淋
电话:(010)83143630   传真:(010)83143516

数字资源

出版发行	中国林业出版社(100009 北京市西城区德内大街刘海胡同 7 号)
	E-mail:jiaocaipublic@163.com 电话:(010)83143500
	http://www.forestry.gov.cn/lycb.html
经 销	新华书店
印 刷	北京紫瑞利印刷有限公司
版 次	2020 年 6 月第 1 版
印 次	2020 年 6 月第 1 次印刷
开 本	787mm×1092mm 1/16
印 张	12.75
字 数	320 千字(含数字资源)
定 价	38.00 元

未经许可,不得以任何方式复制或抄袭本书之部分或全部内容。

版权所有   侵权必究

《林业企业管理》编写人员

主　　编　张秀媚　张　毅
编写人员　张秀媚（福建林业职业技术学院）
　　　　　张　毅（福建林业职业技术学院）
　　　　　叶英妹（福建省邵武故县林场）
　　　　　茅水旺（沙县林业局）

前 言

根据教育部、财政部《关于进一步推进"国家示范性高等职业院校建设计划"实施工作的通知》(教高〔2010〕8号)、国务院办公厅《关于深化高等学校创新创业教育改革的实施意见》(国办发〔2015〕36号)、教育部《高等职业学校专业教学标准》和教育部、国家发展改革委、财政部、市场监管总局联合印发的《关于在院校实施"学历证书+若干职业技能等级证书"制度试点方案》(教职成〔2019〕6号)等文件精神要求,在"做中学,学中做""提升学生的创新精神、创业意识和创新创业能力""投身创业实践的学生显著增加"等教学理念的指导下,采用工作过程导向的"典型工作任务分析法"和"实践专家访谈会"等技术方法,通过整体化的职业资格研究,按照"从初学者到专家"的职业成长逻辑规律,经过多年的理性探索与实践,重构了工作过程系统化的专业核心课程体系,组织一线教师和行业企业专家编写了本课程的特色教材。

作为市场营销、物流管理、商务管理、财务管理、农业经济管理等专业的专业基础课教材,本教材充分考虑企业管理的实际需要,广泛吸收国内外企业管理的科学知识和教学实践经验,并结合林业院校特色,加强林业行业与企业管理知识的融通。同时,企业管理问题的关键是文化问题,如何体现育人功能,践行文化自信,特别是在新时代环境下管理伦理与管理道德问题,是企业管理教育者必须正视的课题。企业管理作为高职院校管理类专业的一门基础课程,其对于引导和培养当代大学生树立科学的世界观、人生观和价值观的作用不可低估。因此,本教材在企业管理思想中融入中国优秀传统文化管理思想和创新创业理念,充分利用课程与大学生学习生活联系密切的学科特征,最大限度发挥管理学课程的育人功能,为国家培养出更多思想素质过硬、理想信念坚定的当代大学生。

本教材遵循职业教育教学规律,以案例为导入,以企业管理人员的职业能力为主线进行设计,由以下8个学习单元组成:林业企业管理基础知识、林业企业组织环境、林业企业目标与计划管理、林业企业战略决策管理、林业企业人力资源管理、林业企业领导方法与沟通艺术、林业企业财务管理、林业企业创新发展与创业管理。

在学习过程中,要求学习现代林业企业和管理的特点、现代企业制度,以及企业管理的具体内容,要充分发挥主体功能,既要强调显性的、可见的工作成果,又要关注隐性能力的培养,充分体现高职教育课程职业性、实践性和开放性的要求。学生可在教师的指导和工作页的引导下,通过查阅相关的资料与技术手册,自主地在理实一体化教室中完成学习和工作任务。

本书由张秀媚组织编写,负责起草编写大纲,选择教材内容,确定编写案例,对全书进行统稿。张毅在本书统稿过程中,做了大量具体工作。张秀媚负责编写前言、单元1、单元3、单元6、单元7、单元8以及相关数字资源。张毅负责编写单元2、单元4、单元5以及相关数字资源。叶英妹和茅水旺在统稿过程中提供了部分案例并给予了大力的帮助。

由于编写时间仓促,水平有限,难免存在不足之处,恳请读者提出宝贵的意见和建议。

编 者
2019年9月

目 录

前 言

单元 1 　林业企业管理基础知识 　001

1.1 　林业企业的概念与分类 　002
- 1.1.1 　林业企业的概念 　002
- 1.1.2 　林业企业的特征 　003
- 1.1.3 　林业企业的类型 　006

1.2 　林业企业的管理知识 　008
- 1.2.1 　林业企业管理的概念 　008
- 1.2.2 　林业企业管理的职能 　008
- 1.2.3 　林业企业管理者及其素质 　010
- 1.2.4 　企业管理理论发展 　015
- 1.2.5 　林业企业管理的内容 　020
- 1.2.6 　林业企业管理的特点 　021
- 1.2.7 　现代林业企业管理的新发展 　022

单元 2 　林业企业组织环境 　031

2.1 　林业企业组织理论 　032
- 2.1.1 　组织概述 　032
- 2.1.2 　组织结构 　033

2.2 　林业企业管理环境 　037
- 2.2.1 　林业企业管理环境的概念及其分类 　037
- 2.2.2 　林业企业管理环境分析模型 　041

单元 3 　林业企业目标与计划管理 　051

3.1 　林业企业目标管理 　052
- 3.1.1 　林业企业经营目标的概念特征和设置原则 　052
- 3.1.2 　企业目标管理的概念、特点和过程 　054

3.1.3 鱼骨图目标导向分析法 ………………………………………………… 057
3.2 林业企业计划管理 …………………………………………………………… 059
　　3.2.1 企业计划的概念和内容 ……………………………………………… 059
　　3.2.2 企业计划的特点 ……………………………………………………… 060
　　3.2.3 林业企业计划的类型 ………………………………………………… 061
　　3.2.4 林业企业经营计划的内容 …………………………………………… 061
　　3.2.5 制订企业计划的步骤 ………………………………………………… 063
　　3.2.6 编制企业计划的方法 ………………………………………………… 064
　　3.2.7 影响企业计划有效性的权变因素 …………………………………… 065
　　3.2.8 企业计划工作的原理 ………………………………………………… 066
　　3.2.9 PDCA 循环分析法 …………………………………………………… 067
3.3 5S 现场管理法 ………………………………………………………………… 068
　　3.3.1 5S 的含义 ……………………………………………………………… 068
　　3.3.2 5S 的主要效用 ………………………………………………………… 068
　　3.3.3 5S 的推行步骤 ………………………………………………………… 069

单元 4　林业企业战略决策管理 …………………………………………………… 075

4.1 林业企业战略管理 …………………………………………………………… 076
　　4.1.1 企业战略及其构成要素 ……………………………………………… 077
　　4.1.2 林业企业战略管理的概念、分类及过程 …………………………… 079
4.2 林业企业经营决策方法 ……………………………………………………… 082
　　4.2.1 林业企业经营决策的概念及其作用 ………………………………… 082
　　4.2.2 林业企业经营决策的类型 …………………………………………… 082
　　4.2.3 林业企业经营决策的程序 …………………………………………… 084
　　4.2.4 林业企业经营决策的影响因素 ……………………………………… 085
　　4.2.5 林业企业经营决策方法 ……………………………………………… 086

单元 5　林业企业人力资源管理 …………………………………………………… 097

5.1 林业企业人力资源概述 ……………………………………………………… 098
　　5.1.1 林业企业人力资源的概念 …………………………………………… 098
　　5.1.2 林业企业人力资源的特点 …………………………………………… 098
　　5.1.3 林业企业人力资源的构成 …………………………………………… 100
　　5.1.4 我国林业企业人力资源现状 ………………………………………… 101
5.2 林业企业人力资源管理概述 ………………………………………………… 102
　　5.2.1 林业企业人力资源管理的含义 ……………………………………… 102
　　5.2.2 林业企业人力资源管理的职能 ……………………………………… 102
　　5.2.3 林业企业人力资源管理的任务 ……………………………………… 103

		5.2.4 林业企业人力资源管理的意义	104

　　　　5.2.4　林业企业人力资源管理的意义 …………………………………… 104
　　　　5.2.5　现代林业企业人力资源管理与传统的人事管理的区别 ………… 104
　　　　5.2.6　人力资源管理的发展趋势 …………………………………………… 106
　　5.3　林业企业人力资源管理的内容 …………………………………………… 106
　　　　5.3.1　人力资源规划 ………………………………………………………… 106
　　　　5.3.2　招聘与配置 …………………………………………………………… 107
　　　　5.3.3　培训与开发 …………………………………………………………… 108
　　　　5.3.4　绩效管理 ……………………………………………………………… 109
　　　　5.3.5　薪酬福利管理 ………………………………………………………… 110
　　　　5.3.6　劳动关系管理 ………………………………………………………… 111

单元 6　林业企业领导方法与沟通艺术 …………………………………………… 119

　　6.1　领导理论 …………………………………………………………………… 120
　　　　6.1.1　领导的含义 …………………………………………………………… 120
　　　　6.1.2　领导权力的构成 ……………………………………………………… 121
　　　　6.1.3　领导者的领导艺术 …………………………………………………… 122
　　　　6.1.4　现代领导理论 ………………………………………………………… 123
　　6.2　激励 ………………………………………………………………………… 127
　　　　6.2.1　激励的主要作用 ……………………………………………………… 127
　　　　6.2.2　激励理论 ……………………………………………………………… 127
　　　　6.2.3　激励的原则 …………………………………………………………… 136
　　　　6.2.4　激励的主要方法 ……………………………………………………… 137
　　6.3　沟通 ………………………………………………………………………… 137
　　　　6.3.1　沟通的基本概念及过程 ……………………………………………… 137
　　　　6.3.2　沟通的类型 …………………………………………………………… 138
　　　　6.3.3　沟通的作用 …………………………………………………………… 139
　　　　6.3.4　沟通障碍与有效沟通 ………………………………………………… 139

单元 7　林业企业财务管理 ………………………………………………………… 145

　　7.1　财务管理概述 ……………………………………………………………… 146
　　　　7.1.1　林业企业财务管理的概念和特点 …………………………………… 146
　　　　7.1.2　林业企业财务活动的过程 …………………………………………… 147
　　　　7.1.3　林业企业财务管理的目标 …………………………………………… 148
　　　　7.1.4　林业企业财务关系 …………………………………………………… 149
　　7.2　林业企业资金的筹集 ……………………………………………………… 149
　　　　7.2.1　林业企业筹资渠道 …………………………………………………… 150
　　　　7.2.2　林业企业筹资方式 …………………………………………………… 150

####### 7.2.3 林业企业筹资管理的原则 152
####### 7.2.4 林业企业筹资管理的特点和资金来源 152
7.3 林业企业资产管理 153
####### 7.3.1 林业企业资产的分类及概念 153
####### 7.3.2 林业企业资产的管理要求 155
####### 7.3.3 林业企业资产管理的原则 157
####### 7.3.4 林业企业资产管理的环节 157
7.4 林业企业成本费用管理 159
####### 7.4.1 林业企业成本和费用项目 159
####### 7.4.2 林业企业成本费用管理的主要内容 160
7.5 林业企业销售收入和利润管理 163
####### 7.5.1 林业企业销售收入管理 163
####### 7.5.2 林业企业利润管理 166

单元 8 林业企业创新发展与创业管理 175
8.1 林业企业创新发展 176
####### 8.1.1 林业企业创新的概念和类型 176
####### 8.1.2 林业企业创新的特点 177
####### 8.1.3 现代林业企业创新的内容 178
8.2 林业企业创业管理 183
####### 8.2.1 创业和创业管理的含义 183
####### 8.2.2 企业创业与个体创业的比较 184
####### 8.2.3 创业管理与传统管理的区别 185
####### 8.2.4 创业的类型 185
####### 8.2.5 促进企业创业的策略 187
####### 8.2.6 林业创业项目的选择 187

参考文献 194

单元 1 林业企业管理基础知识

学习目标

知识目标

(1) 了解林业企业的概念、特征和类型，以及管理和林业企业管理的概念和特点。

(2) 理解林业企业管理的职能和内容，理解现代企业管理的新发展，掌握林业企业管理者的技能要求。

(3) 了解企业管理思想的发展历史，掌握不同阶段的企业管理思想的特点。

技能目标

(1) 能分析林业企业管理的职能，知道林业企业管理的发展趋势；正确分析现代林业企业制度。

(2) 能在不同管理层次正确选择和应用不同的管理技能。

(3) 能分析不同时代背景下，中外不同代表人物的主要贡献和管理特点，能用管理基本理论正确分析现代企业管理的案例。

案例导入

张超办企业

张超上大学时学的是木材加工专业,毕业后他与朋友合伙办了一个木业有限公司,主营木制品生产和销售,产品主要销售到国外。

张超的木业公司成立后,接下来的事情让他感觉压力很大,他要研究企业经营范围和经营目标,制定企业管理制度,招聘员工,还有团队如何管理,资金如何筹集,企业如何进行计划和决策,如何寻找市场和协作伙伴等问题。特别是后来发生的出纳抽逃资金的事情令他头疼不已。他感到企业经营管理真不是一件容易的事情,不具备一些管理知识和技能有点力不从心。

问题:
1. 企业为什么而办?企业有什么特征?
2. 张超的木业有限公司是属于什么类型的企业?企业有哪些类型?
3. 现代企业制度的特征是什么?
4. 什么是管理?管理应该具有哪些职能?
5. 管理的基本任务是什么?
6. 管理者应该具备哪些素质和技能?
7. 管理者应充当哪些角色?

知识准备

一个企业若要正常运转,需要企业管理者具备一定的管理知识,理解管理的职能,并在不同的角色中发挥不同的技能,这样才能充分发挥管理者的才能和作用。

1.1 林业企业的概念与分类

1.1.1 林业企业的概念

企业一般是指以赢利为目的,运用各种生产要素(土地、劳动力、资本、技术和企业家才能等),向市场提供商品或服务,实行自主经营、自负盈亏、独立核算的法人或其他社会经济组织。

林业企业是为了满足社会对林产品和森林的多种效益的需要,追求长期的可持续发展,并要实现生态效益与经济效益的平衡,实行自主经营、自负盈亏、独立核算,从事林业生产经营活动的相对独立的法人或其他社会经济组织。

国家林业局（现国家林业和草原局）公布的第二批和第三批国家林业重点龙头企业名单中，福建15家企业榜上有名（表1-1）：

表1-1 福建林业重点龙头企业名单

批次	第二批（2016年）	第三批（2018年）
企业名单	福建青松股份有限公司	安发（福建）生物科技有限公司
	清流县闽山化工有限公司	福建南方制药股份有限公司
	福建和其昌竹业有限公司	福建源华林业生物科技有限公司
	福建茗匠竹艺科技有限公司	
	福建味家生活用品制造有限公司	
	春舞枝花卉有限公司	
	福建安溪聚丰工艺品有限公司	
	海峡生物科技有限公司	
	福建金森林业股份有限公司	
	诚丰家具（中国）有限公司	
	漳州市国辉工贸有限公司	
	武夷山市绿洲竹业（集团）有限公司	

1.1.2 林业企业的特征

1.1.2.1 一般企业的特征

（1）组织性

企业不同于个人、家庭，它是一种有名称、组织机构、规章制度的正式组织，是由企业所有者和员工主要通过契约关系自由地（至少在形式上）组合而成的一种开放的社会组织。如福建省永安林业（集团）股份有限公司是按法律程序成立的、经过注册登记的企业。

（2）经济性

企业作为一种社会组织，它本质上是经济组织，以经济活动为中心，实行全面的经济核算，追求并致力于不断提高经济效益；而且，它也不同于政府和国际组织对宏观经济活动进行调控监管的机构，它是直接从事经济活动的实体，和消费者同属于微观经济单位。如福建省永安林业（集团）股份有限公司是以森林资源为主要经营对象的、从事经济活动的上市公司。

（3）商品性

企业作为经济组织，又不同于自给自足的自然经济组织，而是商品经济组织、商品生产者或经营者、市场主体，其经济活动是面向、围绕市场进行的。不仅企业的产出（产品、服务）和投入（资源、要素）是商品——企业是"以商品生产商品"，而且企业自身（企业的有形资产、无形资产）也是商品。企业产权可以有偿转让——企业是"生产商品的商品"。林业企业经营以有关森林资源为主要对象，如福建省永安林业（集团）股份有限公司经营的主要产品有木材、纤维板、家具、强化木地板等，这些产品主要是用来进行市场交易的。

(4) 营利性

企业作为商品经济组织，不同于以城乡个体户为典型的小商品经济组织，它是发达商品经济即市场经济的基本单位，是单个职能资本的运作实体，是以赢取利润为直接、基本目的，利用生产、经营某种商品的手段，通过资本运营，追求资本增值和利润最大化。如福建省永安林业(集团)股份有限公司经营的主要目的是赢取利润。

(5) 独立性

企业是一种在法律和经济上都具有独立性的组织，它(作为一个整体)对外在社会上完全独立，依法独立享有民事权利，独立承担民事义务，独立履行民事责任。它与其他自然人、法人在法律地位上完全平等，没有行政级别、行政隶属关系。它不同于民事法律上不独立的非法人单位，也不同于经济(财产、财务)上不能完全独立的其他社会组织，它拥有独立的、边界清晰的产权，具有完全的经济行为能力和独立的经济利益，实行独立的经济核算，能够自决、自治、自律、自立，实行自我约束、自我激励、自我改造、自我积累、自我发展。

1.1.2.2 独有的特征

(1) 多产业性

林业产业是以经营森林资源为主体的经济系统的产业。林业产业包括种植业、养殖业、运输和贸易业、人造板工业、林产化学加工业、机械加工业、野生动物保护和繁殖业以及森林旅游业等，涵盖第一、第二、第三产业。森林资源是林业产业赖以生存和发展的基础，林业企业的根本任务是培育、保护和发展森林资源，并相应建立用材林基地和竹材资源基地，定向培育各类工业原料林和名特优新经济林，营造各种防护林体系。

(2) 多目标的并存性

林业企业经营目标具有对生态效益、经济效益、社会效益等不同目标的综合要求。林业生态效益是指人们在营林生产过程中，投入一定量的劳动而对森林生态系统的诸多因素和整个生态系统的平衡产生的某种影响，从而对人们的生活环境和生产条件产生的效益。林业经济效益，是通过林业商品和劳动的对外交换所取得的社会劳动节约，即以尽量少的劳动耗费取得尽量多的经营成果，或者以同等的劳动耗费取得更多的经营成果。林业社会效益是指最大限度地利用有限的林业资源，满足社会上人们日益增长的物质文化需求，是林业项目实施后为社会所做的贡献。

(3) 资源的约束性

林业企业主要是以森林资源培育、开发利用等活动为经营内容，在各种资源的约束下，追求长期的可持续发展，并要实现生态效益与经济效益的平衡。森林资源是有限资源，因此经营过程中要节约资源，重视可持续发展。

(4) 生产资源的地域组合性

林业生产资源的地域组合是各种林业生产资源在一定地域上的有机结合。比如，林下经济生产提倡的是林下各种资源的组合经营。自然资源有利的地域组合，不仅可提高资源的开发利用价值，而且可促进地区经济的综合发展。

1.1.2.3 可持续发展林业企业的基本特征

在资本运作甚嚣尘上的年代，商品或实业运作往往被人们所忽视。然而资本运作的真正成功必须以成功的实业运作为基础，企业要有可持续发展的实力，应该具备以下基本特征：

（1）健康稳定的业务结构

健康稳定的业务结构是可持续发展企业的首要特征。对于专业化企业来讲，健康稳定的业务结构意味着企业具有完整有效的现有业务结构（主营产品、辅营产品、新产品）和在专业领域内的新产品研究开发能力。对于多元化企业来讲，健康稳定的业务结构意味着企业在主营业务、辅营业务、新业务3个方面具有一种合理比例，在产业群结构中形成了提供连续性业务增长的多元动力。

（2）卓有成效的领导团队

优秀的领导团队绝非指某个优秀的领导人，而是整个领导管理团队的优秀组合。团队是否高效，取决于任务的有效性、成员的幸福感、团队的存续力、团队的创新和团队间的合作。战略管理专家姜汝祥曾说过，企业成功可能要靠某个人，但企业要持续发展只能靠机制、靠团队，没有一个连续的统一的领导管理团队，在竞争环境下，成功将随着主要领导人的退出而逝去。

（3）符合需要的人力资源

企业的人力资源状况近年来一再引起人们的关注，这是因为在信息经济时代，人力资源中很大一部分资源已经变成了知识型员工，而知识型员工对于企业的成功具有更大的影响力。在现代，人力资源已经成为企业所有可用资源中的核心资源，核心资源决定着核心生产力。一个可持续发展的企业必须从社会系统中吸取到足够的符合企业发展需要的人力资源，并且确保这些人力资源对企业成功发挥出应有的作用，这与企业岗位设定、岗位职责、岗位要求、招聘技巧、薪酬设计、培训等有关，还与激励、领导、管理模式、文化等有关。

（4）开放和平衡的企业文化

对于可持续发展的企业来说，相对开放和平衡的企业文化是维系组织凝聚力和保持组织足够发展活力的重要催化剂。凡是失去了文化开放性和活力的公司必然反对任何有益于企业本身发展的变革，其结果是故步自封，作茧自缚，在已经趋向黯淡的成功中死去。

（5）高效能的经营管理机制

高效能的经营管理机制也是企业可持续发展的关键特征之一。机制是组合、运用所有企业资源，将企业事业向前推进的传动装置。高效能的经营管理机制能够完成企业资源的高效配置，从而使企业能够得到理想的产出。

（6）涵盖三大效益的可持续发展

大林业（不仅仅是企业）的可持续发展包括3个方面的内涵：生态的可持续发展、经济的可持续发展和社会的可持续发展。所谓生态的可持续发展，是指社会赖以生存的自然条件的可持续发展。人类的生存离不开一定的自然条件，自然条件的优劣往往会对人类的生存和发展造成影响。经济的可持续发展主要指经济利益的可持续增长。社会的可持续发展指持续满足人类自身的需求，包括改善人类生活质量，提高人类健康水平，创造一个保障人们平等、自由、教育和免受暴力的社会环境。

大林业可持续发展的含义，实质表现在3个方面：一是经济能力，即能源、资源、资金和信息使用的效率、效益和增长率，人均收入、资源储备量、资本可替代性等；二是社会合力，即人口容量、人口素质、公共意识、文化道德、生活方式、社会公平性、社会稳定性、体制合理性等；三是生态支持力，即生态自我调节力、生态还原力、资源承载力、环境资源等。

1.1.3 林业企业的类型

企业种类的确定一般有两个标准，即学理标准和法定标准。学理标准是研究企业和企业法的学者根据企业的客观情况以及企业的法定标准对企业类型所做的理论上的解释与分类。这种分类没有法律上的约束力和强制性，但学理上的解释对企业法的制定与实施有着指导和参考作用。法定标准是根据企业法规定所确认和划分的企业类型。法定的企业种类具有法律的约束力和强制性。但因企业的类型不同，法律对不同种类企业规定的具体内容与程序上的要求也有很大区别。

从我国的立法实践来看，基本上按所有制形式确定企业立法，划分企业类型。

1.1.3.1 按照经济类型分

在我国可以按照经济类型对企业进行分类。根据有关法律规定，我国目前有国有经济、集体所有制经济、私营经济、股份制经济、联营经济、涉外经济（包括外商投资、中外合资及港、澳、台投资经济）等经济类型，相应地我国企业立法的模式也是按经济类型来安排，从而形成了按经济类型来确定企业法定种类的特殊情况。

①国有企业　这是指企业的全部财产属于国家，由国家出资兴办的企业。国有企业的范围包括中央和地方各级国家机关、事业单位和社会团体使用国有资产投资所举办的企业，也包括实行企业化经营、国家不再核拨经费或核发部分经费的事业单位及从事生产经营性活动的社会团体，还包括上述企业、事业单位、社会团体使用国有资产投资所兴办的企业。

②集体所有制企业　这是指一定范围内的劳动群众出资举办的企业。它包括城乡劳动者使用集体资本投资兴办的企业，以及部分个人通过集资自愿放弃所有权并依法经工商行政管理机关认定为集体所有制的企业。

③私营企业　这是指由自然人投资设立或由自然人控股，以雇佣劳动为基础的营利性经济组织。即企业的资产属于私人所有，有法定数额以上雇工的营利性经济组织，在我国这类企业由公民个人出资兴办并由其所有和支配，而且其生产经营方式是以雇佣劳动为基础，雇工数额应在8人以上。这类企业原以经营第三产业为主，现已涉足第一、第二产业，向科技型、生产型、外向型方向发展。

④股份制企业　企业的财产由两个或两个以上的出资者共同出资，并以股份形式而构成的企业。我国的股份制企业主要是指股份有限公司和有限责任公司（包括国有独资公司）两种组织形式。某些国有、集体、私营等经济组织虽以股份制形式经营，但未按公司法有

关规定改制规范的，未以股份有限公司或有限责任公司登记注册的，仍按原所有制经济性质划归其经济类型。

⑤有限合伙企业　由普通合伙人和有限合伙人组成，普通合伙人对合伙企业债务承担无限连带责任，有限合伙人以其认缴的出资额为限对合伙企业债务承担有限责任。适用于风险投资基金、公司股权激励平台(员工持股平台)等。

⑥联营企业　这是指企业之间或者企业、事业单位之间联营，组成新的经济实体。具备法人条件的联营企业，独立承担民事责任；不具备法人条件的，由联营各方按照出资比例或者协议的约定，以各自所有的或者经营管理的财产承担民事责任的企业。如果按照法律规定或者协议的约定负连带责任的，则要承担连带责任。

⑦外商投资企业　这类企业包括中外合营者在中国境内经过中国政府批准成立的，中外合营者共同投资、共同经营、共享利润、共担风险的中外合资经营企业；也包括由外国企业、其他经济组织按照平等互利的原则，按我国法律以合作协议约定双方权利和义务，经中国有关机关批准而设立的中外合作经营企业；还包括依照中国法律在中国境内设立的，全部资本由外国企业、其他经济组织或个人单独投资、独立经营、自负盈亏的外资企业。

⑧个人独资企业　个人出资经营、归个人所有和控制、由个人承担经营风险和享有全部经营收益的企业。投资人以其个人财产对企业债务承担无限责任。适用于个人小规模的小作坊、小饭店等，常见于对名称有特殊要求的企业。

⑨股份合作企业　这是指一种以资本联合和劳动联合相结合作为其成立、运作基础的经济组织，它是把资本与劳动力这两个生产力的基本要素有效地结合起来，具有股份制企业与合作制企业优点的新兴的企业组织形式。

1.1.3.2　按照财产的组织形式和所承担的法律责任分

根据市场经济的要求，现代企业的组织形式可以按照财产的组织形式和所承担的法律责任划分。国际上通常分为独资企业、合伙企业和公司企业。

①独资企业　西方也称"单人业主制"。它是由个人出资创办的，有很大的自由度，只要不违法，如何经营、雇员多少、贷款多少全由业主自己决定。如何赢利，一切听从业主的分配；如果亏损，全由业主的资产来抵偿。我国的个体户和私营企业很多属于此类企业。

②合伙企业　是由几个人、几十人甚至几百人联合起来共同出资创办的企业。它不同于所有权和管理权分离的公司企业。它通常是依合同或协议组织起来的，结构较不稳定。合伙人对整个合伙企业所欠的债务负有无限的责任。合伙企业不如独资企业自由，决策通常要合伙人集体做出，但它具有一定的企业规模优势。

以上两类企业属自然人企业，出资者对企业承担无限责任。

③公司企业　是指所有权和管理权分离，出资者按出资额对公司承担有限责任创办的企业。主要包括有限责任公司和股份有限公司。

有限责任公司是指由50个以下的股东出资设立，每个股东以其所认缴的出资额为限对公司承担有限责任，公司法人以其全部资产对公司债务承担全部责任的经济组织。

股份有限公司全部注册资本由等额股份构成并通过发行股票(或股权证)筹集资本，公司以其全部资产对公司债务承担有限责任的企业法人。

此外，还有港、澳、台企业。这是指我国香港、澳门、台湾投资者依照我国有关涉外经济法律、法规的规定，以合资、合作或独资形式在大陆兴办的企业。在法律适用上，均以我国涉外经济法律、法规为依据，在经济类型上它是不同于涉外投资的经济类型。

1.2 林业企业的管理知识

1.2.1 林业企业管理的概念

管理是人类社会协作和共同劳动过程中逐渐形成的概念。迄今为止，人们对于管理的含义并没有形成公认的、权威性的统一看法。在很长时间里，学者们从不同的角度阐述自己对管理的理解。

为了反映管理的本质，而不仅是某一方面的特性，作为现代管理学中的管理定义，可以认为，管理是管理者在一定的环境和条件下，为了实现特定目标，动员和运用有效资源而进行的计划、组织、领导和控制等社会活动。

林业企业管理是指由林业企业管理人员或管理机构对林业企业的经济活动过程进行计划、组织、领导和控制，以提高效益，实现盈利这一目的的活动的总称。

管理的这一定义包含如下内涵：

①管理是由管理者进行的活动。

②管理是在一定的环境和条件下进行的 管理的环境和条件，主要是指管理者面临的内外部环境和条件。

③管理的目的是实现特定的目标。

④管理需要动员和配置有效资源 管理所需要的有效资源既包括人力、物力、财力、组织等方面的资源，也包括机会、时间、信息等方面的资源。对于管理者来说，围绕管理目标的实现而合理动员和配置有效资源，是达到有效管理的重要途径。

⑤管理具有基本的职能 这些基本的职能包括计划、组织、领导、控制和创新等。

⑥管理是一种社会实践活动 管理的主要作用对象是被管理者，同时，管理者要对被管理者的工作后果负责，管理的工作成效要以被管理者实现的工作成效来检验(图1-1)。

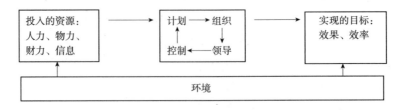

图1-1 管理过程

1.2.2 林业企业管理的职能

管理的职能是指管理者在管理过程中的各种基本活动及其功能。管理的各项职能，总体上是为管理的目标服务的。尽管人们在理论分析的意义上，可以将管理的职能划分归类，但是在实际管理活动中，管理的各项职能在内容上是相互交叉、紧密相关的，并且往往要求管理者同时实施。

在管理活动和管理学研究发展的不同阶段，人们对于管理基本职能的确定和划分也具有不同的看法。最早系统并明确分析管理职能的是法国工业家亨利·法约尔，20世纪初，他提出所有的管理者都履行5种管理职能：计划、组织、指挥、协调、控制，即人们通常所说的"五职能说"。到了20世纪50年代中期，加利福尼亚大学洛杉矶分校的两位教授哈罗德·孔茨和西里尔·奥唐奈采用计划、组织、人事、领导和控制5种职能作为管理学教科书的基本框架。时至今日，最普及的管理学教科书都按照管理职能来组织内容，但这5种职能已经精简为4种基本职能：计划、组织、领导和控制。

（1）计划职能

计划职能是指管理者预测未来、确定目标、制定实现这些目标的行动方针的过程，它涉及原因与目的、活动与内容、人员安排、时间安排、空间安排以及手段与方法的选择等问题。计划在行政职能中处于首要地位，直接关系到其他职能的作用和效果。管理者必须制订计划，以确定需要什么样的组织关系、什么样的人员配备，按照什么样的方针、政策去领导员工，以及采取什么样的控制方法。

（2）组织职能

组织职能是管理者按照组织的特点和原则，通过组织设计，构建有效的组织结构，合理配置各种管理资源并使之有效运行，以实现管理目标的活动。由于组织是管理的前提和载体，因此，组织职能是管理活动得以顺利进行的必要环节。

（3）领导职能

领导职能就是管理者按照管理目标和任务，运用法定的管理权力，主导和影响被管理者，使之为了管理目标的实现而贡献力量和积极行动的活动。如果说计划和组织为管理者准备了活动的平台，那么领导就是管理者的主要管理操作活动。同时，由于领导主要是管理者运用法定权力对被管理者实施影响，这就决定领导职能的基本内容包括激励、沟通、协调、奖励、处罚和示范等。

领导职能是实现管理效率和效果的灵魂，是管理过程的核心环节。

（4）控制职能

控制是管理者按照组织目标和计划的要求，对组织和社会的运行状况进行检查、监督和调节的活动。它意味着对员工的活动进行监督，判定组织是否正朝着既定的目标健康地向前发展，并在必要的时候及时采取矫正措施。管理者必须确保组织正在逐渐实现目标。目前，倾向于授权和强调员工信任的趋势已经促使许多企业不再重视自上而下的控制，而是更重视训练员工进行监督和自我矫正能力的培养。

控制职能是管理过程的监视器和调节器，它对于管理过程的顺利进行具有重要的保证作用。另外，控制职能是管理过程不同阶段的连接点，因此，它又是管理过程的重要链条。

企业管理的上述职能是相互关联、不可分割的一个整体。通过计划职能明确组织的目标与方向，通过组织职能建立实现目标的手段，通过领导职能把个体与组织的目标协调一致，通过控制职能检查计划实施情况，保证计划的实现。管理职能的综合运用，归根到底是为了实现组织的目标(图 1-2)。

图 1-2 管理职能示意

1.2.3 林业企业管理者及其素质

(1) 管理者的概念及分类

在任何一个组织中，无论这一组织是营利性的还是非营利性的，组织中的人都可以根据其在组织中的不同工作岗位和工作性质分为两类：操作者和管理者。所谓操作者，是指在组织中直接从事某项工作或任务，不具有监督其他人工作职责的人。例如，木材加工一线工人、植树造林工人、竹编厂竹编员。管理者是在一个组织中工作并负责指挥别人活动的人，如林业公司的经理、木材加工厂的厂长等。管理者除了指挥别人完成某项具体工作以外，也可能担任某项具体的工作。比如，林业企业的销售经理，除了监督以及激励其下属完成某一销售额以外，自身也可能承担一部分具体的销售业务。

管理者按在组织中的地位，可以划分为：基层管理者、中层管理者和高层管理者(图 1-3)。

基层管理者是直接负责产品与服务生产的管理人员。他们是管理阶层的第一或第二个层次，常常具有主管、直线经理、部门主管或办公室主任的职位，主要对非管理人员负责。他们主要关心的是实现高效生产、提供技术援助和激励下属过程中对规则和程序的应用情况。适用于这一层次上的时间范围一般较短，因此它特别强调日常目标的实现。如木材加工厂里的胶合板加工车间主任，主要负责对加工工人的工作安排、监督、考核等工作。

中层管理者位于组织管理的中间层次，负责业务单位和重要部门的活动。如部门主管、分部经理、质量控制经理、研究实验室主任等。具体如木材加工厂里的生产部门的负责人(可能称科长或经理)，他向上要服从厂部高层领导的管理，向下要管理车间主任(基层管理者)等。典型的中层管理者下面还常有 2~3 层管理人员，主要负责实施高层管理者制定的总体战略、政策，需要与组织中的同事建立良好

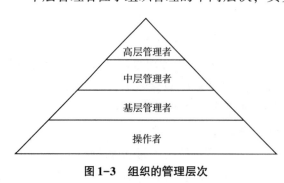

图 1-3 组织的管理层次

的关系,并鼓励团队合作和解决冲突。

高层管理者处于组织管理中的最高位置,需要对整个组织负责。他们一般具有如下的职位或称呼:总裁、董事长、执行董事、首席执行官和执行副总裁等。如福建永林集团股份公司的董事长。他们的职责主要是负责确定组织的目标、制定实现既定目标的战略、监督与解释外部环境状况以及就影响整个组织的问题进行决策。他们需要面向更长期的未来考虑问题,需要关心一般环境发展趋势和组织总体的成功。在高层管理者的所有责任中,最重要的责任是沟通组织的共同远景、塑造公司文化和培育有助于公司跟上快速变化的企业家精神。同时,高层管理者还必须培育、了解和运用每个员工的独特知识、技能和能力。

作为管理者,不论处在哪一层次,其工作内容都涉及计划、组织、领导和控制几个方面,但不同层次的管理者对于各项管理职能的程度和重点是有所不同的(表1-2)。高层管理者用在计划、组织和控制职能上的时间要比基层管理者多,而基层管理者用在领导职能上的时间要比高层管理者多。即使是同一管理职能,不同层次管理者所从事的具体管理工作的内涵也并不完全相同。例如,就计划工作而言,高层管理者关心组织整体的长期战略规划,中层管理者偏重于中期、内部的管理性计划,基层管理者则更侧重于短期的业务和作业计划。

表1-2 不同层次管理者管理职能时间分配

管理者	管理职能活动时间分配			
高层管理者	计划	组织	领导	控制
中层管理者	计划	组织	领导	控制
基层管理者	计划	组织	领导	控制

(2)管理者的角色认知

管理主体就是管理者,管理者的角色实际上是指作为一般的管理者在组织体系内从事各种活动时的立场、行为表现等的一种特性归纳。著名管理学家亨利·明茨伯格(Henry Mintzberg)经过长期研究认为,管理者扮演着10种不同的但又高度相关的角色。这10种角色可以进一步组织合成3个方面:人际关系、信息传递和决策制定(表1-3)。明茨伯格对管理的研究,更多地着眼于对管理者最基本、最直接的观察和跟踪,以确定管理者在组织中所扮演的角色。

由于组织中的管理者可能分别处于不同的管理层次,从事不同层次、不同岗位的管理工作,故他们在组织运行中10种角色扮演的频率、程度等方面均是不同的。高层管理者最重要的角色是决策角色,当然,并不是说高层管理者的信息角色和人际关系角色不重要,可以忽视,而是3个方面角色相比而言,决策角色最重要。中层管理者在3个方面的角色分配上基本上是一致的,这也是由中层管理者既承上启下又独当一面的特点所决定的。至于基层管理者则主要是调动下属成员进行团队合作,故而人际关系的处理对其而言尤为重要,所以角色分配时应以人际角色为主,如图1-4所示。

表1-3 明茨伯格的管理者角色理论

角色	角色解释	角色特征活动
人际关系		
代表人	象征性的首脑，必须履行许多法律性的或社会性的例行义务	迎接来访者，签署法律文件
领导者	负责激励和动员下属，负责人员配备、培训和交流	从事所有的有下级参与的活动
联络者	维护自行发展起来的外部接触和联系网络，向人们提供信息	发感谢信，从事外部委员会工作，从事其他有外部人员参加的活动
信息传递		
监督者	寻求和获取各种特定的信息（其中许多是即时的），以便透彻地了解组织与环境	询问联系人和下属，通过各种内部事务、外部事务和分析报告等主动收集信息，保持私人接触
传播者	分享并分配信息，把外部信息传递到企业内部，把内部信息传给更多的人	举行信息交流会，用打电话的方式传达信息
发言人	向外界发布有关组织的计划、政策、行动、结果等信息；组织所在产业方面的专家	举行董事会，向媒体发布信息
决策制定		
企业家	在其职权范围之内充当本组织变革的发起者和设计者，寻求组织和环境中的机会	制定战略，检查会议决策执行情况，开发新项目
冲突管理者	当组织面临重大的、意外的动乱时，负责采取补救行动	制定危机公关战略，检查陷入混乱和危机的事件
资源分配者	负责在组织内分配责任	调度、询问、授权，从事涉及预算的各种活动和安排下级的工作，负责设计组织的结构
谈判者	进行各种重大的、非正式化的谈判，增加谈判的可靠性	参与合同等谈判

	决策角色	信息角色	人际角色	
高层管理者				中层管理者
中层管理者				基层管理者

图1-4 管理者的角色分配

(3) 林业企业管理者的素质

① 品德　品德体现一个人的世界观、人生观、价值观、道德观和法制观念，它指导着人们对现实的态度和行为方式。作为一名管理者，应具有正确的道德观和世界观、高尚的道德情操和修养、良好的职业道德和信誉。概括起来主要有以下几点：

责任感：企业管理者对企业、对员工、对社会肩负重大责任，要有对企业、对社会的强烈责任感，或者说有强烈的管理意愿。现代行为科学研究认为，缺乏管理欲的人是不可能有所作为的。因此，管理愿望是决定一个人能否学会并运用管理基本技能的主要因素。一个人只有树立起一定的理想，有强烈的事业心和责任感，才会有干劲，勇挑重担，渴望在管理岗位上有所作为、有所贡献。奉献精神是社会责任感的集中表现。管理者要有一种服务于社会、造福于人民的奉献精神，对事业执著追求，不惜牺牲个人利益。由于林业企业的特殊性，林业企业生产通常要考虑生态效益和社会效益目标，不能只考虑经济效益目标，这就要求林业企业管理者要有保护绿水青山的社会责任和奉献精神。

使命感：给予的任务无论有什么困难，都应有一定要完成的坚强信念，缺乏这个使命感，作为管理人员来说是不称职的。

创新精神：面对复杂多变的管理环境，管理人员要有创新精神，勇于开发新产品，开拓新市场，引进新技术，起用新人，采用新的管理方式。要敢于冒风险，没有一定的承受风险的心理素质，是不适合从事管理工作的。

实干精神：在企业发展过程中，往往会遇到各种意想不到的困难，会遇到强大的竞争对手，甚至遭受挫折和失败，这就要求管理者具有百折不挠的拼搏精神和吃苦耐劳的实干精神。

团结合作精神：管理者的工作成效依赖于他人的努力程度，管理者要有与人合作共事的精神，善于团结群众、依靠群众。

诚实守信：诚信是管理者职业道德的根本。诚实，即忠诚老实，就是忠于事物的本来面貌，不隐瞒自己的真实思想，不掩饰自己的真实感情，不说谎，不作假，不为不可告人的目的而欺瞒别人。守信，就是讲信用，讲信誉，信守承诺，忠实于自己应承担的义务，答应了别人的事一定要去做。

②知识　知识是提高管理水平和管理艺术的基础与源泉。管理工作要求管理者掌握专业知识和管理知识。第一，管理者知道如何处理业务领域的问题，应该掌握与工作有关的专业知识，如林木种苗生产技术、造林施工与管理技术、森林经营技术、林业有害生物控制技术、森林资源管理知识、生态环境保护知识等。无论管理什么行业，都得有一定的本专业的基础知识。必须使自身的发展能够跟得上新技术、新做法、价格趋势和经济前景等。第二，管理者必须具有管理方面的知识，如怎样进行计划、组织、控制、指挥、激励和协调。第三，管理者还必须有经营环境的知识。管理是一门综合性的科学，涉及的学科知识很广。一般说来，作为管理者应掌握政治、经济、法律、心理学、社会学等方面的知识，以便把握组织发展方向，掌握国家的路线、方针、政策以及国家的有关法令、条例和规定，明确林业企业发展的机遇和阻碍生产计划的各种内、外环境条件。

③能力　所谓能力，是指管理者把各种管理理论与业务知识应用于实践、进行具体管理、解决实际问题的本领。能力与知识是相互联系、互相依赖的，基本理论和专业知识的不断积累与丰富，有助于潜能的开发和实际才能的提高；而实际能力的增长与发展，又能促进管理者对基本理论知识的学习消化和具体应用。管理者必须具有解决问题和决策的技能，具有处理各种事情、观念和人的问题以及适应环境等方面的技能。尤其是与上述要求有关的交流(听和讲)、读、写、创造性、敏感性、注意力和使用各种方法的技能。

④其他 管理者的态度和行为方式也是重要部分。如管理者如何看待自己的职务,如何看待自己的上级和下级,如何看待自己与他人的关系,如何看待自己未来的希望和抱负,如何看待挑战、变化和责任等。

管理者的衣着、仪表、风度、演讲的方式、工作作风,管理者使用权力的习惯(集权专断还是分权民主)、感情流露的方式、感情的色彩等,这些都应符合管理职位的要求。

当然,不同层次上的管理职位,对上述几种素质和能力的要求差别很大,应实事求是地逐个确定。

(4)林业企业管理者的技能要求

关于管理者应具备的基本能力,管理学家提出各种观点。卡兹(Robert L. Katz)认为,管理者应具有3种基本的管理技能:概念技能、人际技能和技术技能。林业企业管理者根据行业的特殊要求,应该具备以下技能。

①概念技能 是指把组织作为一个整体进行考察和考虑各个构成部分之间关系的认知能力,它包括管理者的思维、信息处理和计划能力,以及对某个部门如何适合整个企业和企业如何适合所在产业、社区与广泛的经营和社会环境的认知能力,体现了用广泛而长远的眼光进行战略思维的能力。如通过解读林业政策和对环境影响因素的分析,及时捕捉对林业企业发展前景有特别意义的信息,进而正确决策企业的发展方向。虽然所有的管理者都需要概念技能,但概念技能却对高层管理者具有更特别的重要性。他们必须感知环境和广泛的、观念模式中的重要因素。当管理者在企业中不断升迁的时候,他们必须开发自己的概念技能,否则他们的升迁机会就会受到限制。一个优秀的林业工程师可能在技术问题上会有卓越的表现,但如果仅仅有技术,而没有战略思维,就不符合晋升高层领导的能力要求。高层管理者的许多责任,如决策、资源分配和创新,都要求管理者采取更广泛的视野来考虑问题。

②人际技能 是指管理者与他人一起工作和作为一名小组成员而有效工作的能力,具体表现为管理者与他人的关系,其中包括激励、协调、沟通和解决冲突的能力。具有人际技能的管理者可以促使组织建立一种良好的工作氛围,鼓励下属积极参与。人际技能是一个人以合适的方式与人沟通的能力。由于管理是一种群体性的工作,因此对于管理者来说,表达能力、协调能力和激励能力都是非常重要的。林业企业由于行业的特殊性,导致有些企业经济效益不理想,影响员工的积极性,这就需要管理者充分发挥激励的职能,制定激励的制度和措施,提高员工的工作积极性。

③技术技能 是指管理者掌握与运用某一专业领域内的知识、技术和方法的能力。技术技能对基层管理者非常重要。技术技能与一个人所从事的工作有关。如在林业企业中从事林业资产测量工作的管理者,就需要掌握测量技术;从事木材加工的管理者,就得知道木材的材质、性能等;林业企业人力资源经理应该熟悉人力资源管理制度、招聘、薪酬设计和绩效考核的方法。对于管理者来说,就是要掌握和运用各种管理技术,并普遍熟悉和了解本部门及企业其他有关部门所从事的技术项目。技术技能通常通过学校专业教育或组织内部的在职培训获得。一般来说,在较低的组织层次上,技术技能具有特别的重要性。许多管理者之所以被首次提升到管理岗位,就是因为他们具有卓越的技术技能。然而,随

着管理者在组织中职位的提高，技术技能的重要性逐渐下降（图1-5）。

不同管理层次对管理技能的要求不同，据调查，管理层次与管理技能的要求如图1-5所示。

高层管理者	概念技能	人际技能	技术技能
中层管理者	概念技能	人际技能	技术技能
基层管理者	概念技能	人际技能	技术技能

图1-5　管理层次与管理技能要求

1.2.4　企业管理理论发展

任何管理理论都根植于一定的社会文化土壤，而一定的社会文化又与历史传统相联系，并且在继承和批判中发展。人类的管理理论发展史可以划分为4个阶段，即早期管理理论、古典管理理论、行为管理理论和现代管理理论。

1.2.4.1　早期管理理论

（1）中国早期管理理论

在中国5000多年的灿烂文化中，无数杰出的政治家、哲学家、思想家有关管理的学说和主张，为后人学习、研究管理提供了取之不尽、用之不竭的思想理论源泉。古代文化所体现出的管理思想，在当今全球一体化和国际化的浪潮中并未过时。这里主要介绍我国古代管理理论的典型代表——儒家、道家、法家管理思想。

①儒家管理思想　儒家思想的代表人物是孔子。作为中国文化代表的儒家文化是一个博大精深的体系，其中蕴含着丰富的管理思想，其精华主要体现在"以人为本""修己以安人""仁者爱人""和为贵""君子和而不同""舍生取义""中庸之道，过犹不及"等方面。主要内容有：第一，儒家十分重视人在管理过程中的地位。第二，儒家对组织的独到见解，认为整体大于部分之和，当群体建立起来后利用"分"来进行分工，再用"礼"来规范，用"义"来协调，使组织高效运行。第三，管理上，儒家采取的是"仁""德"和"礼"。"仁"是儒家理论的核心。"德""为政以德"是儒家的重要的管理思想。"礼"作为外在的管理规则。第四，儒家思想实质是社会伦理学，是社会管理与政治的理论基础，以此而区别于其他诸子百家，从伦理到实践不但是通过教育，同时也是体制化模式实施，因而在历史不同时期有其特有的形态，以法治、法制的方式或是以人治、政策的方式等来实现社会管理。

②道家管理思想　道家主要代表人物是老子。老子的管理思想主要有以下几个方面：第一，理论核心就是"无为而治"。所谓无为，并不是说不为，而是顺其自然，依据事物自身的必然规律运行和发展，"动合无形"而不凭借任何外加的力量。老子认为，所有的人为改造自然的活动都是"有为"，必须最大限度地削弱。为了使社会上一切人都遵循无为原则，统治者首先必须带头过一种质朴的生活，减少政事活动，同时还要使民众失去有为的条件。国家要减少颁布法令规章。强调要"政简刑轻"，反对以烦复苛重的政治、法律手段治理国家。第二，提出以弱胜强的管理策略。老子对对立关系互相转化有深刻的认识，他认为"天下莫柔弱于水，而攻坚强者莫之能胜"。反映在治国、治军上的表现，老子认为一

是"以正治国",二是后动制敌。"以正治国"即通过做好内治工作加强自己的实力,不但要求对大事、难事必须十分认真,谨慎地干,对小事、细事和似乎简单、容易的事也不得大意。后动制敌要求"以奇用兵",即后敌而动,等待或诱使敌人暴露弱点,然后制之。第三,提倡清净安定的管理环境。老子主张安定,"清净可以为天下正"。"为无为"就是要创造一个"无为而治"的安宁环境。清净则自治,轻躁则失本,"我好静而民自正""重为轻根,静为躁君。……轻则失本,躁则失君"。

老子对领导者也提出了具体的要求,如居上谦下就要求领导者应当时刻处下,事事居后,不要让自己高高在上,而应该永远谦恭、温和。另外,"知人者智",要"常善救人","故无弃人",要做到人尽其才,才能做到不遗弃人才。

③法家管理思想　韩非子是后期法家代表人物,其主要管理思想有:第一,以法治国的行政管理思想。所谓"以法治国",就是把"法"作为治理国家的准则,"君必有明法正义""治国无其法则乱"。认为"仁义不足以治天下""圣王者,不贵义而贵法",而且必须做到"法必明,令必行",以及"刑无等级""不失疏远,不违亲近"。而"法治"的核心则在于加强中央集权的君主专制制度,即韩非子所说的:"事在四方,要在中央,圣人执要,四方来效。"即"尊主"才能"明法""崇法"。第二,"富国以农"的经济管理思想。把农业看作富国的唯一途径,"百人农一人居者,王;十人农一人居者,强;半农半居者,危"。在法家看来,农业即国民经济,国民经济即农业,两者完全是等同的。法家首先提出农战政策,"耕战合一""寓兵于农",农战实施的目的就是实现"富国强兵"。为了发展农业,法家重本抑末,否定工商业,"仓廪之所以实者,耕农之本务也,而綦组、锦绣、刻画为末作者富"。第三,贤能并举的人事管理思想。法家提倡"所举者必有贤,所用者必有能""官贤者量其能,赋禄者称其功"。韩非子认为,世人的天性既然都是趋利避害的,那么实行严格的赏罚制度是最有效的管理手段,"闻古之善用人者必循天顺人而明赏罚。循天则用力寡而功立,顺人则刑罚省而令行,明赏罚则伯夷、盗跖不乱,如此则白黑分矣"。韩非子主张尽国之才,尽人之智,"力不敌众,智不尽物,与其用一人,不如用一国"。

(2)西方早期管理理论

西方早期管理理论主要指西方产业革命之后到泰勒的科学管理产生之前的管理理论。18世纪60年代以后,英国等欧洲国家开始进行产业革命,这场革命是人类工业文明的开始,是以手工业为基础的资本主义工场向以机器为主的资本主义工厂制度转变的革命。人们开始了对管理的积极探索。

①亚当·斯密的管理理论　亚当·斯密在1776年发表了其代表作《国富论》,他最早提出了分工论,在当时起了很重要的作用,因为分工可以提高效率。分工论成为统治企业管理的主要模式。

亚当·斯密的主要观点有以下几点:劳动是国民财富的源泉;劳动分工理论;市场的范围限制着交换的能力;交换能力的大小又限制分工的程度;分工的程度决定着一国的劳动生产力;一国的劳动生产力又是国民财富多寡的主要决定因素;经济现象是基于利己主义目的的人们的活动所产生的。

劳动分工理论对于管理理论的发展起到了十分重要的作用,后来的专业分工、管理职能分工、社会分工等理论,都与斯密的这一学说有关。

②查尔斯·巴贝奇的管理理论　1832年查尔斯·巴贝奇出版了《机器与制造业经济学》一书,该书是管理史上的一部重要文献。他在亚当·斯密劳动分工理论的基础上,对劳动分工和专业化问题进行了更为系统的研究。他通过进行时间和成本分析,提出劳动分工使生产率提高的5个重要原因:可以缩短提高工作技能所需要的学习时间;可以减少学习期间的材料浪费;可以节省转换工序所需要的时间;可以促进劳动工具的改进;可以促进人与工作的合理配合。

除劳动分工外,查尔斯·巴贝奇还研究企业的分配制度和对工人奖励的管理办法,他主张按照对生产率贡献的大小来确定工人的报酬。主要观点有:按照工作性质所确定的固定工资;按照对生产率所做出的贡献分得的利润;为增进生产率提出建议而应得的奖金。

1.2.4.2　古典管理理论

古典管理理论是19世纪末20世纪初西方管理理论的总称。由泰罗的科学管理理论、法约尔的一般管理理论、韦伯的行政组织理论构成。

(1) *泰罗的科学管理思想*

科学管理理论的创始人是泰罗,他首次提出了科学管理的概念,1911年出版《科学管理原理》一书,被公认为"科学管理之父"。

主要内容:科学管理理论的基本出发点是提高劳动生产效率,其主要内容是:使工作方法、劳动工具、工作环境标准化;确定合理的工作量;挑选和培训工人,使其掌握标准工作方法;实行差别工资制;实行职能工长制。

主要观点:科学管理的目的是提高劳动生产率。提高劳动生产率的重要手段是用科学管理的方法代替传统管理的方法。科学管理的核心是劳资双方在心理上和精神上来一次彻底的思想革命。

主要管理原则:对人的劳动的每种要素规定一种科学的方法,用以代替陈旧的凭经验管理的方法;科学地挑选工人,然后进行训练、教育,发展他们的技能;与工人合作,保证所有工作都能按已发展起来的科学原则来进行;在管理者和工人之间,工作的分配和责任的分担几乎是均等的,管理者应当把自己比工人更胜任的各种工作都承担下来。

(2) *法约尔的一般管理理论*

法国人法约尔对组织管理进行了系统的、独创的研究,1925年出版了《工业管理与一般管理》一书,后人把他称为"管理过程之父"。主要内容:

①从企业经营活动中提炼出管理活动　法约尔区别了经营和管理,认为这是两个不同的概念,管理包括在经营之中。通过对企业全部活动的分析,将管理活动从经营职能(包括技术、商业、业务、安全和会计5项职能)中提炼出来,成为经营的第六项职能。进一步得出了普遍意义上的管理定义,即"管理是一种普遍的单独活动,有自己的一套知识体系,由各种职能构成,管理者通过完成各种职能来实现目标的一个过程"。法约尔还分析了处于不同管理层次的管理者其各种能力的相对要求,随着企业由小到大、职位由低到高,管理能力在管理者必要能力中的相对重要性不断增加,而其他诸如技术、商业、财

务、安全、会计等能力的重要性则会相对下降。

②倡导管理教育　法约尔认为管理能力可以通过教育来获得，缺少管理教育是由于没有管理理论，每一个管理者都按照他自己的方法、原则和个人的经验行事，但是谁也不曾设法使那些被人们接受的规则和经验变成普遍的管理理论。

③提出5项管理职能　法约尔将管理活动分为计划、组织、指挥、协调和控制5项管理职能，并进行了相应的分析和讨论。管理的5项职能并不是企业管理者个人的责任，它同企业经营的其他5项活动一样，是分配于领导者与整个组织成员之间的工作。

④提出14项管理原则　法约尔提出了一般管理的14项原则：劳动分工；权力与责任；纪律；统一指挥；统一领导；个人利益服从整体利益；人员报酬；集中；等级制度；秩序；公平；人员稳定；首创精神；团队精神。

（3）韦伯的组织管理理论

韦伯被称为"组织理论之父"。韦伯管理理论又称行政组织理论、科层组织理论、官僚模式理论，是指通过公职或职位来管理，而不是通过个人或世袭地位来管理的一种管理理论。认为这种组织管理具有的功能是：精确、速度快、不含混、有持续性、谨慎、一致、有严格的权威归属、减少摩擦、节省人力和物力，因而能发挥高度的效能。

韦伯的组织管理理论构架主要有：按目标定岗位、定权责；组织结构按等级原则确定；不讲人情、不讲感情、公事公办；任用合格人员要经过考试、培训；管理者按规定获得薪水和升职；所有的人（包括管理者）一视同仁，共同遵守纪律；管理者一般由上级任命，除少数选举外。

1.2.4.3　行为管理理论

行为管理理论是以人为中心的管理理论，它创始于美国，开始于20世纪20年代末至30年代初的霍桑实验，而真正发展却在20世纪50年代。它通过对人的心理活动的研究，掌握人们行为的规律，从中寻找对待员工的新方法和提高劳动效率的途径。行为科学管理理论在相当程度上克服了古典管理理论的弊端。

梅奥的霍桑实验的结果表明，工人的工作动机和行为并不仅仅为金钱收入等物质利益所驱使，他们不是"经济人"，而是"社会人"，有社会性的需求。梅奥因此建立了人际关系理论。

行为管理理论的学派很多，影响较大的行为科学理论有：马斯洛的人类需求层次论、弗鲁姆的期望值理论、麦克利兰的成就需要理论、布莱克-莫顿的管理方格理论。

行为管理理论的特点：强调以人为中心的管理，重视职工多种需求的满足；强调综合利用多种科学方法探讨人的行为之间的因果关系及改进行为的办法；强调组织的整体性和整体发展，把正式组织和非正式组织、管理者和被管理者作为一个整体来把握；强调组织内部的信息流通和反馈，注重参与式管理和职工的自我管理；强调内部管理，忽视市场需求、社会状况、科技发展、经济变化、工会组织等外部因素的影响；强调人的感情和社会因素，忽视正式组织的职能及理性和经济因素在管理中的作用。

1.2.4.4　现代管理理论

现代管理理论特指第二次世界大战以后出现的一系列理论。

(1) 现代管理理论的"热带丛林"

与前阶段相比,这一阶段最大的特点就是学派林立,新的管理理论、思想、方法不断涌现。美国著名管理学家哈罗德·孔茨认为当时共有 11 个学派:经验主义管理学派、人际关系学派、组织行为学派、社会系统学派、管理科学学派、权变理论学派、决策理论学派、系统管理理论学派、经验主义学派、经理角色学派、经营管理学派。

管理理论的"热带丛林"时期主要包括以下学派理论(表 1-4)。

表 1-4 管理理论的"热带丛林"时期主要学派理论

学派	代表人物及代表作	主要思想
管理过程学派	哈罗德·孔茨、西里尔·奥唐奈《管理学》	主要研究管理者的管理过程及其功能,并以管理职能作为其理论的概念结构
经验学派	戴尔《伟大的组织者》《管理:理论和实践》,德鲁克《有效的管理者》	主要从管理者的实际管理经验方面来研究管理,认为成功的组织管理者的经验是最值得借鉴的
行为科学学派	马斯洛、赫兹伯格、麦戈雷戈	主张要研究人、尊重人、关心人,满足人的需要以调动人的积极性,并创造一种能使组织成员充分发挥力量的工作环境
社会系统学派	巴纳德	他将社会学的概念引入管理,在组织的性质和理论方面做出了杰出贡献
决策理论学派	赫伯特·西蒙《管理决策新学科》	认为管理的关键在于决策,管理必须采用一套制定决策的科学方法及合理的决策程序
数理学派		他们注重量化分析,强调应用数学模型解决管理决策问题,以寻求决策的科学化与精确化
交流中心学派		该学派认为管理人员是交流中心,并围绕这一观念建立起管理理论体系,而管理人员的作用就是接受信息、储存信息、处理信息、传播信息,并将计算机运用于管理之中

(2) 管理理论的集中化趋势

20 世纪 60 年代后,提出更加灵活的适应环境变化的权变管理理论。

①系统管理理论　系统管理理论是运用一般系统论和控制论的理论和方法,考察组织结构和管理职能,以系统解决管理问题的理论体系。代表人物为美国管理学者卡斯特、詹姆斯·E.罗森茨韦克和约翰逊。卡斯特的代表作为《系统理论和管理》。

系统管理学说的基础是普通系统论。普通系统论的主要思想是:系统是由相互联系的要素构成的;系统的整体性;系统的层次性。卡斯特等人的系统学说是以普通系统理论为基础的,包括系统哲学、系统管理和系统分析 3 个方面。

②权变管理理论　20 世纪 60 年代末 70 年代初,一方面,企业面临着瞬息万变的外部环境,环境的不确定性与企业经营的风险与日俱增;另一方面,企业内部生产经营、管理、技术也更加复杂。于是,权变管理理论应运而生。

卢桑斯的权变管理学说提出一个观念性的结构,并用矩阵图来加以表示。这一结构由环境、管理观念与技术、它们两者之间的权变关系三部分组成:环境;管理观念与技术;权变关系。

(3) 现代管理理论特点

纵观管理学各学派，虽各有所长，各有不同，但不难寻求其共性。管理学的共性实质上也就是现代管理学的特点。

①强调系统化　就是运用系统思想和系统分析方法来指导管理的实践活动，解决和处理管理的实际问题。应用系统分析的方法，就是从整体上来认识问题，以防止片面性和受局部的影响。

②重视人的因素　就是要注意人的社会性，对人的需要予以研究和探索，在一定的环境条件下，尽最大可能满足人们的需要，以保证组织中全体成员齐心协力地为完成组织目标而自觉作出贡献。

③重视"非正式组织"的作用　非正式组织是人们以感情为基础而结成的集体，这个集体有约定俗成的信念，人们彼此感情融洽。利用非正式组织，就是在不违背组织原则的前提下，发挥非正式群体在组织中的积极作用，从而有助于组织目标的实现。

④广泛地运用先进的管理理论和方法　随着社会的发展，科学技术水平的迅速提高，先进的科学技术和方法在管理中的应用越来越重要。所以，各级主管人员必须利用现代的科学技术与方法，促进管理水平的提高。

⑤加强信息工作　由于普遍强调通信设备和控制系统在管理中的作用，所以对信息的采集、分析、反馈等的要求越来越高，即强调及时和准确。主管人员必须利用现代技术，建立信息系统，以便有效、及时、准确地传递信息和使用信息，促进管理的现代化。

⑥把"效率"(efficiency)和"效果"(effectiveness)结合起来　作为一个组织，管理工作不仅仅是追求效率(当然也不是不讲效率)，更重要的是要从整个组织的角度来考虑组织的整体效果以及对社会的贡献。因此，要把效率和效果有机地结合起来，从而使管理的目的体现在效率和效果之中，也即通常所说的绩效(performance)。

⑦重视理论联系实际　重视管理学在理论上的研究和发展，进行管理实践，并善于把实践归纳总结，找出规律性的东西，所有这些是每个主管人员应尽的责任。主管人员要乐于接受新思想、新技术，并用于自己的管理实践中，把诸如质量管理、目标管理、价值分析、项目管理等新成果运用于时间，并在实践中创造出新的方法，形成新的理论，促进管理学的发展。

⑧强调"预见"能力　强调要有很强的"预见"能力来进行管理活动。社会是迅速发展的，客观环境在不断变化，这就要求人们要用科学的方法进行预测，以"一开始就不出差错"为基点，进行前馈控制，从而保证管理活动的顺利进行。

⑨强调不断创新　要积极促变，不断创新。管理就意味着创新，就是在保证"惯性运行"的状态下，不满足于现状，利用一切可能的机会进行变革，从而使组织更加适应社会条件的变化。

⑩强调权力集中　使组织中的权力趋向集中，以便进行有效的管理。电子计算机的应用，现代通信设备的使用，使组织的结构趋向平面化，即减少了层次。权力统一集中使最高主管人员担负的任务更加艰巨。因此，主管人员必须通过有效的集权，把组织管理统一化，以达到统一指挥、统一管理的目的。

1.2.5　林业企业管理的内容

林业企业管理的内容从不同角度有不同的分类。

①按照管理对象划分　包括人力资源、项目、资金、技术、市场、信息、设备与工艺、作业与流程、文化制度与机制、经营环境等。

②按照成长过程和流程划分　包括项目调研—项目设计—项目建设—项目投产—项目运营—项目更新等周而复始的多个循环。

③按照职能或者业务功能划分　包括计划管理、林业生产管理、采购管理、销售管理、质量管理、仓库管理、财务管理、项目管理、人力资源管理、统计管理、信息管理等。

④按照层次划分　包括经营层面、业务层面、决策层面、执行层面、职工层面等。

⑤按照资源要素划分　包括人力资源、物料资源、技术资源、资金、市场与客户资源、政策与政府资源等。

1.2.6　林业企业管理的特点

(1)林业生产过程的多样性

广义的林业生产过程，除了培育森林外，还包括森林采伐和森林利用。森林利用又可分为对木材及森林中野生动植物资源的采集和利用。林业生产过程主要包括营林生产过程、采伐运输过程及木材加工(机械加工及化学加工)过程。这三者在林业生产中既互相衔接成为一个完整的过程，又由不同的生产工艺特点而形成一个独立的过程。这三者企业管理的特点各不相同。

(2)林业生产过程的周期多样性

林业生产获得多种效益需要一定的时间。林业生产活动与一般农业生产活动最大的区别是林业生产经营的周期相应要长一些，木材生产不能做到当年收获，用于造纸的木浆用材林至少需要5年时间，而一般经济林需要3年以上的时间，生态公益林则需要5年或更长的时间才能发挥效益。因此，经营投入的风险需要社会给予更多的关注和支持。

(3)营林生产时间与劳动时间的不一致性

营林生产周期长，一般有几十年的生产过程。在这长期的林业生产过程中，劳动过程与自然力作用过程交错进行，即劳动时间低于生产时间。

(4)林业生产过程的地域分散性

林业生产以森林资源为基础，森林资源的生产主要集中在林区，东北天然林区是我国木材生产最集中、产量最多的林区，也是我国最主要的木材商品基地。南方集体所有的人工林区是商品材生产的林区，森林分散在各省(自治区、直辖市)的主要江河流域。随着全国各地普遍造林，森林分布由原来主要是天然林的集中分布，变为天然林、次生林和人工林的更广范围的交叉分布。山区、林区交通业的发展，使原来集中的林业生产布局，变为分散布局，相对地使林业生产接近了消费地。林区电力和其他工业的发展，促进了林产品的加工业发展，改变了过去木材加工业主要分布在城市的局面。

(5)林业生产效益的多重性

林业生产同时产生生态、经济、社会等多种效益。如果仅仅强调单一的效益，而认为林业生产是公益性的或者是经济性的，都将导致所制定的林业政策或管理措施具有片面性。

1.2.7 现代林业企业管理的新发展

管理是企业实现目标的关键因素，是社会进步的重要力量。随着时间的推移和社会的发展进步，其本身也在不断地变化和发展。归纳起来，现代林业企业管理出现以下一些发展趋势：

(1) 学习型组织(learning organization)

美国学者彼得·圣吉(Peter M. Senge)在《第五项修炼》(The Fifth Discipline)一书中提出，企业应建立学习型组织，即面临变化剧烈的外在环境，企业应力求精简、扁平化、弹性因应、终生学习、不断进行自我组织再造，以维持竞争力。林业企业应该与时俱进，不断学习和进行企业再造。

学习型组织不存在单一的模型，它是关于管理模式和雇员作用的一种态度或理念，是用一种新的思维方式对管理模式的思考。在学习型组织中，每个人都要参与识别和解决问题，使企业组织机构能够进行不断的尝试，改善和提高它的能力。学习型组织的基本价值在于解决问题，而与之相对的传统组织设计的着眼点是效率。其特征为：共享的信息、有头脑的领导、新型的战略、授权的雇员、强势的文化、横向的结构。

学习型组织应包括 5 项要素：

①建立共同愿景　愿景可以凝聚公司上下的意志力，通过组织共识，大家努力的方向一致，个人也乐于奉献，为组织目标奋斗。

②团队学习　团队智慧应大于个人智慧的平均值，以做出正确的管理决策，通过集体思考和分析，找出个人弱点，强化团队向心力。

③改变心智模式　管理的障碍，多来自于个人的旧思维，如固执己见、本位主义，唯有通过团队学习以及标杆学习，才能改变心智模式，有所创新。

④自我超越　是指一个人能认清自己真正的愿望，为了实现愿望而集中精力，培养必要的耐心，并能客观地观察现实。这是建立学习型组织的精神基础。通过自我超越的修炼，可以重新认识自己、认识人生，挖掘出内心向上的欲望和潜能，以一种积极的、创造性的态度对待生活和工作。

⑤系统思考　应通过资讯搜集掌握事件的全貌，以避免"见树不见林"，培养综观全局的思考能力，看清楚问题的本质，有助于清楚了解因果关系。学习是心灵的正向转换，企业如果能够顺利建立学习型组织，不仅能够达到更高的组织绩效，更能够带动企业的生命力。

中国林业正处于由传统林业向现代林业转变的重要时期，这对林业企业造成了很大的冲击：卖方市场向买方市场转变；国际市场竞争加剧；林业企业职工素质普遍偏低。林业企业要适应不断变化的环境，保持长期的生存和发展，就必须具备不断变革和创新的能力，而这种能力的获得是以企业所拥有的学习能力来保障的。学习型组织正是通过持续不断的学习来提高自己的学习能力，从而使企业获得持续不断的发展。

(2) 标杆管理

标杆管理(bench marking)又称为基准管理，是指一个企业瞄准一个比其绩效更高的企业进行比较，以便取得更好的绩效，不断超越自己，超越标杆，追求卓越，进行企业管理创新和流程再造的过程。其核心是向业内或业外的最优秀的企业学习，学习优秀企业在业务流程、制造流程、设备、产品和服务方面所取得的成就。通过学习，企业重新思考和改进经营策略，创造自己的最佳实践，这实际上是模仿创新的过程。

标杆管理方法较好地体现了现代知识管理中追求竞争优势的本质特性，因此具有巨大的实效性和广泛的适用性。如今，标杆管理已经在市场营销、成本管理、人力资源管理、新产品开发、教育部门管理等各个方面得到广泛的应用。其中杜邦、柯达、通用、福特等知名企业在日常管理活动中均应用了标杆管理法，海尔、李宁、联想等知名企业也通过采用标杆管理的方法取得了巨大成功。

标杆管理由立标、对标、达标、创标4个环节构成，前后衔接，形成持续改进、围绕"创建规则"和"标准本身"的不断超越、螺旋上升的良性循环。

标杆管理的类型包括：内部标杆管理、竞争标杆管理、职能标杆管理、流程标杆管理。

(3) 危机管理

危机管理是指应对危机的有关机制。具体是指企业为避免或者减轻危机所带来的严重损害和威胁，从而有组织、有计划地学习、制定和实施一系列管理措施和因应策略，包括危机的规避、危机的控制、危机的解决与危机解决后的复兴等不断学习和适应的动态过程。危机管理通常又称为危机沟通管理，因为加强信息的披露与公众的沟通，争取公众的谅解与支持是危机管理的基本对策。

如林业企业的经营环境愈来愈复杂多变，传统的财务管理大多属于事后控制，难以适应外部环境的快速反应。而通过财务预警系统提供信息给监控部门，在财务危机尚未爆发前传递危机信号给经营者，适时、准确地对企业财务危机进行预测分析，是市场竞争体制的客观要求，也是林业企业生存发展的必要保障。

危机具有突发性、破坏性、不确定性、急迫性、资源紧缺性、舆论关注性等特征。随着市场竞争越来越激烈、变数越来越多，企业所面临的危机类型也越来越多，有的危机只是特定企业所特有的，有的危机却困扰着很多企业。当前企业面临的最常见的直接危机依次是人力资源危机、行业危机、产品和服务危机；非直接关联性危机有媒体危机、工作事故危机、天灾人祸危机、诉讼危机等。

近年来，除森林火灾、风灾和冰雪灾害以外，昆虫、病原体、啮齿动物和杂草等各类外来或本土林业有害生物所引起的突发性林业生物灾害也对森林和林业构成了巨大威胁。深入研究林业生物灾害危机管理问题，建立危机预警机制，对于保护森林资源、加快林业发展步伐、推进生态文明建设并保障国家生态安全，具有重要的现实意义。

(4) 虚拟企业

虚拟企业是指当市场出现新机遇时，具有不同资源与优势的企业为了共同开拓市场，共同对付其他的竞争者而组织的、建立在信息网络基础上的共享技术与信息，分担费用，以及联合开发的、互利的企业联盟体。虚拟企业的出现常常是由于参与联盟的企业追求一种完全靠自身能力达不到的超常目标，即这种目标要高于企业运用自身资源可以达到的限度。因此企业自发的要求突破自身的组织界限，必须与其他对此目标有共识的企业实现全方位的战略联盟，共建虚拟企业，才有可能实现这一目标。

企业虚拟化的内涵至少包含以下4个方面的内容：企业产权虚拟化；企业管理职能虚

拟化；企业组织构架虚拟化；企业技术人才虚拟化。

虚拟企业不是法律意义上的完整的经济实体，不具备独立的法人资格。一些具有不同资源及优势的企业为了共同的利益或目标走到一起，组成虚拟企业，这些企业可能是供应商，可能是顾客，也可能是同业中的竞争对手。这种新型的企业组织模式打破了传统的企业组织界限，使企业界限变得模糊。

虚拟企业的特点：

①虚拟企业具有流动性、灵活性的特点　诸企业出于共同的需要、共同的目标走到一起结盟，一旦合作目的达到，这种联盟便可能宣告结束，虚拟企业便可能消失。因此，虚拟企业可能是临时性的，也可能是长期性的，虚拟企业的参与者也是具有流动性的。虚拟企业正是以这种动态的结构、灵活的方式来适应市场的快速变化。

②虚拟企业具有合作性　虚拟企业的运行中信息共享是关键，而使用现代信息技术和通信手段可使得沟通更为便利。采用通用数据进行信息交换，使所有参与的企业都能共享生产及营销的有关信息，从而能够真正协调步调，保证合作各方能够较好合作，从而使虚拟企业表现出较强的竞争优势。

③虚拟企业运行过程的并行性　虚拟企业在运行过程中运用并行工程而不是串行工程来分解和安排各个参与企业要做的工作。虚拟企业在完成某一项目或任务时，项目或任务按照并行工程的思想被分解为相对独立的工作模块，促使承担分解任务的各方能够充分调动和使用他们的资源而不必担心核心技术或核心知识被泄露。并且各个合作模块并行作业，项目或任务的主持者可以利用先进的通信手段在其间不断地沟通与协调，从而保证各个工作模块最终的互相衔接。这样既缩短时间，又节约了成本，同时还促进了各参与企业有效地配置自己的资源，以及虚拟企业整体资源的充分利用。

④虚拟企业一般在技术上占有优势　由于虚拟企业是集合了各参与方的优势，尤其是技术上的优势而形成的，因此在产品或服务的技术开发上更容易形成强大的竞争优势，使其开发的产品或服务在市场上处于领先水平，这一点是任何单个实体企业很难相比的。

⑤虚拟企业可以看作是一个企业网络　企业网络是指由一组自主独立而且相互关联的企业及各类机构为了共同的目标，依据专业化分工和协作建立的一种长期性的企业间的联合体。该企业网络中的每个成员都要贡献一定的资源，供参与企业共享，而且这个企业网络运行的集合竞争优势和竞争力水平大于各个参与者的竞争优势和竞争力水平的简单相加。供应链协调、外包和下包生产、特许经营、战略联盟和虚拟企业等，都可以看作是企业网络在组织上的具体存在形式。

虚拟企业的上述特点，决定了虚拟企业具有较强的适应市场能力的柔性与灵活性，各方优势资源集中更催生出极强的竞争优势与竞争力。虚拟企业这种虚拟运作模式在当今快速多变的市场与技术环境中是获取竞争优势以提高竞争力的一种很有前途的合作方式，它正在被越来越多的企业所认识和采纳。

（5）流程再造

流程再造由美国的 Michael Hammer 和 Jame Champy 提出，是在 20 世纪 90 年代达到了全盛的一种管理思想。

流程再造是一种企业活动，内容为从根本上重新而彻底地去分析与设计企业程序，并管理相关的企业变革，以追求绩效，并使企业达到急剧性成长。企业再造的重点在于选定对企业经营极为重要的几项企业程序加以重新规划，以提高其营运效果。

流程再造的核心是面向顾客满意度的业务流程，而核心思想是要打破企业按职能设置部门的管理方式，代之以业务流程为中心，重新设计企业管理过程，从整体上确认企业的作业流程，追求全局最优，而不是个别最优。

典型案例

案例1-1　与"树"有缘，管理技能促帅小伙创业成功

林森森林资源资产评估事务所是福建省从事森林资源资产评估工作的专职评估机构，主要经营森林资源资产评估、林业案件赔损价值评估和林权抵押贷款评估等业务，具备国家发展和改革委员会授予的甲级专业类资产价格评估资质。

该事务所创办人林斌毕业于某高校林业专业，在校期间是林学系学生会主席，中共党员。林斌同学除了学习成绩优秀之外，还经常组织举办学生技能竞赛活动，主动参与到学校老师的科研课题研究工作之中，并与老师建立了良好的师生关系。林斌毕业后到某林场从事林业生产经营工作，在工作中发现，随着我国集体林权制度改革的进一步深化，必须创新林权流转、商品林赎买和林权融资等机制，助力生态文明建设和促进林农增收致富，这些都必须首先对林地、林木等资产进行清产核资，而目前市场上有关林业评估的企业稀缺。林斌决定辞职自主创业，于2014年成立了该事务所。通过这几年来的努力，取得了较好的成绩，事务所资质从乙级提高到甲级，2019年承担评估类业务8例，评估额近1亿元。

林斌具备什么样的管理技能呢？

案例1-2　儒家思想对林业企业管理的启示

中国儒家思想是中国先贤几千年智慧的结晶，虽然历史变迁，但其中所蕴含的超越时空的深邃思想依然有着永恒的魅力和价值，对于今天我国林业企业的管理，提高林业企业的市场竞争力和经济效益，促进企业的全面发展，依然有着重要的启示意义。

1. 以人为本

在中国儒家思想中，都把人才作为国家存亡的关键。《管子·霸言》提出："争天下必先争人,《荀子·君道》也说："法不能独立，类不能自行，得其人则存，失其人则亡……古今一也。"当今企业，特别是中国林业企业，面对市场经济下的激烈人才竞争，作为艰苦行业，如何发现人才、使用人才、爱护人才、留住人才，是林业企业能否发展壮大的关键。因此，中国古代儒家思想中的以人为本的人才思想在今天的林业企业管理中，依然具有重要借鉴意义。

2. 诚信立业

儒家特别重视"诚信"的品德。中国古代文献中记载了这样一则故事：孔子的门生曾参的妻子带着孩子到市场上去，孩子哭闹要买东西。妈妈为了把他哄回家，就说："别哭了，咱们回

家，妈妈给你杀猪吃肉。"回到家后，妻子对曾参说了这件事。曾参立刻拿刀去杀猪。妻子说："我不过是哄孩子的瞎话，你怎么就认真了呢?"曾参说："孩子是不能随便欺骗的。他是有智慧的，我们做父母的如果欺骗他，他就学会了欺骗，这样怎么能教育好孩子呢？于是就把猪杀掉了。企业内部的诚信是企业信用文化建设的起点，也是企业成功的基础。企业内部的诚信不仅能培养企业的团队精神，而且能使员工在为共同的目标努力时较少地考虑个人利益，团结起来，精诚合作并为之努力奋斗，在企业内部形成较高的信任水平。因此，林业企业的管理者学习儒家智慧中的诚信思想，对于林业企业长期的发展具有战略性的积极作用。

3. 崇生惜物

儒家自古以来就有崇敬生命、热爱自然、保护环境的传统美德。儒家的人生追求，首先体现为一种"崇生"的价值观，即注重生命本身的价值，尊重生命，敬畏生命。《孟子》主张"斧斤以时入山林"，即不可违时滥用，以免破坏自然界的运行规律，保护自然生命的可持续发展能力。这对于今天的林业企业管理具有重要的启示意义。林业企业与其他行业有所不同，绝大多数林业企业是建立在对森林资源直接消耗的基础上的。而随着我国可利用森林资源的减少，林业企业面临着很大的生存发展压力。因此，在林业企业管理中吸收借鉴"崇生""惜物"的儒家智慧。首先，林业企业经营中要转变观念，摒弃长期以来的粗放式经营模式，提高科技含量，减少资源损耗。其次，林业企业要从利润中拿出一部分用于森林资源的恢复，这既是保证林业企业长远发展的战略需求，也是生态环境保护的现实需要。第三，企业经营者要树立可持续发展观念，努力实现经济增长、资源开发、环境保护的协调发展，不能片面追求利润最大化而忽视整个社会的更大利益。

4. 自强不息

儒家思想高扬"自强不息"的奋斗精神。《易经》中"天行健，君子以自强不息"，体现的是一种不屈不挠、顽强奋斗的意志力。我国林业企业面对森林资源经营周期长、见效慢、风险大、产出效益的外部性和职工工作环境恶劣等不利情况，在经营过程中肯定会遇到各种困难，这时企业的管理者和员工的意志、精神和态度就显得尤为重要，只有在日常管理中继承和弘扬儒家自强不息的思想，培养企业员工顽强拼搏的奋斗精神，才能够使企业从逆境中摆脱出来，在市场的激烈竞争中立于不败之地。

巩固训练

1. 学生自主组成团队，每个团队3~5人。采用学生自荐和同学推荐的方式选出各组组长，由组长对团队成员进行职责分工，主要包括：资料查找人员、资料整理编辑人员、PPT制作人员、报告完成人员、讲演人员等(分工是相对的，可适当转换角色)。团队成员共同填写好工作页，组长审核、总结后上交教师。

2. 具体需要完成的任务

(1) 分组网上查找或访问某一个林业企业或一位管理者，并派一个代表上台讲述一个林业企业或管理者的故事。要求学生了解该林业企业的某一基本业务职能，如计划管理、生产管理、技术管理、营销管理、物资设备管理、财务管理、行政管理、人事管理、后勤管理等；向管理者了解他的职位、工作职能、胜任该职务所必需的管理技能的情况。

(2)分组讨论分析以下案例，并形成小组案例分析报告。

张林大学毕业就到一家生产木制产品的公司工作，最初担任本木家具车间的助理监督。他在大学时学的是木材加工专业，对本木家具知道一些，但对管理工作没有实际经验。好在他认真好学，一边学习，一边监督长对他主动指点，他很快胜任了工作。6个月后，他已能独担监督长的工作。又过一个月，公司直接提拔他为子公司木业公司经理，负责整个子公司的经营管理工作。在新的岗位上，他花了整整一年的时间修订了工作手册，使之切合实际。

几年后，他自己不但成为木家具生产的行家，而且还能够处理好计划、组织、领导、控制的职能分工，让员工各尽其才，他则腾出更多时间用于战略规划工作，以及批阅报告和完成向上级的工作汇报等。经过5年，张林经过竞聘成为集团规划工作副总裁，之后又被提升为负责生产工作的副总裁。后来，张林又被提升为公司总裁。他知道，当上公司最高主管时，他应该相信自己有处理可能出现的任何情况的能力，但他也明白自己尚未达到这样的水平。因此，一想到马上就要上任，他就不免有些担忧！

思考：

你认为张林当上总裁后，他的管理责任与过去相比有了哪些变化？应当如何去适应这些变化？

你认为张林要胜任总裁的工作，哪些管理技能是最重要的？你觉得他具备这些技能吗？

如果你是张林，你认为当上公司总裁后自己应该补上哪些欠缺，才能使公司取得更好的绩效？

根据卡特兹的三大技能，你认为张林目前最需要加强的是什么技能？

根据明茨伯格的管理者角色理论，张林出席与外国公司的合作签字仪式时所扮演的管理者角色是什么？

小 结

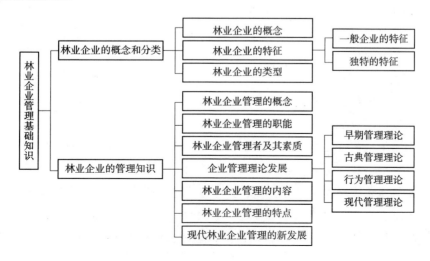

思考与练习

一、单选题

1. 管理的所有职能中的最基本的一项是(　　)。
   A. 计划　　　　　B. 组织　　　　　C. 人员配备　　　　　D. 控制
2. 如果你是厂长,你认为下列哪个做法最不可取?(　　)
   A. 决不让自己超量工作
   B. 把下属能干的事授权下属去干后,仍不忘奔命于烦琐的管理事务中
   C. 抓部下解决不了或无力解决的重大问题,部门间的协调等
   D. 授权他人然后就完全忘掉这回事
3. 企业最本质的特征是(　　)。
   A. 营利性　　　B. 经济性　　　C. 社会性　　　D. 独立性
4. 一个组织的最高管理人员尤其需要具备较强的(　　)。
   A. 技术技能　　　B. 人际技能　　　C. 概念技能　　　D. A和B
5. 把工人看作"活的机器"的理论是(　　)。
   A. 决策管理理论　B. 古典管理理论　C. 行为理论　　　D. 计算机管理理论
6. "科学管理之父"泰勒是(　　)。
   A. 美国人　　　B. 英国人　　　C. 法国人　　　D. 德国人
7. 儒家管理思想的核心是(　　)。
   A. 治人　　　　B. 无为而治　　　C. 以法治国
8. 儒家思想的代表人物是(　　)。
   A. 老子　　　　B. 孔子　　　　C. 韩非子
9. 后期法家代表人物是(　　)。
   A. 老子　　　　B. 孔子　　　　C. 韩非子
10. 企业管理者可以分成基层、中层、高层3种,高层管理者主要负责制定(　　)。
    A. 日常程序性决策　　　　　　B. 长远全局性决策
    C. 局部程序性决策　　　　　　D. 短期操作性决策

二、判断题

1. 企业最本质的特征是营利性。(　　)
2. 企业管理的各项基本职能在空间上是可以并存的。(　　)
3. 有限责任公司最适合中小型企业,与股份有限公司一样必须公开账目。(　　)
4. 一个组织中,授权者对受权者的行为负有最终责任。(　　)
5. 计划职能涵盖了管理的各个方面,处于各职能的首要位置。(　　)
6. 董事长是公司日常生产、经营管理工作的最高主管。(　　)
7. 管理者扮演三方面角色,其中高层管理者最重要的角色是人际角色。(　　)

三、简答题

1. 企业有哪些特征？
2. 什么是现代企业制度？它的基本特征有哪些？
3. 管理具有哪些职能？
4. 管理者应具备什么素质？有哪些技能要求？
5. 简述企业管理的内容。
6. 企业管理有哪些新发展？

单元 2 林业企业组织环境

学习目标

知识目标

(1) 了解组织的概念,掌握组织结构的基本类型。

(2) 了解林业企业管理环境的概念及其分类,掌握波特五力分析法和 SWOT 分析法。

(3) 了解林业企业文化的含义,掌握林业企业文化的构成。

技能目标

(1) 会根据实际情况建立合适的组织机构。

(2) 能对林业企业的外部环境和经营能力进行正确的综合分析。

(3) 能建立优秀林业企业文化和正确发挥企业文化的作用。

案例导入

组织机构的建立和组织环境分析

张超的木业公司正式注册成立了,接着要开始招聘,要招聘哪些人呢?首先要确定企业的组织机构,要有哪些岗位,岗位的职能是什么。经过与合伙人初步确定,他主管内部管理,合伙人主管外部业务联系。因公司主营外贸业务,内部机构初步设立开发部、市场部、行政部、人力资源部。市场部下设外贸业务组和跟单组,行政部下设后勤组和财务组。

如何成功地打入市场?开始时公司主要与木制品加工企业合作,生产大型木门、衣柜等产品,结果发现不利于出口。经过调查后发现,外国人比较喜欢各种小型的装饰品,如茶杯垫等。于是他决定主打木制工艺美术品和木制日用品。

问题:
1. 组织结构的类型有哪些?
2. 组织环境的内、外部环境主要包括哪些?应该如何分析?

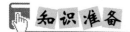

2.1 林业企业组织理论

2.1.1 组织概述

组织是个体为实现共同目标而结合成的有机统一体。简单来说,组织是两个以上的人、目标和特定的人际关系构成的群体。

理解企业组织的含义,应把握组织的4个要素:

①人 是组织的基本要素,是唯一具有主观能动性的要素。组织由两个或两个以上的人组成,这些人为了共同的目标走到一起。

②共同目标 是组织成立的前提要素,组织是因为拥有一个(经常更多的)目标而成立的,这个目标要得到员工的认同。

③组织结构 是组织成立的载体要素,是组织成员分工协作的表现,通过组织结构确定互相协调的手段,保证人们可以进行沟通、互动并交流他们的工作,组织结构由部门、岗位、职责、从属关系等构成。

④管理 是组织的维持要素。为了实现目的,要拥有一套计划、控制、组织和协调的流程。以计划、执行、监督、控制等手段保证目标的实现。

一个企业拥有人、财、物、土地、信息、技术等多种资源，必须借助于某种形态的组织对这些资源进行合理配置、优化组合，便于管理，提高效率。组织是企业生存发展所不可缺少的重要条件，良好的组织可以奠定企业腾飞的基础，不良的组织不仅会造成机构臃肿、人浮于事，还会带来无休止的扯皮、冲突和内耗，影响企业的生存和发展。因此，许多力求成功的领导者，在企业创建和发展的过程中，都毫无例外地将组织的合理设计和不断变革作为企业兴旺发达的关键环节。

2.1.2 组织结构

组织结构和管理制度作为反映特定组织模式特征的两个基本方面，是相互区别而又密切联系的。可以认为，组织结构是管理制度落实的保证。企业的管理制度再好，如果没有组织结构的支持作保证，这个制度就很可能只是一纸空文，难以变成员工决策或行动的指南。

2.1.2.1 组织结构的含义和内容

(1) 组织结构的含义

组织结构是表明组织各部分排列顺序、空间位置、聚散状态、联系方式以及各要素之间相互关系的一种模式，是整个管理系统的"框架"。其目的在于对工作任务进行合理分工和协调合作。

企业组织结构的概念有狭义和广义之分。狭义的组织结构，是指组织内部的构成方式，即各个部门、各个层次之间固定的排列方式。广义的组织结构，还包括组织之间的相互关系类型，如专业化协作、经济联合体、企业集团等。

(2) 组织结构的内容

组织结构一般分为职能结构、层次结构、部门结构、职权结构4个方面。

①职能结构　是指实现组织目标所需的各项业务工作以及比例和关系。一项业务的成功运作需要多项职能共同发挥作用，因此在组织结构设计时首先应该确定企业经营到底需要哪几个职能，然后确定各职能间的比例与相互之间的关系。即考虑工作专业化问题，工作专业化的实质是一个人不能完成一项工作的全部，一项工作应分解成若干步骤，每一步骤由一个人独立去做。其考量维度包括职能交叉(重叠)、职能冗余、职能缺失、职能割裂(或衔接不足)、职能分散、职能分工过细、职能错位、职能弱化等方面。

②层次结构　是指管理层次的构成及管理者所管理的人数(纵向结构)。其考量维度包括管理人员分管职能的相似性、管理幅度、授权范围、决策复杂性、指导与控制的工作量、下属专业分工的相近性。

③部门结构　是指各管理部门的构成(横向结构)。其考量维度主要是一些关键部门是否缺失或优化。

④职权结构　是指各层次、各部门在权力和责任方面的分工及相互关系。主要考量部门、岗位之间权责关系是否对等。

建立林业企业的管理机构，要求适应以营林为基础的方针。目的是使生产关系适应生产力发展的需要，从而提高生产效率，最大限度地提高林业企业的经济效益。林业企业管理机构的核心，是要解决如何保护、培育和扩大森林资源，提高森林覆盖率、森林生长量和森林资源利用率，确保以营林为基础方针的贯彻执行，充分利用森林资源，发展林区经济，不断提高人民的生活水平。

2.1.2.2　组织结构的设计

管理者在进行组织结构设计时，必须考虑6个关键因素：工作划分、部门划分、职权关系确定、管理幅度、集权与分权、标准化程度。

①工作划分　是将工作任务细化为若干步骤，每个步骤由不同的人员专门完成，而不是一个人完成整个项目的全部过程。通过把工作划分成较小的、标准化的任务，使工人能够反复地进行同一种操作，既能提高技术专业化水平，也能提高工作效率。例如，木制品工艺流程分成不同工序：裁板→封力→钻孔→开槽→装件→检验→包装，每个工序由不同的人完成。

②部门划分　是根据各个职务所从事的工作性质及职务关系，把相近或同类职务组合起来建立一个部门的过程。可以根据职能、产品类型、地区、过程、顾客类型等方法进行部门划分。

③职权关系确定　是授予各级管理者完成任务的职责、权限，以及成员之间的职权关系。解决谁对谁负责、有问题找谁解决等问题，是一种从组织最高层扩展到最基层的不间断的权力路线。要注意命令的统一性，即统一指挥的原则，避免职权分工不明、互相扯皮、互相推诿的现象发生。

④管理幅度　是指企业的一个上级能直接有效地领导下级的人数。管理幅度受管理者的职务性质、知识、经验、时间、精力、条件等各方面的影响。管理者水平越高，可以领导的下属人数也越多。管理幅度也受下属的知识、能力的影响，下属的能力越强，管理者能领导的下属也越多。管理幅度的确很重要，因为在很大程度上，它决定着组织要设置多少层次，配备多少管理人员。管理幅度和管理层次成反比关系。在其他条件相同时，管理幅度越宽，组织效率越高。现代企业管理的趋势是向扁平化组织发展。

⑤集权与分权　企业管理集权化是指组织中的决策权集中于较高管理层，实行高度统一指挥。分权化是把企业管理的权力尽可能地分散给下级管理层，以最大限度发挥分级管理的优势。

集权式组织的优点主要有以下几个方面：一是便于统一领导、统一协调；二是有利于规范工作汇报的程序和形式；三是能有效达成企业的目标；四是危急情况下能进行快速决策；五是有助于实现规模经济；六是适用于由外部机构（如专业的非营利性企业）实施密切监控的企业，因为所有的决策都能得以协调。缺点有：一是高级管理层可能忽视下属的要求；二是由于需要层层往上汇报，因此决策时间过长；三是不利于下层管理者的发展，影响积极性。

分权式组织与集权式组织相反，优点是重视下属的要求、决策速度快、能调动基层管理者的积极性。缺点是容易偏离企业目标、部门间协调困难等。

⑥标准化程度　在高度标准化的组织中，有规范而完美的规章制度，有明确的工作职

责要求等,意味着负责该项工作的人对工作内容、时间、方法等没有自主权。而标准化程度较低的组织,工作的灵活度较高,自主权也较多。由于个人许可权与组织对员工行为的规定成反比,因此工作标准化程度越高,员工决定自己工作方式的权力就越小。工作标准化不仅减少了员工选择工作行为的可能性,而且使员工无需考虑其他行为选择。

不同行业标准化程度要求不同,林业经营长期实行粗放经营,现代林业经营逐步改变这种现状。林业标准化是对林业活动中实际与潜在的问题做出统一规定,供共同和重复使用,以获得最佳的林业活动秩序,提高林业活动的管理水平和技术水平,促进并维护生态健康,不断提高森林产品的质量。林业标准化是林业科技与生产、经营结合的纽带,是加速科技成果转化推广的重要途径,也是促进林业行业发展的有力手段。

2.1.2.3 组织结构的基本类型

(1) 直线制组织结构

又称单线型组织结构(图2-1)。其特点是组织系统职权从组织上层"流向"组织基层,其领导关系按垂直系统建立,不设专门的职能机构,自上而下形成直线。上下级关系是直线关系,即命令与服从的关系。企业的管理工作,均由企业的最高层直接指挥和管理,不设专门的职能机构。

优点:结构简单,命令统一;责权明确;联系便捷,易于适应环境变化;管理成本低。

缺点:有违专业化分工的原则;权力过分集中,易导致权力的滥用;横向联系差。

适用于处于稳定环境中、规模较小、任务单一的制造型企业。

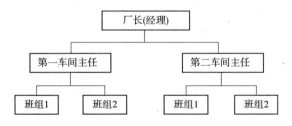

图2-1 直线制组织结构

(2) 职能制组织结构

又称多线型组织结构。其特点是采用按职能分工实行专业化的管理办法来代替直线制的全能管理者,各职能部门在分管业务范围内直接指挥下属(图2-2)。

图2-2 职能制组织结构

优点:管理工作分工较细;由于吸收专家参与管理,可减轻上层管理者的负担。

缺点:多头领导,不利于组织的集中领导和统一指挥;各职能机构往往不能很好配合;过分强调专业化;导致责任不明确。

适用于需要相关专业技术知识、任务较复杂的组织，如高校、医院、图书馆、设计院等。

(3) 直线职能制组织结构

直线职能制组织结构是以直线制为基础，在各级行政领导下，设置相应的职能部门（图2-3）。即在直线制组织统一指挥的原则下，增加了参谋机构。它是在直线制和职能制的基础上，取长补短，吸取这两种形式的优点而建立起来的。这种组织结构形式是把企业管理机构和人员分为两类：一类是直线领导机构和人员，按命令统一原则对各级组织行使指挥权，如董事长直接领导总经理，总经理直接领导副总经理；另一类是职能机构和人员，按专业化原则，从事组织的各项职能管理工作。直线领导机构和人员在自己的职责范围内有一定的决定权和对所属下级的指挥权，并对自己部门的工作负全部责任。而职能机构和人员，则是直线指挥人员的参谋，不能对直接部门发号施令，只能进行业务指导。我国绝大多数企业采用直线职能制组织结构。

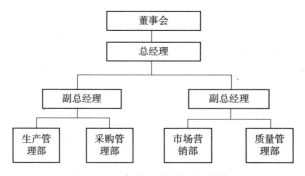

图2-3　直线职能制组织结构

优点：既保证了集中统一的指挥，又能发挥各种专家业务管理的作用。

缺点：各职能单位自成体系，横向沟通差，工作易重复，造成效率不高；职能部门授权权力不好把握；职能部门缺乏弹性，对环境变化的反应迟钝；增加管理费用。

(4) 事业部制组织结构

事业部制是欧美、日本大型企业所采用的典型的组织形式（图2-4），有时也称为分公司制结构。

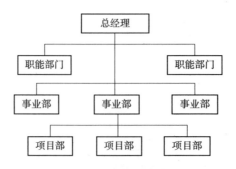

图2-4　事业部制组织结构

事业部制是在一个企业内对具有独立产品市场、独立责任和利益的部门实行分权管理的一种组织形式，是为满足企业规模扩大和多样化经营对组织机构的要求而产生的。事业部不是独立的法人企业，但具有较大的经营权限，实行独立核算、自负盈亏，是一个利润中心。从经营的角度上来说，事业部与一般的公司没有什么太大的不同。

优点：各事业部之间有比较和竞争，增强企业活力，能较好地调动经营管理人员的积极性；事业部制以利润责任为核心，能够保证公司获得稳定的利润；每个事业部都有自己的产品和市场，能够规划其未来发展，既稳定又灵活，能为公司不断培养出高级管理人才；各事业部间自主经营，责任明确，有利于实现目标管理和自我控制。

缺点：管理机构多，管理人员比例大，对事业部经理素质要求高；分权容易滋长本位主义，对事业部的控制成本增加；事业部间竞争激烈，可能发生内耗，协调也较困难。

实施事业部制组织结构需要符合以下条件：具备专业化原则划分的条件，并能确保独立性，以便承担利润责任；事业部间相互依存，不硬性拼凑；保持事业部之间适度竞争；公司有管理的经济机制，尽量避免单纯使用行政手段；适时而动，外部环境好时，有利于事业部制，外部环境不好时，应收缩，集中力量渡过难关。

（5）矩阵式组织结构

矩阵式组织结构是专门从事某项工作的工作小组形式发展而来的一种组织形式。它具体又可分为二维矩阵和三维矩阵。

优点：加强了横向联系，克服了职能部门相互脱节、各自为政的现象，专业人员和专用设备能得到充分利用；具有较大的机动性，任务完成，组织即解体，人力、物力有较高的利用率；各种专业人员同在一个组织共同工作一段时间，完成同一任务，为了一个目标相互激发，开阔思路，相得益彰。

缺点：成员不固定在一个位置，有临时观念，有时责任心不够强，人员受双重领导，出了问题有时难以分清责任。

2.2 林业企业管理环境

2.2.1 林业企业管理环境的概念及其分类

2.2.1.1 林业企业管理环境的概念

林业企业管理环境是指存在于一个林业组织内部和外部的、影响组织业绩的各种力量和条件因素的总和。

任何一个企业都是在一定的宏观环境下开展经营活动，以求得自身的生存和发展的，因此，企业必须注重对宏观环境的研究，努力争取使外部市场环境与企业内部条件和营销策略之间互相适应，从而增强企业的应变能力，实现企业目标。

2.2.1.2 林业企业管理环境的分类

企业主要根据两大类因素制定战略决策：一类是企业外部环境（宏观环境和行业环境）因素，它是企业不能控制但必须适应的外部力量，包括一般环境和任务环境，为企业的生存和发展带来机会的同时也带来威胁；另一类是企业内部环境因素，它是企业能够控制的、或根据企业的经营目标灵活运用的因素，包括人力资源、物力、财力、组织结构和企业文化等，主要体现企业在竞争中的优势和劣势。

企业的经营过程，实际上是不断在其外部环境、内部环境及其经营目标三者之间寻求动态平衡的过程。

（1）林业企业外部环境

①一般外部环境　是指可能对这个组织的活动产生影响，但其影响的相关性却不很清楚的各种因素。企业的一般外部环境因素涉及面广，主要从宏观方面对企业的生产经营活动产生间接的影响。这些因素主要有：政治环境、经济环境、社会文化环境、科技环境、自然环境。

一是政治环境。包括组织所在地区的政治制度、政治形势，执政党路线、方针、政策，以及国家法令、社会制度等，主要表现在地区政局的稳定性和执政党的路线、方针、政策方面。政府的态度对于企业来讲是个不确定因素，政策规定可以做什么、不可以做什么以及允许做到何种程度等政治风险对企业可能有影响。比如，2019年12月新修订的《中华人民共和国森林法》对商品林经营的规定直接影响到商品林经营企业。

二是经济环境。一个组织所处的经济环境，通常包括其所在国家的经济制度、经济结构、物质资源状况、经济发展水平、国民消费水平等方面，利率、通货膨胀率、可支配收入的变化、股市指数和经济周期，是一些可以用来反映经济环境的指标。通常，一般经济环境主要通过对各类组织所需要的各种资源的获得方式、价格水准的影响和对市场需求结构的作用来影响各类组织的生存和发展。

三是社会文化环境。它主要包括一个国家或地区的居民文化水平、宗教信仰、风俗习惯、道德观念、价值观念等。

四是科技环境。通常由组织所在国家或地区的技术水平、技术政策、科研潜力和技术发展动向等方面因素构成。除了直接相关的技术手段外，还包括国家对科技开发的投资和支持重点；技术发展动态和研究开发费用；技术转移和技术商品化速度；专利及其保护情况等。

五是自然环境。主要包括地理位置、气候条件和资源状况等自然因素。第一类是取之不尽、用之不竭的资源，如空气等；第二类是有限但可以再生的资源，如森林资源等；第三类是既有限又不能再生的资源，如石油等。我国目前自然资源的可供及利用现状是：一方面，自然资源相对不足，是世界上人均占有资源的"小国"；另一方面，我国又是一个资源消费的"大国"。社会公众的环境保护意识日趋加强，人们越来越关心自己生存的环境质量，这一方面给林业企业造成压力，另一方面也为林业企业创造了机会。

②任务环境　是指对组织的目标实现有直接影响的那些外部因素。

一是资源供应者。一旦主要的资源供应者发生问题，就会导致整个组织运转减缓或中止。要努力寻找所需资源的及时稳定供应，使每次必须进行的谈判变为一种惯例。

二是服务对象（顾客）。服务对象是企业生存的基础。确保及时地向顾客提供满意的商品和优质的服务，是企业管理者最重要的目标。

三是竞争对手。竞争对手是指与企业争夺资源、服务对象的人或组织。任何企业，都不可避免地会有一个或多个竞争者。如果企业在管理中忽视竞争对手，就会付出惨重的代价。在分析竞争对手时,首先,需要了解谁是主要竞争对手,分清企业的品牌竞争者、产品竞争者(行业竞争者)、替代产品竞争者和一般竞争者;其次,在行业竞争分析中,重点关注竞争对手数量、产品差异、品牌形象、进入难度4个问题;第三,认真考虑竞争对手的反应模式;第四,做好竞争领域分析和竞争手段分析。

四是政府管理部门。政府管理部门是指对企业进行监督和管理的政府部门。例如,林业和草原局对森林资源的保护、利用、更新实行管理和监督。林业主管部门依法管理林地是林业生产活动和实际工作的客观需要,林业企业要采伐树林必须经过有关部门批准。

五是其他利益相关者。如消费者协会、环境保护组织、媒体等。组织的管理者必须掌握利益相关者的信息并及时做出反应。

(2) 林业企业内部环境

林业企业内部环境是指企业内部的物质、文化环境的总和,包括企业资源、企业能力、企业文化等因素,也称企业内部条件。企业要在竞争中立于不败之地,必须要做到"知己知彼",其中作为"内因"的知己更为重要,客观全面的内部环境分析是企业生存和发展的基础,是企业进行战略管理的关键起点。

①企业资源 指企业经营所需要的资源,是企业所控制或拥有的要素的总和。主要包括有形资源和无形资源两大类。其中有形资源主要是指可见的、能作货币直接计量的资源,主要包括物质资源和财务资源等物质形态的资源,如森林资源;无形资源主要是指企业长期积累的、没有实物形态的、甚至无法用货币精确计量的资源,主要包括品牌、商誉、技术、专利、商标及人力资源、组织资源等非物质形态的资源。

②企业能力 是指能够将企业的资源加以整合以完成预期任务和目标的技能,是对企业各种资源进行组合协调以发挥其潜在价值的能力,它集中体现为管理能力。企业能力按经营职能划分为决策能力、管理能力、监督能力、改善能力;按经营活动的标准划分为战略经营能力、生产能力、供应能力、营销能力等。

③企业文化 是指在一定的条件下,企业生产经营和管理活动中所创造的具有该企业特色的精神财富和物质财富。它包括企业愿景、文化观念、价值观念、企业精神、道德规范、行为准则、历史传统、企业制度、文化环境、企业产品等。其中价值观念是企业文化的核心。

2.2.1.3 林业企业文化

(1) 林业企业文化的定义及其构成

林业企业文化是在一定的历史条件下,林业企业及其员工在生产经营和变革的实践中逐渐形成的共同思想、作风、价值观念和行为准则,是一种具有企业个性的信念和行为方式。

林业企业文化由3个层次构成(图2-5):

①表面层的物质文化和行为文化 称为企业的"硬文化"。物质文化,是指为了满足人类生存和发展需要所创造的物质产品及其所表现的文化,包括厂容、厂貌、机械设备,以及产品造型、外观、质量等。行为文化是人们在日常生产

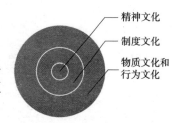

图2-5 企业文化的构成层次

生活中表现出来的特定行为方式和行为结果的积淀，这种行为方式是人们的所作所为的具体表现，体现着人们的价值观念取向，受制度的约束和导向。具体反映在企业家行为、模范人物行为、员工群体行为等方面。

②中间层次的制度文化　包括领导体制、人际关系以及各项规章制度和纪律等。

③核心层的精神文化　称为企业的"软文化"。包括各种行为规范、价值观念、企业的群体意识、职工素质和优良传统等，是企业文化的核心，被称为企业精神。

企业的物质文化、制度文化、精神文化是密不可分的，它们相互影响、相互作用，共同构成企业文化的完整体系。

(2) 林业企业文化的特征

林业企业文化是社会文化的重要组成部分，既具有企业的共同属性，以及社会文化和民族文化的共同属性，也具有林业企业的不同特点。

①独特性　企业文化具有鲜明的个性和特色，具有相对独立性，每个企业都有其独特的文化积淀，这是由企业的生产经营管理特色、企业传统、企业目标、企业员工素质以及内外环境不同所决定的。林业企业文化应该有自己的独特性，这种文化是一种绿色文化、环保文化、回归自然的文化，是人性的复归。在当前世界森林资源破坏严重、生态环境受到严重威胁的情况下，林业企业更要适应这一时代需要，重视绿色、环保文化，生产出科技含量高的环保型绿色产品，依靠绿色文化这张牌，使林业企业走出低谷，走出困境，实现经济效益与社会效益的双丰收。

②继承性　企业文化在一定的时空条件下产生、生存和发展，是历史的产物。企业文化的继承性体现在3个方面：一是继承优秀的民族文化精华。二是继承企业的文化传统。三是继承外来的企业文化实践和研究成果。林业产业传统思想是以营林为基础，这点不能变。

③相融性　企业文化的相融性体现在它与企业环境的协调和适应性方面。企业文化反映了时代精神，它必然要与企业的经济环境、政治环境、文化环境以及社会环境相融合。信息化时代，信息快速传输，打破了数千年形成的文化界限。不同的文化理念受到了前所未有的碰撞冲击，并相互渗透，形成了交融的多元文化。林业企业应该走出国门，学习国外林业企业丰富的管理经营经验，加强科技交流、人员往来，这不只是技术学习过程，更是一种文化交流，是环保意识的灌输。

④人本性　企业文化是一种以人为本的文化，最本质的内容就是强调人的理想、道德、价值观、行为规范在企业管理中的核心作用，强调在企业管理中要理解人、尊重人、关心人，注重人的全面发展，用愿景鼓舞人，用精神凝聚人，用机制激励人，用环境培育人。

⑤整体性　企业文化是一个有机的统一整体，人的发展和企业的发展密不可分，引导企业员工把个人奋斗目标融于企业发展的整体目标之中，追求企业的整体优势和整体意志的实现。

⑥创新性　创新性既是时代的呼唤，又是企业文化自身的内在要求。优秀的企业文化往往在继承中创新，随着企业环境和国内外市场的变化而改革发展，引导大家追求卓越，

追求成效，追求创新。长期以来，林业未能从根本上摆脱粗放型经济增长方式，据全国第三次工业普查资料，林业企业的亏损面多达39%，亏损额高达95 877万元，其中木材加工企业的亏损面已超过1/2。严峻的现实迫使林业企业必须改变以往的经营观念，依靠技术创新、管理创新、文化创新，逐步建立起一、二、三产业协调发展，造、采、运、加工一条龙，林工商一体化，技工贸、内外型相结合的林业新体制。

（3）林业企业文化的作用

企业文化的作用有对企业内部环境的作用和对企业外部环境的作用两个方面。对外部环境的影响，如对社会各阶层、对人类的影响，是企业文化的派生作用。此处介绍企业文化的内部作用。

①导向作用　企业文化作为广大员工共同的价值观、追求，必须对员工具有强烈的感召力。企业文化是以精神和心理形态存在于企业中，这些精神和心理形态的内容体现为：价值观念，如效率、公平、民主、秩序等观念；情感和信念，如对企业的忠诚和对企业未来的信心；道德规范，如职业道德、人与人相处的道德要求等。它们使企业成员不仅具有精神和心理的寄托和支持，形成企业成员工作的动力，激发其工作积极性和创造性，而且自发地引导企业成员的行为，使企业具有明确的价值导向。

②凝聚作用　美国学者凯兹·卡恩认为，在企业中，将个体凝聚起来的主要是一种心理力量，而非生理的力量。企业文化正是以微妙的方式来沟通企业内部人员的思想，进而成为企业发展的黏合剂。健康良好的企业文化是在充分尊重个人价值、承认个人利益的前提下，通过培育企业成员的责任感和归属感而建立起来的文化氛围。企业的核心价值观得到了成员广泛的认可和强烈的认同，这种认可和认同会在企业内部创造一种很强的行为控制氛围，从而引导和塑造员工的态度与行为，使个人的行为、思想、感情、信念等与整个组织有机结合起来，形成一种无形的凝聚力。正是企业文化这种自我凝聚的功能，才构成企业生存的内在动力。

③激励作用　所谓激励，就是通过外部刺激，使个体产生一种情绪高昂、发奋进取的效应。企业文化通过价值观的宣传以及英雄人物的树立，使企业成员行有目标、学有榜样，从而激励企业成员产生符合企业要求的积极行为。

④规范作用　企业文化通常是无形的、非正式的、非强制性的行为准则，对职工有规范和约束作用。在特定的文化氛围下，在企业文化的指导下，员工对准则、观念等产生认同感和归属感，对企业产生使命感，企业成员会因此自觉调整自己的行为，使之符合企业的要求，形成自我约束的能力。

2.2.2　林业企业管理环境分析模型

2.2.2.1　波特五力分析模型

波特五力分析模型又称波特竞争力模型，是迈克尔·波特（Michael Porter）于20世纪80年代初提出的，对于企业战略制定产生全球性的深远影响。

该模型的主要思想是：企业获取竞争优势的关键在于企业所处行业的盈利能力（行业的吸引力）和企业在行业内的相对竞争地位。企业战略管理的首要任务是通过分析5种因素，选择具有潜在高利润的行业。5种因素即五力，是指：供应商的讨价还价能力；购买者的讨价还价能力；潜在竞争者进入的能力；替代品的替代能力；行业内现有竞争者的竞争能力(图2-6)。

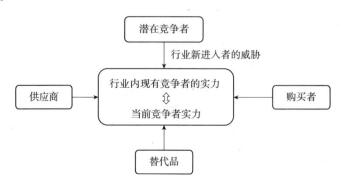

图2-6　波特五力分析模型

(1)供应商的讨价还价能力

供方(供应商)主要通过其提高投入要素价格与降低单位价值质量的能力，来影响行业中现有企业的赢利能力与产品竞争力。供方力量的强弱主要取决于他们所提供给买主的是什么投入要素，当供方所提供的投入要素其价值构成了买主产品总成本的较大比例、对买主产品生产过程非常重要，或者严重影响买主产品的质量时，供方对于买主的潜在讨价还价能力就大大增强。

(2)购买者的讨价还价能力

购买者主要通过压价与要求提供较高的产品或服务质量的能力，来影响行业中现有企业的赢利能力。

(3)潜在竞争者进入的能力

新进入者在给行业带来新生产能力、新资源的同时，也希望在已被现有企业瓜分完毕的市场中赢得一席之地，这就有可能会与现有企业发生原材料与市场份额的竞争，最终导致行业中现有企业赢利水平降低，严重的话还有可能危及这些企业的生存。竞争者进入，威胁的严重程度取决于两个方面的因素，即进入新领域的障碍大小与预期现有企业对于进入者的反应情况。

(4)替代品的替代能力

两个处于不同行业中的企业，可能会由于所生产的产品是互为替代品，从而在它们之间产生相互竞争行为，这种源自于替代品的竞争会以各种形式影响行业中现有企业的竞争战略。首先，现有企业产品售价以及获利潜力的提高，将由于存在着能被用户方便接受的替代品而受到限制；其次，由于替代品生产者的侵入，使得现有企业必须提高产品质量，或者通过降低成本来降低售价，或者使其产品具有特色，否则其销量与利润增长的目标就有可能受挫；第三，源自替代品生产者的竞争强度，受产品买主转换成本高低的影响。总之，替代品价格越低，质量越好，用户转换成本越低，其所能产生的竞争压力就强；而这种来自替代品生产者的竞争压力的强度，可以具体通过考察替代品销售增长率、替代品厂家生产能力与盈利扩张情况来加以描述。

（5）行业内现有竞争者的竞争能力

大部分行业中的企业，相互之间的利益都是紧密联系在一起的，作为企业整体战略一部分的各企业竞争战略，其目标都在于使得自己的企业获得相对于竞争对手的优势。所以，在战略实施中就必然会产生冲突与对抗现象，这些冲突与对抗就构成了现有企业之间的竞争。现有企业之间的竞争常常表现在价格、广告、产品介绍、售后服务等方面的竞争，其竞争强度与许多因素有关。

波特五力分析模型的意义在于，5种竞争力量的抗争中蕴涵着3类成功的战略思想，即总成本领先战略、差异化战略、专一化战略。任何产业，无论是国内的或国际的，无论是生产产品的或提供服务的，竞争规律都将体现在这5种竞争的作用力上。因此，波特五力分析模型是企业制定竞争战略时经常利用的战略分析工具。

2.2.2.2 SWOT 分析法

所谓 SWOT 分析，即基于内、外部竞争环境和竞争条件下的态势分析，就是将与研究对象密切相关的各种主要内部优势、劣势及外部的机会、威胁等，通过调查列举出来，并依照矩阵形式排列，然后用系统分析的方法，把各种因素相互匹配起来加以分析，从中得出一系列相应的结论，而结论通常带有一定的决策性。运用这种方法，可以对研究对象所处的情景进行全面、系统、准确的研究，从而根据研究结果制定相应的发展战略、计划以及对策等。

S(strengths)是优势，W(weaknesses)是劣势，O(opportunities)是机会，T(threats)是威胁。按照企业竞争战略的完整概念，战略应是一个企业"能够做的"（即组织的强项和弱项）和"可能做的"（即环境的机会和威胁）之间的有机组合。

（1）SWOT 分析的主要内容

SWOT 分析法常常被用于制定集团发展战略和分析竞争对手情况，在战略分析中，它是最常用的方法之一。进行 SWOT 分析时，主要有以下几个方面的内容：

①分析环境因素

优势：是组织机构的内部因素，具体包括有利的竞争态势、充足的财政来源、良好的企业形象、技术力量、规模经济、产品质量、市场份额、成本优势、广告攻势等。

劣势：也是组织机构的内部因素，具体包括设备老化、管理混乱、缺少关键技术、研究开发落后、资金短缺、经营不善、产品积压、竞争力差等。

机会：是组织机构的外部因素，具体包括新产品、新市场、新需求、外国市场壁垒解除、竞争对手失误等。

威胁：也是组织机构的外部因素，具体包括新的竞争对手、替代产品增多、市场紧缩、行业政策变化、经济衰退、客户偏好改变、突发事件等。

SWOT 方法的优点在于考虑问题全面，是一种系统思维，而且可以把对问题的"诊断"和"开处方"紧密结合在一起，条理清楚，便于检验。

②构造 SWOT 矩阵　将调查得出的各种因素根据轻重缓急或影响程度等排序，构造

SWOT 矩阵。在此过程中，将那些对公司发展有直接的、主要的、大量的、迫切的、久远的影响因素优先排列出来，而将那些间接的、次要的、少许的、不急的、短暂的影响因素排列在后面。

③制订行动计划　在完成环境因素分析和 SWOT 矩阵的构造后，便可以制订出相应的行动计划。制订计划的基本思路是：发挥优势因素，克服弱点因素，利用机会因素，化解威胁因素；考虑过去，立足当前，着眼未来。运用系统分析的综合分析方法，将排列与考虑的各种环境因素相互匹配起来加以组合，得出一系列公司未来发展的可选择对策。

(2) SWOT 分析的组合策略

SWOT 分析有 4 种不同类型的组合：优势-机会(SO)组合、弱点-机会(WO)组合、优势-威胁(ST)组合和弱点-威胁(WT)组合。

①优势-机会(S-O)组合　是增长型战略组合模式，是一种发展企业内部优势与利用外部机会的战略，是一种理想的战略模式。当企业具有特定方面的优势，而外部环境又为发挥这种优势提供有利机会时，可以采取该战略。例如，良好的产品市场前景、供应商规模扩大和竞争对手有财务危机等外部条件，配以企业市场份额提高等内在优势，可成为企业收购竞争对手、扩大生产规模的有利条件。

②弱点-机会(W-O)组合　是稳定型战略组合模式，是利用外部机会来弥补内部弱点，使企业改劣势而获取优势的战略模式。存在外部机会，但由于企业存在一些内部弱点而妨碍其利用机会，可采取措施先克服这些弱点。例如，若企业弱点是原材料供应不足和生产能力不够，从成本角度看，原材料供应不足会导致开工不足、生产能力闲置、单位成本上升，而加班加点会导致一些附加费用。在产品市场前景看好的前提下，企业可利用供应商扩大规模、新技术设备降价、竞争对手财务危机等机会，实现纵向整合战略，重构企业价值链，以保证原材料供应，同时可考虑购置生产线来克服生产能力不足及设备老化等缺点。通过克服这些弱点，企业可能进一步利用各种外部机会，降低成本，取得成本优势，最终赢得竞争优势。

③优势-威胁(S-T)组合　是多元化战略组合模式，是指企业利用自身优势，回避或减轻外部威胁所造成的影响。如竞争对手利用新技术大幅度降低成本，给企业造成很大的成本压力，同时材料供应紧张，其价格可能上涨，并且消费者要求大幅度提高产品质量，企业还要支付高额环保成本等，这些都会导致企业成本状况进一步恶化，使之在竞争中处于非常不利的地位，但若企业拥有充足的现金、熟练的技术工人和较强的产品开发能力，便可利用这些优势开发新工艺，简化生产工艺过程，提高原材料利用率，从而降低材料消耗和生产成本。另外，开发新技术产品也是企业可选择的战略。新技术、新材料和新工艺的开发与应用是最具潜力的成本降低措施，同时它可提高产品质量，从而回避外部威胁造成的影响。

④弱点-威胁(W-T)组合　是紧缩型战略组合模式，是一种旨在减少内部弱点，回避外部环境威胁的防御性技术。企业存在内忧外患时，往往面临生存危机，降低成本也许成为改变劣势的主要措施。若企业成本状况恶化，原材料供应不足，生产能力不够，无法实现规模效益，且设备老化，使企业在成本方面难以有大作为，这时将迫使企业采取目标聚

集战略或差异化战略，以回避成本方面的劣势，并回避成本原因带来的威胁。

例如：福建省南平市林产品配送 SWOT 分析矩阵表（表2-1）。

表2-1　福建省南平市林产品配送 SWOT 分析矩阵表

S-O 组合（增长型战略）	W-O 组合（稳定型战略）
利用外部机会，发展企业内部优势	利用外部机会，避免内部劣势
S-T 组合（多元化战略）	W-T 组合（紧缩型战略）
利用内部优势，避免外部威胁	避免内部劣势，减轻外部威胁

典型案例

案例2-1　福建省永安林业（集团）股份有限公司的企业文化

1. 公司简介

福建省永安市是全国重点林区，是全国林业改革试验区。福建省永安林业（集团）股份有限公司（以下简称永林集团公司）创立于1994年1月，1996年12月6日公司股票在深交所挂牌上市，是全国首家以森林资源为主要经营对象的上市公司。现已形成了集"森林培育、木材采伐、人造板、木质家具"为一体的全国林业行业循环经济示范企业集团。

2. 企业文化

永林集团公司的企业文化主要包括以下几方面内容：

①企业使命：为社会创造绿色产品。

②企业愿景：打造资源航母，把永安林业建设成国内最具竞争力的林产工业企业。

③企业精神：绿色辉煌，永无止境。

④企业价值观：诚信尽责，追求卓越。

⑤企业宗旨：以人为本，唯精唯恒。

以人为本，做到可持续经营。人是发展的根本目的，也是发展的根本动力，一切为了人，一切依靠人，二者的统一才是完整的。

唯精唯恒：唯精，是公司追求的目标，不精不诚，不能动人。唯精代表了活力、精致、优良、完美，代表了公司为人们提供和追求完美、精美、精益求精的物质产品和精神享受。唯恒，恒者，久也；恒，德之固也。唯恒代表了持久、恒心、恒久、永恒。由此，公司将以经久不衰和长盛的活力，做百年老店。

⑥绩效目标：行业领先。

案例2-2　中国林业集团有限公司组织机构

中国林业集团有限公司（以下简称中林集团）是国有资产监督管理委员会管理的中央企业，经营业务涵盖林业资源培育开发利用的全过程。目前，中林集团在全球拥有并经营150多家企业。作为中国最为国际化的林业企业和我国林业行业的领军企业，集团不断增强对全球林业资源的配置能力,将企业定位于全球森林资源的经营者、为我国林业产业转型升级提供服务的综合性平台和生态建设的领军者,目前综合实力位居全球林业企业前列。

组织架构如图 2-7 所示。

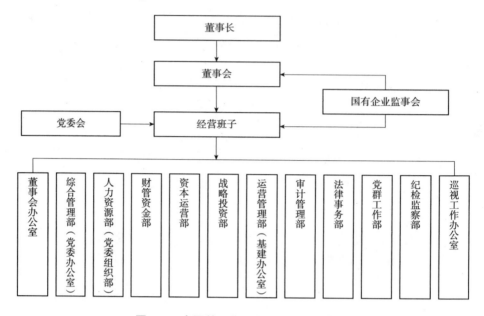

图 2-7 中国林业集团有限公司组织架构

案例 2-3 中国木地板产业环境的波特五力分析

随着中国经济的持续快速发展和居民生活水平的不断提高,木地板以其高贵典雅、美观大方、体验舒适、温馨简约、可循环利用等突出优点,正成为家居及商铺地面装饰的重要选择,市场需求呈现不断上升趋势,产量、品质和出口量都有稳步增长。以下对木地板产业竞争环境进行波特五力分析。

1. 供应商的讨价还价能力

木地板产品高度依赖木材资源的供应,在当前情况下,地板企业的原材料供应紧张,现有地板生产企业在与供应商的议价过程中处于劣势。在地板产业链中,供应商的议价能力除了受到原材料和产品自身属性的影响之外,还受到企业在产业链网络中的结构自主性影响。

2. 购买者的讨价还价能力

作为终端消费品的木地板产品,国内的购买者主要有两类:一类是零散的个体消费者,因单次购货批量小、信息不对称等原因而缺乏较强的议价能力;另一类是大批量购买的单位或机构,如推出精装修商品房的房地产企业,他们在议价过程中占有明显优势。但不论是哪一类消费者,由于同材质木地板产品的无差异特性和生产企业数量众多、规模较小的现状,以及随着国家宏观政策调控等原因而导致的"卖方市场"向"买方市场"的转变,购买者的议价能力总体上具有逐步提升的趋势。

3. 潜在竞争者进入的能力

潜在的新竞争者最终能否进入主要取决于两个条件：进入新领域的障碍大小和现有企业对于新进入者的反应预期。我国木地板行业目前对市场反应比较灵活，准入门槛和资金投入并不是很高。但随着消费者对木地板产品个性化和品质化的日益追求，以及国家对木地板产品质量和环保标准的要求不断提高，综合实力较弱、缺乏品牌影响力的木地板企业将逐渐被市场所淘汰。木地板行业的门槛也必将不断提高。新竞争者的进入会打破市场的平衡，引发已有企业投入更多资源参与竞争，行业收益有进一步降低的趋势。

4. 替代品的替代能力

目前，木地板产品的替代品主要有瓷砖、石材和地毯3种。相比而言，瓷砖和石材易于清洗，防水、防潮和耐磨性能好，适用范围广泛，缺点是表面冷、硬，用户体验欠佳；地毯的用户体验和环保性较好，但易磨损、清洁难度大，对环境要求较高，通常用于私人卧室和一些高档场所，适用范围较小。人们对地板的需求主要涉及客观性能和主观意愿两个方面。由于木地板兼具体验舒适、自然典雅、易清洁、适用范围广泛等客观优点，又能够适应城镇居民的消费习惯和不断提高装饰品质的心理需求，因此其他替代品的威胁尚不突出。今后，如何加强自主知识产权意识和技术创新，达到甲醛含量等环保性能要求和完善产品维护、修理等售后服务，进一步提升用户体验，将是木地板企业必须关注的重点内容。

5. 行业内现有竞争者的竞争能力

木地板产业发展前景虽然较好，但竞争激烈，行业环境比较复杂且艰难。随着消费者环保意识的提升和对木地板行业质量监控手段的加强，可以预见，木地板产业内的竞争将更多地由单因素的价格竞争向质量、品牌、渠道、服务等综合因素竞争转变，从而有利于形成更为良性的行业竞争环境，有利于促进整个产业链的不断成熟。

基于以上五力分析，得出结论：供应商议价能力较强，购买者的议价能力上升，潜在的"新进入者"对行业有所威胁，替代品的威胁暂时较小，木地板产业现有企业间竞争比较激烈。此外，还有宏观环境的影响。木地板企业只有明晰产业所面临的各种内外环境，才能找出正确的战略方案，提升竞争力。

巩固训练

1. 学生自主组成团队，每个团队3~5人。通过学生自荐和同学推荐的方式选出各组组长，由组长对团队成员进行职责分工，主要包括：资料查找人员、资料整理编辑人员、PPT制作人员、报告完成人员、讲演人员等(分工是相对的，可适当转换角色)，团队成员共同填写好工作页，组长审核、总结后上交教师。

2. 分组查找并分析当地某林业企业的企业文化特色。

3. 请上网查找一家知名林业企业，并用SWOT分析法分析这家企业的情况。

小 结

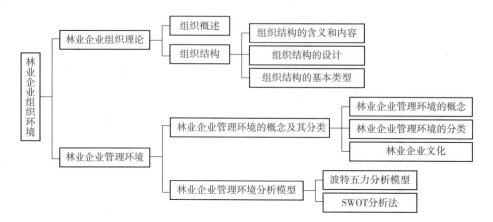

思考与练习

一、单选题

1. 随着公司业务的不断壮大，矩阵组织应运而生，以下对矩阵组织的描述中，错误的是(　　)。

A. 其实质是在同一组织机构中把按职能划分的部门和按产品划分的部门结合起来

B. 这种组织结构保持了专业分工

C. 能够保证组织中权力明确

D. 加强了横向联系，专业人员调用灵活，资源保持了较高利用率

2. 跨国公司一般采用(　　)组织结构形式。

A. 直线职能制　　　B. 事业部制　　　C. 矩阵制　　　D. 直线制

3. 区分某一部门或某一职务是参谋职权还是直线职权的标志是(　　)。

A. 该部门和职位的活动内容

B. 它们与其他部门或职位之间的职权关系

C. 与其他部门的分工

D. 参谋职权往往是特定部门的职务

4. 一家产品单一的跨国公司在世界许多地区拥有客户和分支机构，该公司的组织结构应考虑按什么因素来划分部门？(　　)

A. 职能　　　　　　B. 产品　　　　　　C. 地区　　　　　　D. 顾客

5. 单位主管的决策工作职权增大，其管理幅度应(　　)。

A. 减小　　　　　　B. 增大　　　　　　C. 不变　　　　　　D. 制度化

6. 适用于中小规模，且产品、技术较为简单稳定的企业的组织结构形式是(　　)。

A. 直线制　　　　　B. 职能制　　　　　C. 直线职能制　　　D. 事业部制

7. 适用于规模较大的一些公司的组织形式是(　　)。

A. 直线制　　　　　B. 职能制　　　　　C. 直线职能制　　D. 事业部制

8. 对于管理者来说，授权的直接原因是(　　)。
A. 使更多的人参与管理工作　　　　B. 充分发挥骨干员工的积极性
C. 让管理者有时间做更重要的事　　D. 减少管理者自己的工作负担

9. 组织中权力集中的优点具体表现为(　　)。
A. 形成政策和行动的一致性　　　　B. 有利于快速决策
C. 有利于激发下属的工作热情　　　D. 决策更符合所在地的实情

10. 文化与市场相互作用而变化，不同历史阶段市场的最大差别在于其与(　　)的结合。
A. 思想观念　　　B. 精神状态　　　C. 文化氛围　　　D. 时代精神

11. "加快企业文化重塑的进程，不能靠强行的管束，而要善于揭示公司的潜在危机，并在危急关头提出对职工有吸引力的号召或倡议"，这表明了企业文化重塑的(　　)。
A. 艺术性　　　　B. 长期性　　　　C. 广泛性　　　　D. 艰难性

二、判断题

1. 企业文化结构是指企业文化系统内各要素之间的时空顺序、主次地位和结合方式。(　　)

2. 管理层次与管理幅度成反比例关系，因此企业高层领导直接管理的人数应很多。(　　)

3. 企业特别是高管，他们管理职权的集权和分权往往应相互结合，并且是个动态过程。(　　)

4. 非正式组织是相对于正式组织而言的，有明确的、自觉的、共同目的的群体就是非正式组织。(　　)

5. 事业部制一般适用于规模较大且业务范围广的企业。(　　)

6. 直线制是最早、最简单的一种组织结构模式。(　　)

7. 影响管理幅度的最主要原因是管理者的素质和能力。(　　)

8. 影响管理层次的最主要因素是企业的业务性质。(　　)

9. 矩阵制的缺点之一是破坏了统一领导的管理原则。(　　)

10. 企业文化只是态度、观念、心理和价值之类的精神现象，并不包括物质载体或基础。(　　)

三、多选题

1. 组织结构的内容包含哪几个方面？(　　)
A. 职能结构　　　B. 层次结构　　　C. 职权结构　　　D. 部门结构

2. 下列哪些组成企业的内部环境？(　　)
A. 经营状况　　　B. 国家法规政策　　C. 组织结构　　　D. 企业文化

3. 企业文化一般分为4个层次，分别是(　　)。
A. 制度文化　　　B. 精神文化　　　C. 行为文化　　　D. 物质文化

4. 影响企业发展的5种力量是什么？(　　)

A. 管理系统　　　　B. 企业文化　　　　C. 产品　　　　D. 营销规划
E. 国家政策

5. 波特曾在他的著作《竞争战略》一书中指出，大多数组织有3种竞争战略可供选择，分别是(　　)。

A. 人才领先战略　　B. 成本领先战略　　C. 差异战略　　D. 集中战略

6. 职能制结构主要适用于(　　)的企业。

A. 中小型　　　　　　　　　　　　　B. 产品品种比较单一
C. 生产技术发展变化较慢　　　　　　D. 外部环境比较稳定

四、简答题

1. 简述波特五力分析法，并对当地一家著名企业进行波特五力分析。
2. 请分析一家服饰公司的竞争者有哪些。
3. 组织结构有哪些类型？各有什么特点？
4. 简述企业文化的概念和层次构成。

单元 3
林业企业目标与计划管理

学习目标

知识目标

(1) 了解林业企业经营目标和目标管理的概念;理解林业企业经营目标设置的原则;掌握鱼骨图目标导向分析法。

(2) 了解林业企业计划的概念;掌握计划的类型、计划制订的步骤和方法。

(3) 理解计划工作的原理,掌握 PDCA 循环分析法。

(4) 掌握 5S 现场管理法。

技能目标

(1) 能正确制定林业企业经营目标,并进行目标管理;能运用综合评价法对目标成果进行评价。

(2) 能分析一份林业企业计划书,理解林业企业计划的分类和制订的方法。

案例导入

张超的目标管理方法

张超的木业公司的管理逐渐进入轨道，他开始实行目标管理。他的目标管理的程序是这样的：

一是制定目标，主要通过讨论的方式确定。年初时总经理和副总经理、各部门经理讨论协商确定该年度的工作目标；每个部门在每月的 25 日之前确定出下一个月的工作目标，经总经理指示后实施。

二是实施目标，主要通过监督和协调的方式进行。每个月月中由总经理办公室主任与人力资源部绩效主管共同或是分别到各个部门询问或了解目标进行的情况，了解项目的进程、项目的质量、没有完成的原因并督促其完成项目。

三是对目标结果评定，主要通过自评和综合考评的方式评定。首先由各部门的负责人自评，自评过程受人力资源部与办公室的监督，最后报总经理审批，总经理根据每个月各部门的工作情况，对目标进行相应的调整以及自评的调整；最后以考评得分的形式作为部门负责人的月考评分数。

可最近有员工反映，不明白目标管理分解到他们那里的应该是什么。

问题：

1. 为什么员工不太清楚自己的工作目标是什么？目标制定的内容和层次是什么？
2. 目标管理的原则是什么？

知识准备

德鲁克认为，先有目标才能确定工作，所以"企业的使命和任务，必须转化为目标"。而计划是企业经营活动的基础，经营决策者为实现自己的意志和理念必须要不断地夯实和巩固这个基础，不断提高计划的科学性。

3.1 林业企业目标管理

3.1.1 林业企业经营目标的概念特征和设置原则

所谓企业经营目标，是指在分析企业外部环境和内部条件的基础上，所确定的企业各项经济活动的发展方向和所要达到的水平，是企业经营思想的具体化。企业一般是以利润最大化为目标的。

企业的经营目标是变化的，不同时期有不同的经营目标，即使同一时期，企业的经营目标也是多方面的，这其中既有经济目标，又有非经济目标，这些目标共同组成了企业的多目标体系。随着我国林业的重新定位，社会对林业企业的要求也发生了很大变化，林业企业的经营目标也必须随之进行调整。

(1) 林业企业经营目标的特征

①生态效益目标　主要指以森林资源为经营对象的企业为社会所提供的具有巨大公益效能的无形产品。这一目标包括最大限度地发挥森林的调节气候、涵养水源、保持水土、改良土壤、净化空气、防风固沙、保护生物多样性、防治环境污染和减少自然灾害等生态功能。这些无形产品具有外在性、共享性和非排他性，需求难以界定，不能在有形市场上交换、得到补偿、实现价值等特点，因此，具有鲜明的公益性，需要国家采取特殊的政策和方法，给林业企业以必要的补偿。

②经济效益目标　在市场经济条件下，林业企业是相对独立的商品生产者和经营者，它对国有资产负有保值增值的责任，实行自负盈亏，因此，追求经济效益最大化是现代林业企业发展的内在要求。市场经济的发展，使现代林业企业面对着更为复杂的竞争环境，企业要生存、要发展，就必须进行资金的积累，以增强自身的经济能力，提高自身的素质，而这又以经济效益的最大限度发挥为前提。所以，追求经济效益最大化就成为林业企业的一般运行目标。

③社会效益目标　林业企业的社会效益目标主要表现在其对促进民族繁荣、提升社会文明、增加就业机会、稳定和发展林区以及提高人们生活质量等方面。

就增加就业机会而言，随着企业机构的改革和林业企业木材产量的大幅度调减，富余劳动力大量增加，再加上待业人员数量的增加，使得如何安置富余人员、解决待业、稳定社会秩序等问题，成为林业企业亟待解决的大问题，也使得林业企业在某些生产经营活动中以追求就业为主要目标。这一目标的导引，产生了一些积极的效应，如促进了林区社会的安定，增加了林业生产第一线人员，迫使林业企业广开生产门路等。

总之，在林业企业的经营目标系统中，必须追求长期与短期、经济与社会及生态效益的协同，各种具体目标是相互联系、相互制约的，各目标应相互协调，发挥最大的整体效益。

(2) 林业企业经营目标设置的基本原则

好的企业目标应该能够符合 SMART 原则，SMART 是 5 个英文单词首字母的缩写(图3-1)。

①目标应该是具体明确的(specific)　所谓明确，就是要用具体的语言清楚地说明要达成的行为标准，如客户投诉率降低 1%。明确的目标几乎是所有成功团队的一致特点，很多团队不成功的重要原因之一就是目标模棱两可，或没有将目标有效地传达给相关人员。实施过程中要求目标设置要有具体任务、衡量标准、达成措施、完成期限以及资源要求，使考核人能够很清晰地看到部门或科室月计划要做哪些事情、计划完成到什么样的程度。

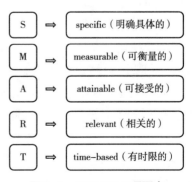

图 3-1　SMART 5 项要点

②目标应当是可衡量的(measurable) 就是指应该有一组明确的数据,作为衡量是否达成目标的依据。如果指定的目标没有办法衡量,就无法判断这个目标是否能实现。

③目标应当是可达到的(attainable) 目标是要能够被执行人所接受的,目标如果是上级强行下压,而下级却认为经过努力也完成不了,肯定会引起下级的抗拒,也影响目标的实现和考核。当前员工的知识层次、学历、素质,以及他们主张的个性张扬程度都远超从前,因此,领导者应该更多地吸纳下属来参与目标制定的过程,即便是团队整体的目标。

④目标系列具有实际相关性(relevant) 目标的相关性是指实现此目标与其他目标的关联情况。如果实现了这个目标,但与其他的目标完全不相关,或者相关度很低,那这个目标即使达到了,意义也不是很大。比如木制品的销售量定得很大,可是生产能力却达不到,最终也是无法实现全部销售指标。

⑤目标应当具有明确的时限性(time-based) 目标的时限性就是指目标是有时间限制的,没有时间限制的目标没有办法考核或带来考核的不公。

3.1.2 企业目标管理的概念、特点和过程

(1)企业目标管理的概念

目标管理最早是美国管理大师彼得·德鲁克(Peter Drucker)于1954年在其著作《管理实践》中最先提出的,其后他又提出"目标管理和自我控制"的主张。把目的和任务转化成具体的目标后,才能被更准确地理解和实现。所谓企业目标管理,是指企业各个部门和每个职工从上到下发挥其主观能动性和创造精神,围绕企业的总目标,制定各种具体的目标,确定行动的计划,有效地组织实施,并对取得的成果进行考核和奖惩的一种计划技术。

企业目标管理中的目标,可以分为整体目标、部门目标和岗位目标。目标管理层次包括公司整体发展战略规划、公司年度计划、各部门目标计划、个人目标计划。目标管理以公司战略规划为前提,以公司年度计划为依据,将各种任务、指标层层分解到各部门和个人。

(2)林业企业目标管理的特点

林业企业目标管理有着与一般企业相类似的基本特征,但因森林资源(主要是林木资源)的特殊性,又表现出与一般企业所不同的目标管理特征。森林资源不仅能提供各种林产品,而且也能发挥生态效益和其他社会效益。因此,林业企业的目标管理不应以单一的经济效益为考核指标,同时也应考虑将生态效益和社会效益等指标纳入考核之中。如森林蓄积量、林地保有量、造林、森林抚育、采伐管理、森林防火、林业有害生物防治、生态公益林和禁限伐林管护、林地征占用,以及森林资源管理制度建设及执行情况等。

①系统性 企业目标管理无论从目标体系还是从管理过程看,都是一个完整的系统,具有系统的各种特征。一是目标明确。不仅是把企业计划期内要完成的任务变成明确的目标,而且通过目标分解,使下属各职能部门、分场、工区、班组甚至员工个人都有具体的目标。二是层次性强。目标分解是从上到下的逐级分解,上级目标指导下级目标,下级目标保证上级目标,相互衔接,构成层次清晰的目标体系。三是相关性和整体性。整个目标管理过程都是围绕着总目标的实现而展开的,目标之间、措施之间的相关性和整体性不言而喻。

②实行员工参与管理 企业目标管理强调全员参与，无论是目标的分解，还是措施的落实，都必须通过上下协商确定，即充分发扬民主精神，使制订的行动方案有很好的群众基础，这不仅使目标具有科学性和合理性，更重要的是有利于激发广大员工的主人翁精神和参与意识，形成良好的企业文化氛围。

③强调自我控制 目标管理的创始人德鲁克主张在目标实现的过程中实行自我控制。他认为，员工是愿意负责的，愿意在工作中发挥自己的聪明才智和创造性，应该用自我控制的管理代替压制性的管理。在目标实施过程中，要求各部门和员工个人随时对照目标控制自己的行为，以实现目标。考评时，也首先由员工自己进行自我评价，然后由领导评价。

④激励性 由于企业目标管理是将目标的制定和实施控制结合起来，并与执行者的利益紧密联系在一起的，实现目标后的报酬和奖惩制度明确，执行者可自己估计到应得到的报酬和奖励，因此，目标管理有很好的激励性。

总之，目标管理最主要的特点是既把目标当作激励力量，又把目标作为控制手段。

（3）企业目标管理的基本过程

目标管理的基本过程如图 3-2 所示。

图 3-2 目标管理的基本过程

第一阶段：目标的设置。这是目标管理最重要的阶段，这一阶段可以细分为 4 个步骤：

第一步，高层管理预定目标。首先，这是一个暂时的、可改变的目标预案。既可以由上级提出，再同下级讨论；也可以由下级提出，上级批准。无论哪种方式，必须共同商量决定。其次，领导必须根据企业的使命和长远战略，估计客观环境带来的机会和挑战，对本企业的优劣有清醒的认识，对组织应该和能够完成的目标心中有数。

第二步，重新审议组织结构和职责分工。目标管理要求每一个分目标都有确定的责任主体，因此预定目标后，需要重新审查现有的组织结构，根据新的目标分解要求进行调整，明确目标责任者和协调关系。

第三步，确立下级的目标。首先下级明确组织的规定和目标，然后商定下级分目标。在讨论中上级要尊重下级，平等待人，耐心倾听下级的意见，帮助下级发展一致性和支持性目标。分目标要具体量化，便于考核；分清轻重缓急，以免顾此失彼；既要有挑战性，又要有实现可能。每个员工和部门的分目标要和其他的分目标协调一致，支持本单位和组织目标的实现。

第四步，上级和下级就实现各项目标所需的条件以及实现目标后的奖惩事宜达成协议。分目标制定后，要授予下级相应的资源配置的权利，实现权、责、利的统一。由下级写成书面协议，编制目标记录卡片，整个组织汇总所有资料后，绘制出目标图。

第二阶段：目标的实施。目标管理重视结果，强调自主、自治和自觉，但并不等于领导可以放手不管。相反，由于形成了目标体系，一环失误，就会牵动全局，因此领导在目标实施过程中的管理是不可缺少的。首先，进行定期检查，利用双方经常接触的机会和信息反馈渠道自然地进行；其次，要向下级通报进度，便于互相协调；第三，要帮助下级解决工作中出现的困难问题，当出现意外、不可测事件严重影响组织目标实现时，也可以通过一定的手续，修改原定的目标。

第三阶段：总结和评估。达到预定的期限后，下级首先进行自我评估，提交书面报告；然后上、下级一起考核目标完成情况，决定奖惩，同时讨论下一阶段的目标，开始新循环。如果目标没有完成，应分析原因、总结教训，切忌相互指责，以保持相互信任的气氛。

目标成果的具体评价一般采用综合评价法，即对每一项目按目标的达成程度、目标的复杂程度、目标实现中的努力程度3个要素来评定，确定各要素的等级，再加上修正值，得到单项目标的分数值，然后综合考虑各目标在全部目标中的分数，得出综合考虑的目标成果值，根据目标成果值确定目标成果的等级。各部门的目标成果也可用同样的方法进行评价。

第四阶段：确定新的目标，重新开始循环。

(4) 企业目标管理的优缺点

目标管理可能是目前为止运用到实务上最有利的管理工具，其简单而容易被人接受的逻辑，足以反映管理的目的所在。对组织内的成员，如果缺乏明晰的目标，不仅会呈现出混乱的局面，而且不能期望任何团体或个人会有好的成效。

目前目标管理在全世界产生了很大的影响，但在实践中出现了许多问题，因此必须客观分析其优缺点，才能扬长避短，收到实效。

①目标管理的优点

一是改进管理。目标管理的主要优点是能够改进管理，如果计划没有目标的成果导向性，则无法建立可评价及可行动的目标。因此，制订计划必须要有目标导向，而不只是在行动或工作。管理人员除须考虑如何去完成成果以及需要哪些组织和成员外，还要把所需要的资源、部门间的协助以及应予控制的要点考虑在内，以保证目标的实现。

二是有利于暴露组织机构中的缺陷。目标管理的主要优点之一是能使组织所扮演的角色明确。目标务必符合主要的成果领域，同时反映所有职位的权责。比如，营销部门的主管要完成某一新产品的销售目标时，应具有适当权力决定售价以吸引顾客，必要时甚至这种权力可干预生产方面的业务。

三是有利于调动员工的积极性、创造性和责任心。目标管理的另一优点是诱导人们为目标的达成采取行动。员工不再只是盲目地做事或奉行指示，等候他人的引导及决定，他们现在是在既定目标之下的成员，能够参与目标的设定，有机会对计划提出意见，也知道自己有做决策与运用资源的权力。

四是有利于进行有效的控制。长久以来，管理人员由于不太清楚要注意什么，以致未能有效控制并取得所需信息，大部分的控制制度由于缺乏具体的控制要点与有效的信息而未能产生效果。有了目标管理，管理人员就知道应该注意什么，同时也有了衡量绩效的标准。

总之，目标管理可以造成一种全体职工都关心组织整体目标的局面，从而形成一种组织的活力和生机，大大改善组织的素质。如果在管理上严格按照目标的完成情况进行考核，那就有利于消除平均主义的弊病。

②目标管理的缺点

一是目标难以制定。组织内的许多目标难以定量化、具体化，许多团队工作在技术上不可分解；组织环境的可变因素越来越多，变化越来越快，组织的内部活动日益复杂，使组织活动的不确定性越来越大。这些都使得组织的许多活动制定数量化目标产生困难。

二是目标管理的哲学假设不一定都存在。目标管理的哲学假设是对于人类的动机做了过分乐观的假设，实际人是有"机会主义本性"的，尤其在监督不力的情况下，因此，目标管理所要求的承诺、自觉、自治气氛难以形成。

三是目标商定可能增加管理成本。目标商定要上、下沟通，统一思想是很费时间的；单位、个人都关注自身目标的完成，很可能忽略了相互协作和组织目标的实现，滋生本位主义、临时观点和急功近利的倾向。

四是有时奖惩不一定都能与目标成果相配合，也很难保证公正性，从而削弱了目标管理的效果。

目标管理在我国的管理中还是一种新的趋向，这要求各个组织的主管人员不断探索，总结经验，以求得最大的效果。

3.1.3 鱼骨图目标导向分析法

鱼骨图是由日本管理大师石川馨先生所发明出来的，故又名石川图。鱼骨图是一种发现问题"根本原因"的方法，也可以称之为"Ishikawa"或者"因果图"。它看上去有些像鱼骨，问题或缺陷(即后果)标在"鱼头"处。在鱼骨上长出鱼刺，上面按出现机会多寡列出产生生产问题的可能原因。鱼骨图有助于说明各个原因之间如何相互影响。它也能表现出各个可能的原因是如何随时间而依次出现的。这有助于着手解决问题。

(1) 鱼骨图的构成

鱼骨图分析法是把要解决的问题放在一个方框中代表鱼头，在鱼骨的两侧沿60°列出人、机器、材料、方法、环境这5个方面可能造成该问题的原因，然后再把诸因素逐级分解，并将原因(次要原因)标于分支线上(图3-3)。

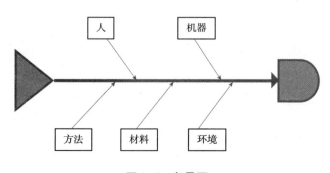

图3-3　鱼骨图

其中人、机器、材料、方法、环境5个方面主要是指：

人：是指造成问题产生的人为因素。

机器：通常指软件、硬件条件对事件的影响。

材料：指基础的准备及物料。

方法：指与事件相关的方式和方法是否正确有效。

环境：指内外部环境因素的影响。

（2）鱼骨图绘图过程

①填写鱼头（描述存在问题），画出主骨；

②画出大骨，填写大要因；

③画出中骨、小骨，填写分支原因；

④用特殊符号标识重要因素。

要点：绘图时，应保证大骨与主骨成60°夹角，中骨与主骨平行。

例如：产品成本过高的原因分析图（图3-4）。

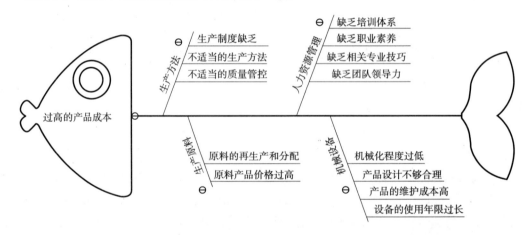

图3-4　产品成本过高的原因分析图

（3）鱼骨图的使用步骤

一是查找要解决的问题；二是把问题写在鱼头上；三是召集同事共同讨论问题出现的可能原因，尽可能多地找出问题；四是把相同的问题分组，在鱼骨上标出；五是根据不同问题征求大家的意见，总结出正确的原因；六是拿出任何一个问题，研究为什么会产生这样的问题；七是针对问题的答案再问为什么，这样至少深入5个层次（连续问5个问题）；八是当深入到第五个层次后，认为无法继续进行时，列出这些问题的原因，而后列出至少20个解决方法。

（4）注意事项

一是确定的质量问题或质量特性要具体，针对性要强；二是原因分析展开充分，不能只是依靠少数人"闭门造车"；三是画法规范；四是一个质量特性画一张图，不要将多个质量特性画在一张图上。

3.2 林业企业计划管理

3.2.1 企业计划的概念和内容

林业企业具有很大的综合性,既有营林生产活动,又有木材采运、林产品及林副产品加工,以及林产品综合利用、林业基础设施、林业劳务信息服务等活动,涉及面很广。林业生产具有长期性,特别是营林生产,从采种育苗、造林抚育,直到采伐运输,往往要经过几十年才能完成,使林业投入时间长、收效慢。由于林业生产与自然地理及气候密切相关,使林业生产具有典型的阶段性和季节性,如造林一般在春季或秋季,采伐一般在夏、秋季,这是林业生产的一般规律。林业生产又具有连续性,任何环节的中断,都会导致投资的损失,甚至失败。这就决定林业生产经营活动既要有明确的分工,又要有密切协作,各部门各环节之间保持一定的比例,相互衔接。这些都是由计划来进行调节。

企业计划是企业为了实现一定目标而制订的未来的行动方案,计划有时也称预算、规划等。一般把用金额表示的项目计划称为预算,把具有较长时限的计划称为规划。

企业计划的形式,通常是用数据加文字说明形成的一种书面文件,它是通过企业计划编制工作制订出来的。计划的类型不同,它所包含的内容会有些差别。

一份完整的林业企业经营计划应该包括如下几个方面内容:上一计划期计划执行情况,包括计划完成的结果、完成或未完成的原因;编制下一计划期计划的依据,包括国家有关的方针政策、经济形势、企业的客观条件;计划期应达到的目标;实现目标的措施、手段和其他有关说明。由企业计划所表示的内容可看出,一份企业计划实际包括了企业在计划期内要达到的目标和要完成的任务,这是企业计划方案的核心。

可以通俗扼要地将企业计划工作的任务和内容概括为6个方面,即:做什么?为什么做?何时做?何地做?谁去做?怎么做?简称为"5W1H",这6个方面的具体含义如下:

①What——做什么 要明确计划工作的具体任务和要求,明确每一个时期的新任务和工作重点。例如,企业生产计划的任务主要是确定生产哪些产品、生产多少,合理安排产品投入和产出的数量和进度,在保证按期、按质和按量完成订货合同的前提下,使得生产能力得到尽可能充分的利用。

②Why——为什么做 要明确计划工作的宗旨、目标和战略,并论证其可行性。实践表明,计划工作人员对组织和企业的宗旨、目标和战略了解得越清楚,认识得越深刻,就越有助于他们在计划工作中发挥主动性和创造性。

③When——何时做 规定计划中各项工作的开始时间和完成的进度,以便进行有目的的控制和对能力及资源进行平衡。

④Where——何地做 规定计划的实施地点或场所,了解计划实施的环境条件限制,以便合理安排计划实施的空间组织和布局。

⑤Who——谁去做　计划不仅要明确规定目标、任务、地点和进度，还应规定由哪个主管部门负责。例如，开发一种新产品，要经过产品设计、样机试制、小批试制和正式投产几个阶段。在计划中要明确规定每个阶段由哪个部门负主要责任，哪些部门协助，各阶段交接时，由哪些部门组织哪些人员参加鉴定和审核等。

⑥How——怎么做　制定实现计划的措施，以及相应的政策和规则，对资源进行合理分配和集中使用，对人力、生产能力进行平衡，对各种派生计划进行综合平衡等。

实际上，一个完整的企业计划还应包括控制标准和考核指标的制定，也就是告诉实施计划的部门或人员，做成什么样、达到什么标准才算是完成了计划。可见，企业的计划工作可看成是一种管理方式和手段，这种方式和手段是围绕行动方案的制订而展开的，计划工作的结果就是提供一份完整的计划。

计划是管理过程的首要环节，居于统帅地位和领先地位。管理的组织职能和控制职能都必须以计划职能所确定的目标为依据才能有效展开，计划职能在管理中的作用主要表现在两个方面：导航作用和协调作用。运用好计划职能，在经营管理活动中就有了明确的方向性、目的性、预见性。

3.2.2　企业计划的特点

企业计划的特点可以概括为 5 个主要方面，即目的性、首位性、普遍性、效率性和创新性。

（1）目的性

每一个计划及其派生计划都是旨在促使企业或各类组织的总目标和一定时期目标的实现。计划工作是最明白地显示出管理的基本特征的主要职能活动。

（2）首位性

计划工作相对于其他管理职能处于首位。把计划工作作为首位的原因，不仅因为从管理过程的角度出发，而且因为在某些场合，计划工作是付诸实施的唯一管理职能。计划工作的结果可能是得出一个决策，即无须进行随后的组织工作、领导工作及控制工作等。

计划工作具有首位性的原因，还在于计划工作影响和贯穿于组织工作人员配备、指导和领导工作及控制工作中。计划工作对组织工作的影响是：可能需要在局部或整体上改变一个组织的结构，设立新的职能部门或改变原有的职权关系。

（3）普遍性

虽然计划工作的特点和范围随各级主管人员职权的不同而不同，但它却是各级主管人员的一个共同职能。所有的主管人员，无论总经理还是班组长都要从事计划工作。

（4）效率性

计划工作的任务，不仅是要确保实现目标，而且要从众多方案中选择最优的资源配置方案，以求合理利用资源和提高效率。用通俗的语言来表达，就是既要"做正确的事"又要"正确地做事"，显然，计划工作的任务同经济学所追求的目标是一致的。计划工作的效率，是以现阶段企业的总目标和一定时期的目标所得的收益，扣除为了制订和执行计划需要的费用和其他预计不到的损失之后的总额来测定的。

(5)创新性

计划工作总是针对需要解决的新问题和可能发生的新变化、新机会而做出的决定。因而它是一个创造性的管理过程。计划工作相似于一项产品或一项工程的设计，它是对管理活动的设计，正如一种新产品的成功在于创新一样，成功的计划也依赖于创新。

3.2.3　林业企业计划的类型

林业企业计划的种类多种多样。对综合性的林业企业来说，一般有下列计划：

①按计划期限划分　分为长期经营计划、中期经营计划和短期经营计划。一般情况下，长期经营计划其计划期在5年以上，指企业长远发展计划；中期经营计划是2~5年，指企业近期发展计划；短期经营计划是年度内的计划，指企业业务活动计划。

②按产业性质划分　分为营林计划、采运计划、林产品加工计划、其他多种经营生产项目计划。

③按计划对象划分　分为综合经营计划和单项经营计划。综合经营计划就是各个单项计划联系在一起构成一个整体，是各单项经营计划的综合反映。单项经营计划是为了解决某一个方面的问题，就某一个专题而制订的计划，如生产销售计划、劳动工资计划、物资供应计划、成本计划、财务计划、技术组织措施计划等。

④按计划的内容划分　分为经营计划和生产作业计划。经营计划是企业为了适应环境变化，提高企业素质，增强企业实力而制订的计划。经营计划是一个综合性计划，各项计划将形成一个有机的计划体系。生产作业计划是企业经营计划的具体执行计划，用来指导企业日常生产活动。

⑤按计划单位分划分　分为企业计划、车间（林场、森铁处、汽车队）计划、工段（工队）计划和班组计划等。

⑥按计划范围的广度划分　分为战略计划和战术计划。战略计划是确定企业未来发展的规划，对企业发展起关键作用的计划。中长期计划属于战略计划。战术计划是战略计划的具体化，是保证战略计划实现的计划，短期计划属于战术计划。

3.2.4　林业企业经营计划的内容

林业企业经营计划的内容与计划期限有关。计划期限有长有短，即长期经营计划和年度经营计划。一般来说，经营计划应以长期为主，因为现代经营重点在于未来。对于综合性林业企业来说，经营计划应包括以下内容：

(1)营林经营计划

主要包括计划期企业森林资源数量(面积和蓄积量)和质量应达到的水平，现有森林资源开发、利用、保护和经营的方案，计划期成过熟林采伐量，中幼龄林的抚育面积和低价林改造的面积，更新造林的规模、林种、树种结构和质量要求，以及种子园的建设及种苗生产的数量和质量等。

(2)木材采运经营计划

主要包括根据森林经营利用规划确定的计划期林木蓄积量、采伐量和木材产量及质量，生产布局和后期林场的建设，作业方式和生产工艺的改革，新技术的应用和设备的更新,以及计划期各项技术、经济指标应达到的水平等。

(3) 木材加工和综合利用经营计划

主要包括新产品开发和产品结构的安排,计划期产品产量和质量要求,新技术的应用和设备更新的安排,木材的综合利用程度,以及其他技术、经济指标应达到的水平等。

(4) 多种经营计划

包括计划期要发展的种植业、采集业、饲养业和加工业的生产项目,各种产品的年产量和质量,以及各项技术、经济指标应达到的水平等。

(5) 道路网计划

包括计划期末道路网密度应达到的水平,各种应修建的森林铁路和汽车公路及地点和数量,以及建设次序的安排等。

(6) 基本建设计划

包括企业在计划期进行的基本建设工程项目、性质、期限、投资及其来源,土建施工工作量和设备购置数量,新增的生产能力,以及基本建设投资效果指标应达到的水平等。

(7) 科学研究计划

包括科研队伍建设、科学研究课题、负责单位及人员、预期效果、所需经费以及完成期限等。

(8) 职工培训计划

主要包括企业各级各类人员在文化、科学和专业知识及业务技术水平上应达到的要求,以及培训的人数和方式及时间安排等。

(9) 职工福利提高计划

包括计划期职工平均工资的增长、住宅建设、公共福利设施的发展、劳动条件的改善、技术保险和劳动保险等。

(10) 社会发展计划

主要包括林区经济结构的调整安排、知识青年就业、文化教育、医疗卫生和商业的发展安排以及社会治安等。

(11) 其他计划

如辅助生产计划等。

林业企业制订经营计划的目的,是在国家宏观调控指导下,根据市场的需要和企业本身的条件及经营目标,通过计划的编制、执行和控制,把企业生产经营活动和外部环境联系起来,并把各项工作科学地组织起来,使其生产经营活动能适应市场变化的要求而协调发展,为社会提供尽可能多的适销对路的产品,创造最大的经济效益和生态效益。

我国国有林森林经营计划的内容包括经营方针、目标、森林区划、经营类型和计划内容等方面,以促进国有林的可持续发展。美国国有林森林经营计划的内容包括理想状况、目标、标准、指南、土地的适宜性和计划内容等方面,经营计划用以指导国有林的项目和活动。

3.2.5 制订企业计划的步骤

任何企业计划的制订程序，即工作步骤都是相似的，如图3-5所示。

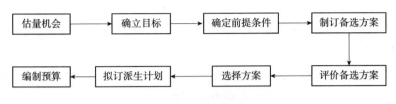

图3-5 企业计划的制订程序

(1) 估量机会

对机会的估量，在实际的计划工作开始之前就应进行，它虽然不是计划的一个组成部分，但却是计划工作的一个真正起点。其内容包括：对未来可能出现的变化和预示的机会进行初步分析，根据自身的长处和短处搞清自身所处的地位；了解自身利用机会的能力；列出主要的不确定因素，分析其发生的可能性和影响程度；在反复斟酌的基础上，下定决心，扬长避短。

(2) 确立目标

在估量机会的基础上，为组织及其所属的下级单位确定计划工作的目标。在这一步上，要说明基本的方向和要达到的目标，说明制订战略、政策、规则、程序、规划和预算的任务，指出工作的重点。

(3) 确定前提条件

所谓计划工作的前提条件，就是计划工作的假设条件，换言之，即计划实施时的预期环境。负责计划工作的人员对计划前提了解得越细越透彻，并始终如一地运用它，则计划工作的协调性越好。前述的外部前提条件多为不可控的和部分可控的，而内部前提条件大多是可控的。不可控的前提条件越多，不确定性越大，就越需要通过预测工作确定其发生的概率和影响程度的大小。

(4) 制订备选方案

这一步工作需要发挥创造性。最显眼的方案不一定就是最好的方案，在过去的计划方案上稍加修改也不会得到最好的方案。此外，方案也不是越多越好。即使可以采取数学方法和借助计算机，还是要对备选方案的数量加以限制，以便把主要精力集中在少数可行的方案的分析方面。

(5) 评价备选方案

按照前提和目标来权衡各种因素，比较各个方案的利弊，对各个方案进行评价。评价是指一种价值判断，它一方面取决于评价者所采用的标准，另一方面取决于评价者各个标准所赋予的权数。显然，确定目标和确定计划前提条件的工作质量直接影响到对方案的评价。在评价方法方面，可以采用运筹学中较为成熟的矩阵评价法、层次分析法以及在条件许可的情况下采取多目标评价方法。

(6) 选择方案

这是在前五步工作基础上做出的关键一步，也是决策的实质性阶段——抉择阶段。有时会发现同时有两个可取的方案,在这种情况下,必须确定出先采取哪个方案,而将另一个方案也进行细化和完善,并作为备选方案。

(7) 拟订派生计划

派生计划就是总计划下的分计划。总计划要靠派生计划来保证,派生计划是总计划的基础。

(8) 编制预算

计划工作的最后一步是把计划转化成预算,使之数量化。预算实质上是资源的分配计划,预算工作做好了,可以成为汇总和综合平衡各类计划的一种工具,也可以成为衡量计划完成进度的重要标准。

以下是某林业部门制定森林抚育计划的详细流程图(图3-6):

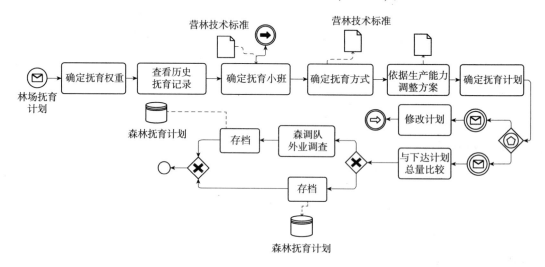

图 3-6 制订森林抚育计划流程图

3.2.6 编制企业计划的方法

(1) 定额法

定额法也称定额换算法,是运用经济、统计资料和技术手段测定完成一定任务的资源消耗标准,然后根据这一标准来制订计划的方法。采用定额法首先确定一定的资源消耗可以完成多少工作任务,从而得到一个标准,即定额。这一标准可以根据有关部门的规定来确定,也可以根据在正常情况下,实际已经达到的工作量来确定,然后将这一标准作为计划指标制订整个计划。例如,某企业准备编制生产计划,需要先了解上年度每个职工、各个车间完成工作量的情况,再将此作为定额标准来编制企业的生产计划。定额法通常用于核算人力、物力、财力的需要量和设备、资源的利用率。

(2) 系数推导法

系数推导法是利用过去两个相关经济指标之间长期形成的稳定比率来确定计划期有关指标的方法。例如,在一定的生产技术条件下,某些原材料的消耗量与企业产量之间有一定的比例关系,根据这个比率和企业的计划产量,就可以推算出这些原材料的计划需求量。

(3) 滚动计划法

滚动计划法是一种动态编制计划的方法,它不像静态分析那样,等计划全部执行后再重新编制下一时期的计划，而是在每次编制或调整计划时，将计划按时间顺序向前推进一个计划期，即向前滚动一次。依据此方法，对于距离现在较远时期的计划编制得较粗略，只是概括性的，以便以后根据计划因素的变动而调整和修正，而对较近时期的计划要求比较详细和具体。滚动式计划法能够根据变化了的组织环境及时调整和修正组织计划，体现了计划的动态适应性。而且，它可使中长期计划与年度计划紧密衔接起来。滚动计划法还可用于编制年度计划或月度计划。采用滚动计划法编制年度计划时，一般将计划向前推进一个季度。计划年度中，第一季度的任务比较具体，到第一季度末，编制第二季度的计划时，要根据第一季度的执行结果和客观情况的变化以及经营方针的调整，对原先制订的年度计划做相应的调整，并在此基础上将计划期向前推进一个季度。采用滚动计划法编制月度（分旬）计划，一般可将计划期向前推进10天，这样可省去每月月末预计、月初修改计划等工作，有利于提高计划的准确性。滚动计划法示意如图3-7所示。

滚动计划法可以保证经营计划的严肃性、连续性、适应性和灵活性，是一种较好的常用计划调整方式。

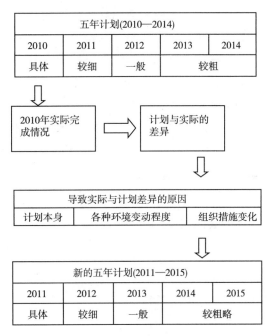

图3-7　滚动计划法示意

正确运用滚动计划法，应具备以下条件：要有专职人员担任滚动计划的具体编制工作；要及时地掌握有关的信息资料；要加强企业的经济活动分析，总结经验教训，找出计划与实际的差异，并查出造成差异的原因；根据差异和原因适时地调整计划。

滚动计划法的优点：能使计划更加切合实际，它可以克服计划期内的不确定性因素的影响，能使长期计划、中期计划和短期计划相互衔接，大大增加了计划的弹性，这在环境剧烈变化的时代尤为重要，可以提高组织的应变能力。

滚动计划法的缺点：编制工作量较大。

林业的年度造林计划实行"自下而上、上下结合"的编制方法。各级林业行政主管部门依据植树造林规划及有关工程规划和实施方案，编制年度造林建议计划并逐级上报。国务院林业行政主管部门对各省份年度造林建议计划汇总审核后报国家计划委员会，申请下达年度造林计划。

3.2.7　影响企业计划有效性的权变因素

（1）管理层次

在大多数情况下，基层管理者的计划活动主要是制订作业计划，当管理者在组织中的等级上升时，他的计划角色就更具有战略导向性。对于大型组织的最高管理者，他的计划任务基本上都是战略性的；而在小企业中，所有者兼管理者的计划角色兼有战略和作业两方面的性质。

(2) 企业生命周期

企业都要经历一个生命周期，一般可分为形成期、成长期、成熟期和衰退期。

①形成期　此期间适用导向性计划，应特别重视战略计划的制订。

②成长期　应在战略计划指导下，以短期计划为主，增加具体性内容。

③成熟期　此期间组织相对稳定，因此计划跨度要延长，具体计划最适用。

④衰退期　要重新考虑企业目标、宗旨，计划性转向指导性，应重新制订新的战略计划。

(3) 环境的不确定性

环境变动大，不确定性大时，计划应更具导向性和灵活性，以短期计划为主。环境稳定时，可制订长期计划。气候等自然环境的不确定性有时会大大影响林业企业的计划制订。

(4) 未来承诺的时间长度

当前计划对未来承诺的影响越大，其计划期限应越长。

3.2.8　企业计划工作的原理

管理原理就是对管理过程基本规律的一种理论概括，使之成为概念，用以指导日常的管理工作。对原理的运用应结合当时当地的实际情况，计划工作作为一种基本的管理职能活动，也有自己的规律，自然也应有自己的原理。

(1) 限定因素原理

所谓限定因素，是指妨碍组织目标实现的因素。也就是说，在其他因素不变的情况下，仅仅改变这些因素，就可以影响组织目标的实现程度。限定因素原理可以表述如下：主管人员越是能够了解对达到目标起主要限制作用的因素，就越能够针对性地、有效地拟订各种行动方案。限定因素原理又被形象地称作"木桶原理"，其含义是：木桶能盛多少水，取决于桶壁最短的那块板条。限定因素原理表明，主管人员在制订计划时，必须找出影响计划目标实现的主要限定因素或战略因素，针对性地采取得力措施。

(2) 许诺原理

许诺原理是指任何一项计划都是对完成各项工作所做出的许诺，因而，许诺越多，实现许诺时间就越长，实现许诺的可能性就越小。这一原理适用于设计计划期限的问题。按照许诺原理，计划必须有期限要求，并且不应随意缩短计划期限；每项计划的许诺不能太多，因为许诺越多，则计划时间越长，许诺实现的可能性就越小。

(3) 灵活原理

计划必须具有灵活性，即当出现意外情况时，有能力改变计划而不必付出太大的代价。灵活性原理可以表述为：计划中体现的灵活性越大，由于意外事件引起损失的危险性就越小。必须指出，灵活性原理就是制订计划要留有余地，至于执行计划，一般不适用灵活性原理，要"尽力而为，不留余地"。例如，执行一个生产工作计划，必须严格准确，否则就会发生组装车间停工待料或制品大量积压的现象。

对主管人员来说，灵活性原理是计划工作中最重要的原理，在承担的任务重而目标计划期限长的情况下，灵活性便显示出它的作用。为了确保计划本身具有灵活性，在制订计划时，应量力而行，不留缺口但要留有余地。具有灵活性的计划又称为"弹性计划"，即能适应变化的计划。

（4）改变航道原理

改变航道原理指计划实施过程中，在保持行政计划总目标不变的前提下，实现目标的进程可因情况的变化而变化，使计划的执行过程具有应变力。与灵活性原理不同的是，灵活性原理是在制订计划时要留有余地，使计划本身有适应性；改变航道原理指计划实施过程中要有应变能力。计划实施过程中可能会遇到各种变化，所以要定期检查计划，如果情况已经发生变化，就要调整计划或重新制订计划，就像航海家一样，必须经常核对航线，一旦遇到障碍则可绕道而行。

3.2.9 PDCA 循环分析法

（1）PDCA 循环简介

PDCA 循环管理是全面质量管理的工作步骤。PDCA 是英文缩写，P 代表计划，D 代表执行，C 代表检查，A 代表处理。PDCA 循环，就是按计划、执行、检查、处理 4 个阶段循环不止地进行全面质量管理的程序（图 3-8）。PDCA 循环是美国管理学家戴明首先总结出来的，又称戴明循环。

（2）PDCA 循环的 4 个阶段 8 个步骤

①计划阶段（P） 要通过市场调查、用户访问等，摸清用户对产品质量的要求，确定质量政策、质量目标和质量计划等。包括现状调查、分析、确定要因、制订计划。

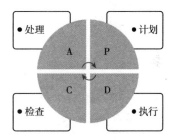

图 3-8　PDCA 循环

这一阶段包括以下 4 个步骤：

第一步，分析现状，找出存在的问题。

第二步，分析原因和影响因素。

第三步，找出主要影响因素

第四步，制订改善质量的措施，提出行动计划，并预计效果。有了好的方案，其中的细节也不能忽视，要将计划的内容完成好，需要将方案步骤具体化，逐一制定对策，明确回答出方案中的"5W1H"，即为什么制订该措施（Why）、达到什么目标（What）、在何处执行（Where）、由谁负责完成（Who）、什么时间完成（When）、如何完成（How）。使用过程决策程序图或流程图，方案的具体实施步骤将会得到分解。

②执行阶段（D） 实施上一阶段所规定的内容。根据质量标准进行产品设计、试制、试验及计划执行前的人员培训。

第五步，执行计划或措施。即按照预定的计划、标准，根据已知的内、外部信息，设计出具体的行动方法、方案，进行布局，再根据设计方案和布局进行具体操作，努力实现预期目标的过程。

③检查阶段（C） 主要是在计划执行过程之中或执行之后，检查执行情况，看是否符合计划的预期结果效果。

第六步，检查计划的执行效果。主要是在计划执行过程之中或执行之后，检查执行情况，看是否符合计划的预期结果效果。

④处理阶段（A）　主要是根据检查结果，采取相应的措施。巩固成绩，把成功的经验尽可能纳入标准，进行标准化，遗留问题则转入下一个PDCA循环去解决。

第七步，总结经验。对已被证明的有成效的措施，要进行标准化，制定成工作标准，以便以后的执行和推广。

第八步，提出尚未解决的问题。所有问题不可能在一个PDCA循环中全部解决，遗留的问题会自动转进下一个PDCA循环，如此周而复始，螺旋上升。

(3) PDCA循环的特点

①大环带小环　如果把整个企业的工作作为一个大的戴明循环，那么各个部门、小组还有各自小的戴明循环，大环带小环，一级带一级，有机地构成一个运转的体系。

②阶梯式上升　戴明循环不是在同一水平上循环，每循环一次，就解决一部分问题，取得一部分成果，工作就前进一步，水平就提高一步。到了下一次循环，又有了新的目标和内容，更上一层楼。

③科学管理方法的综合应用　戴明循环应用是以QC 7种工具为主的统计处理方法以及工业工程(IE)中工作研究的方法，作为进行工作、发现和解决问题的工具。

④推动PDCA循环的关键是处理阶段　因为处理阶段就是解决存在问题、总结经验和吸取教训的阶段。该阶段的重点又在于修订标准，包括修订技术标准和管理制度。没有标准化和制度化，就不可能使PDCA循环转动向前。

3.3　5S现场管理法

3.3.1　5S的含义

5S现场管理法是现代企业管理的一种模式，5S即整理(seiri)、整顿(seiton)、清扫(seiso)、清洁(seiketsu)、素养(shitsuke)，又被称为"五常法则"(图3-9)，即常组织、常整顿、常清洁、常规范、常自律。

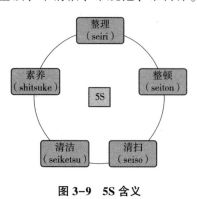

图3-9　5S含义

整理：区分物品的用途，清除多余的东西。
整顿：物品分区放置，明确标识，方便取用。
清扫：清除垃圾和污秽，防止污染。
清洁：制定环境洁净标准，形成制度。
素养：养成良好习惯，提升人格修养。

3.3.2　5S的主要效用

5S管理的五大效用可归纳为5个方面，即：安全(safety)、销售(sales)、标准化(standardization)、客户满意(satisfaction)、节约(saving)。

(1) 安全

通过推行5S，企业往往可以避免因漏油而引起的火灾或滑倒；因不遵守安全规则导致的各类事故、故障的发生；因灰尘或油污所引起的公害等。因而能使生产安全得到落实。

(2) 销售

拥有一个清洁、整齐、安全、舒适的环境，以及一支具良好素养的员工队伍的企业，常常更能得到客户的信赖。

(3) 标准化

通过推行5S，在企业内部养成遵循标准的习惯，使得各项活动、作业均按标准的要求运行，结果符合计划的安排，为提供稳定的质量打下基础。

(4) 客户满意

灰尘、毛发、油污等杂质经常会造成加工精密度的降低，甚至直接影响产品的质量。而推行5S后，清扫、清洁得到保证，产品在一个卫生状况良好的环境下形成、保管直至交付客户，质量得以稳定，使客户满意。

(5) 节约

通过推行5S，一方面减少了生产的辅助时间，提升了工作效率；另一方面因降低了设备的故障率，提高了设备使用效率，从而可降低一定的生产成本。

3.3.3 5S的推行步骤

5S的推行步骤：成立推行组织→拟定推行方针及目标→拟定工作计划及实施方法→教育→活动前的宣传造势→实施→活动评比办法确定→查核→评比及奖惩→检讨与修正→纳入定期管理活动中。

典型案例

案例3-1 某木业公司的目标管理

某木业公司之前在为销售部门制定奖金系统时应用了目标管理法。期末时公司通过对比实际销售额与目标销售额，确定销售人员相应的奖金等级。销售人员的实际薪资包括基本工资和个人销售奖金两个部分。公司决定在整个公司内实施目标管理，年底根据目标实施和完成情况进行绩效评估，以此作为每位员工发放奖金等级的依据。

这两年公司的销售额大幅度上升，但是生产部门很难按时完成交货计划，而销售部门抱怨生产部门不能按时交货。为此，总经理和公司高级管理层的其他成员很着急，他们决定为所有部门经理以及关键员工建立一个目标绩效评估系统。绩效评估系统中生产部门的目标包括按时交货和库存成本两个部分。

公司请了一家咨询公司指导管理人员设计新的绩效评估系统，并就现有的薪资结构提出改革的建议。公司改革方案中提到修改基本薪资结构，制定奖金系统，该系统与年度目标挂钩。新的方案执行后，总经理期待能够看到销售业绩的提高。

然而不幸的是，公司的业绩不但没有上升，反而下滑了。部门间的矛盾进一步加剧，尤其是销售部门和生产部门。生产部门埋怨销售部门的销售预测准确性太差，而销售部门则埋怨生产部门无法按时交货。每个部门都在指责其他部门的问题。公司的客户满意度在下降，利润也在下滑。

问题：

1. 这家木业公司的问题可能出在哪里？
2. 为什么设定目标(并与工资挂钩)反而导致了公司内部的矛盾加剧和利润下滑？

案例 3-2　木工机械企业生产计划制定

木工机械企业具有离散型制造业的特点，呈现出多目标、多约束、动态随机的环境条件。某公司地处珠三角工业区，是一家集板式家具生产线设备科研、设计研发、制造、营销为一体的企业，在木工行业极具代表性，在全国有数十家代理商，产品30%销往国际市场。产品主要有四大系列：推台锯、封边机、木工排钻、电脑裁板机。

1. 企业原有生产计划流程及其效果分析

（1）企业原有生产计划流程。木工机械生产计划主要包含原材料采购计划、零件计划、库存计划、装配计划、外协计划。计划流程如图3-10所示。

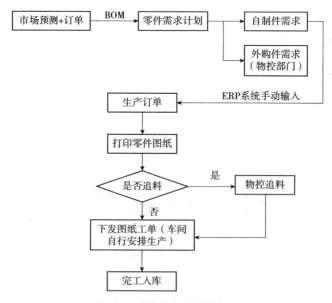

图 3-10　原生产计划流程图

（2）原有计划流程效果。企业原有计划流程效果不是很理想，体现在以下方面：

①零件缺件问题：原流程中，装配端经常出现因零件不足停工等料现象。而零件生产端负荷不足，零件周转缓慢。销售订单和配件无法按既定时间出货。

②车间加工订单与系统账实不符：原因是计划部门指令下发随意，缺乏正规流程与制度保证。

③工序外包达成率低：委外工序主要有烤漆、防锈磷化、电镀、氧化、发黑等。委外工序是整个生产环节的瓶颈之一，表现为委外商产能不足和生产计划不协调。在委外发料过程中计量单位不统一，账目混乱。

（3）优化目标确立。满足客户订单与库存计划要求零件自制件准交率达到99%，外包件准交率达到98%，采购件准交率不低于98%。这不仅要求物料清单必须准确，而且计划也要十分合理。

2. 企业生产计划流程改进过程

（1）成立专门的物流配送部。成立物流配送部，将物料配送至加工中心。物流配送部根据生产指令，从仓库领出物料，送至加工中心，工序完工，物流配送部将物料转至下一工序。

（2）制造执行系统的引进与使用。将车间实际执行情况反映到计划部门，同时根据计划优先级，安排计划执行顺序，保证计划执行效率。

（3）安全库存与预测计划并行。对于低值、采购和加工周期长的零件先进行一定的流程改造，生产计划流程如图3-11所示：

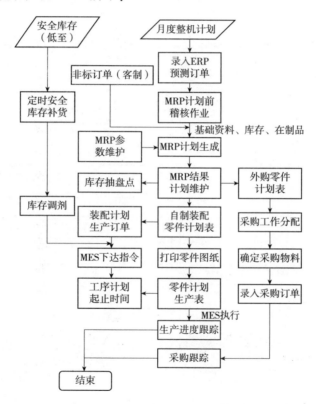

图3-11 改进后的生产计划流程图

3. 企业生产计划流程改进的要求（约束、保障）

（1）提高基层管理人员素质。人、机器、材料、方法、环境是影响车间生产的重要因素，其中人是最重要的。木工企业基层管理者是从生产一线提拔上去的，业务虽然熟练，但管理水平不一定高，因此管理者素质一定要提高。

（2）加强员工培训。各部门应当系统培训操作人员，统一操作步骤与方法，提高系统数据准确性，同时提高效率。

（3）提高企业科学管理水平。提高企业员工工作效率的重要手段是用科学化、标准化的管理方法代替经验管理。对于企业生产实践活动中的规律性的东西加以提炼,使计划工作流程化、标准化。

巩固训练

1. 训练内容
(1)用PDCA循环分析法分析本部门的工作计划。
(2)用鱼骨图目标导向分析法制订学习计划。
2. 训练目标
运用PDCA循环分析法提高工作效能。
3. 训练规则
分组训练,6~8人一组,选一名组长负责分工协作安排。时间30min。

小结

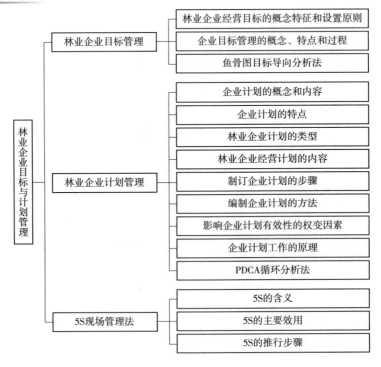

思考与练习

一、单选题

1. 管理人员为了使目标更易获得下层的承诺和切合实际,应尽可能做到(　　)。
A. 让负责完成任务的人参与目标制订　　B. 制订书面目标并递交下属执行
C. 强调落实行为　　D. 避免定量目标

2. 目标就好比路标，确定目标如同识别北极星，这种说法主要表现了目标的(　　)方面的作用。

　　A. 指明方向　　　　B. 提供标准　　　　C. 激励因素　　　　D. 管理基础

3. 一般应用滚动计划法编制的是(　　)。

　　A. 长期计划　　　　B. 中期计划　　　　C. 年度计划　　　　D. 短期计划

4. 在当前飞速变化的市场环境中，人们常常感到"计划赶不上变化"，有人甚至怀疑制订计划是否还有必要。对此，应当采取的正确措施是(　　)。

　　A. 坚持计划工作的必须性，批判怀疑者论

　　B. "计划赶不上变化"不以人的意志为转移，应当经常修改计划

　　C. 如果形势变化快，可仅仅制订短期计划

　　D. 变化的环境，更倾向于制订指导性计划和短期计划

5. 某系列家用电器以其质量好、价格适中受到城乡居民的欢迎，该厂负责人决定聘请专家制订企业未来3~5年的发展计划，你认为下述哪一个最合适？(　　)

　　A. 规定组织各项活动的行动方案

　　B. 详细制订企业各部门所要达到的具体指标

　　C. 确定企业应该从事的各种活动的详细目标

　　D. 制定企业发展蓝图，规定企业各部门从事活动应该达到的目标

6. 计划工作的最基本要求就是(　　)。

　　A. 通过确定企业的目标和宗旨，为企业落实最佳行动方案

　　B. 通过确定企业的任务和目标，为企业选取适宜的行动方案和行动方法

　　C. 通过确定企业的战略重点，为企业进行合理的资源配置

　　D. 以上都不是

7. 把生产要素按照计划的各项目标和任务的要求结合为一个整体，把计划工作中制订的行动方案落实到每一个环节和岗位，以确保企业目标的实现，这是惯例的(　　)。

　　A. 计划职能　　　　B. 组织职能　　　　C. 领导职能　　　　D. 控制职能

8. 根据Y理论，你认为持此理论观点的管理者在为下属制订计划时，会倾向于(　　)。

　　A. 战略计划　　　　B. 具体计划　　　　C. 综合性计划　　　　D. 指导性计划

9. 目标管理方法最大的缺点是(　　)。

　　A. 不能很好地激励员工

　　B. 强调数量或短期目标，而忽略质量或长期目标

　　C. 对员工绩效评估的公开性和透明性不足

　　D. 需要的时间短

10. 下列哪一项是管理各职能之间存在的逻辑上的先后顺序关系？(　　)

　　A. 先决策、再计划，然后是组织，最后是领导

　　B. 先决策、再计划，然后是领导，最后是控制

　　C. 先计划、再组织，然后是领导，最后是协调

　　D. 先计划、再组织，然后是领导，最后是控制

11. 实施目标管理的主要难点是(　　)。
A. 不利于有效地实施管理　　　　　　B. 不利于调动积极性
C. 难以有效地控制　　　　　　　　　D. 设置目标及量化存在困难
12. 推动 PDCA 循环的关键阶段是(　　)。
A. 计划　　　　　　B. 处理　　　　　　C. 检查　　　　　　D. 实施

二、简答题

1. 简述企业目标管理的基本过程。
2. 企业经营目标设置的基本原则有哪些？
3. 简述 5S 现场管理法。
4. 什么是计划？简述计划的作用。
5. 描述出 PDCA 管理循环的特点。
6. 列出 PDCA 的八大步骤。

单元 4 林业企业战略决策管理

学习目标

知识目标

(1) 了解企业战略及其构成要素,理解企业战略管理的概念。

(2) 了解林业企业经营决策的概念,掌握林业企业决策的类型、程序和方法。

技能目标

(1) 能正确确立林业企业的经营战略,能对一个林业企业进行战略分析。

(2) 能按决策原则和程序,选择决策方法,做出正确决策。

案例导入

中国林业集团公司的发展战略

中国林业集团公司(以下简称中林集团)作为林业行业唯一的中央管理企业,必须从国民经济建设和林业发展全局的视角把握企业改革方向,明确发展任务。按照国务院国有资产监督管理委员会的部署和要求,牢记中央企业的责任和历史使命,使中林集团成为国家林业产业发展的重要支柱和林业企业参与国际竞争的骨干力量。在保障国家生态安全、木材安全、物种安全、林业可持续发展和开展林业国际合作、开发国外森林资源方面发挥积极作用。

"十三五"时期,中林集团牢固树立"创新、协调、绿色、开放、共享"的发展理念,将企业定位为全球森林资源的经营者和为我国林业产业转型升级提供服务的综合性平台。通过强化战略引领、优化经营结构、加强集团管控、健全风险管理体系等举措,着力打造种子种苗、森林资源开发利用与生态旅游三大产业链,加强与各方合作,创新发展模式,提升品牌影响力,增强对全球林业资源的配置能力,使集团成为国际上具有较强竞争力、能够抵御较大风险、具有自我良性循环能力的现代大型林业企业集团,实现由"传统型企业"向"创新型企业"的跨越。

问题:
1. 如何制定企业的战略?
2. 企业战略的构成要素有哪些?

知识准备

企业战略管理是从全局和长远的眼光研究企业在竞争环境下生存与发展的重大问题,是现代企业高层领导人最主要的职能,在现代企业管理中处于核心地位,是决定企业经营成败的关键。

4.1 林业企业战略管理

林业是一个综合性产业集群,是国民经济的重要组成部分。发展林业产业,可以实现生态效益、经济效益和社会效益的统一。经济新常态下,人民群众对良好生态产品的需求越来越迫切,这些迫切需求带动了我国林业产业的发展。"一带一路"倡议的实施,给我国林业产业的发展带来了难得的机遇,林业产业应该抓住机遇,深化改革,促进产业结构优化,实行科技创新等战略。

4.1.1 企业战略及其构成要素

(1) 企业战略的概念

企业战略是指企业根据环境的变化、本身的资源和实力,选择合适的经营领域和产品,形成自己的核心竞争力,并通过差异化在竞争中取胜。企业战略是对企业各种战略的统称,其中包括竞争战略,也包括营销战略、发展战略、品牌战略、融资战略、技术开发战略、人才开发战略、资源开发战略等。企业战略管理层次结构如图4-1所示。

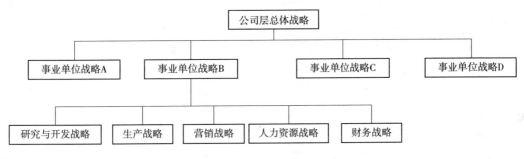

图 4-1 企业战略管理层次结构

林业企业发展战略,是从林业企业生产的宏观角度出发,制定出符合国民经济发展需要的林业企业战略目标,总体地研究林业企业发展过程应该采取的方针、政策。这些方针、政策属于林业企业总体发展的范围,是决定林业企业发展建设的根本大计。

例如,《林业发展十三五规划》(以下简称《规划》)提出了今后5年我国林业发展的指导思想、目标指标、发展格局、战略任务、重点工程项目、制度体系等内容。这是从国家层面制定林业的发展战略,也为林业企业的战略制定指明方向。

《规划》提出,"十三五"时期,我国林业要加快推进功能多样化、经营科学化、管理信息化、装备机械化、服务优质化,为到2050年基本实现林业现代化奠定坚实基础。到2020年,实现"国土生态安全屏障更加稳固""林业生态公共服务更趋完善""林业民生保障更为有力""林业治理能力明显提升"4个方面主要目标。

《规划》提出的林业发展战略,对林业企业工作具有指导性、全局性、长远性、系统性影响。林业企业应该将《规划》作为指导思想,制定企业具有竞争性的具体发展战略。

(2) 林业企业战略的特征

企业战略一般具有以下几个特征:

①指导性 企业战略界定了企业的经营方向、远景目标,明确了企业的经营方针和行动指南,并筹划了实现目标的发展轨迹及指导性的措施、对策,在企业经营管理活动中起着导向的作用。

②全局性 企业战略立足于未来,通过对国际和国家的政治、经济、文化及行业等经营环境的深入分析,结合自身资源,站在系统管理高度,对企业的远景发展轨迹进行了全面的规划。

③长远性 兼顾短期利益,企业战略首先应着眼于长期生存和长远发展的思考,确立远景目标,并谋划实现远景目标的发展轨迹及宏观管理的措施、对策;其次,围绕远景目

标，企业必须经历一个持续、长远的奋斗过程，除根据市场变化进行必要的调整外，制定的战略通常不能朝令夕改，应具有长期的稳定性。

④竞争性　竞争是市场经济不可回避的现实，也正是因为有了竞争才确立了战略在经营管理中的主导地位。面对竞争，企业战略需要进行内外环境分析，明确自身的资源优势，通过设计适宜的经营模式，形成特色经营，增强企业的对抗性和战斗力，推动企业长远、健康地发展。

⑤系统性　立足长远发展，企业战略确立了远景目标，并需围绕远景目标设立阶段目标及各阶段目标实现的经营策略，以构成一个环环相扣的战略目标体系。

⑥风险性　企业做出任何一项决策都存在风险，战略决策也不例外。市场研究深入，行业发展趋势预测准确，设立的远景目标客观，各战略阶段人、财、物等资源调配适当，战略形态选择科学，制定的战略就能引导企业健康、快速地发展。反之，仅凭个人主观判断市场，设立目标过于理想或对行业的发展趋势预测偏差，制定的战略就会产生管理误导，甚至给企业带来破产的风险。

与其他行业相比，林业企业发展战略还具有以下特征：

①社会性　以森林资源为经营物质基础的林业产业，其生产具有两重性，一方面是商品林生产，另一方面是公益林生产，两种生产其产出种类是密不可分的。商品林的生产主要产出的是经济产品，但同时也产出生态环境产品；公益林的生产主要产出生态环境产品，但同时也有经济产品的产出。林业产业化是经济性和公益性的统一。林业的公益性经营不仅仅属于林业内部的事业，还具有较强的社会性，林业所具有的生态效益、社会效益，使它与人类的生存、发展具有密切的关系。

②规模性　是发达的林业产业体系发展的必然要求。规模化不仅指各个林业企业生产规模和资本规模扩大，而且是整个产业体系内各个市场参与主体、各产业之间协调发展、共同形成产业体系的规模经济效应。

③可持续性　是发达林业产业体系发展的根本要求。产业体系的发展要按照循环经济的模式，形成资源共享和废物循环利用的生态产业链，走可持续发展的新型工业化道路。

④生态环保性　通过林业产业化经营，形成了产业、社会发展与环境优化之间的良性循环，使经济、社会、环境效益协同发挥。

(3) 林业企业战略的构成要素

①经营范围　是指企业从事生产经营活动的领域，它反映企业与其外部环境相互作用的程度，以及企业计划与外部环境发生作用的要求。企业应该根据自己所处的行业、自己的产品和市场来确定自己的经营范围。如厦门海强木业有限公司的经营范围主要是销售各种按规格定制加工生产的产品：各种木方、木托盘、木包装、出口托盘、木箱、木制品等。

②资源配置　是指企业过去和目前对资源和技能进行配置、整合的能力与方式。资源配置的优劣极大地影响企业战略的实施能力。企业只有注重对异质战略资源的积累，形成不可模仿的自身特殊能力，才能很好地开展生产经营活动。如果企业的资源匮乏或缺乏有效配置，企业对外部机会的反应能力会大大削弱，企业的经营范围也会受到限制。对林业

种植业企业来说，森林资源是一个以林木资源为主体的多种资源并存的综合体，包括了动植物、微生物、林地、林地下矿产、水等各种资源。这些资源存在于统一的整体中，相互作用、相互联系，并按特定的方式存在、生产和发展。森林对外界环境的功能及作用是其内部各种资源共同作用的结果，这种森林内部多种资源之间的有机联系要求从整体上综合利用各种资源，而不能脱离其他资源的存在单一地利用某一种资源。

③竞争优势　是指企业通过其资源配置模式与经营范围的决策，在市场上所形成的优于其竞争对手的竞争地位。竞争优势既可以来自企业在产品和市场上的地位，也可以来自企业对特殊资源的正确使用。如福建的金森林业公司与同行比，经营区集中在南方重点林业县之福建省将乐县，立地条件优越，十分有利于植物生长，具有自然条件优势；公司经营的森林面积分别为全国和福建省国有林场平均规模的 3 倍和 8 倍，森林蓄积量分别为全国国有林场平均水平的 7 倍和福建省国有林场平均水平的 10 倍，具有森林资源规模优势等。

④协同作用　是指企业从资源配置和经营范围中所能寻求到的各种共同努力的效果。协同作用作为战略要素极具抽象性，在企业管理中，协同作用主要表现为以下 4 个方面：第一，投资协同作用。这种协同作用来源于企业各经营单位联合利用企业的设备、原材料储备、研发投资以及专用工具和专有技术。第二，作业协同作用。这种作用产生于充分利用现有的人员和设备，共享由经验曲线产生的优势等。第三，销售协同作用。这种作用产生于企业的产品使用共同的销售渠道、销售机构和促销手段。第四，管理协同作用。这种作用来源于管理过程中的经验积累以及规模效益等，如对于企业的新业务，管理人员可以利用过去积累的经验减少管理成本。

协同作用的值可以是正值，即"1+1>2"的效应，但协同作用也会出现负值。当一个企业进入全新的行业多种经营时，如果新行业的环境条件与过去的经营环境截然不同，则以往的管理经验发挥不了作用，在这种情况下，管理协同作用的值便为负值。

4.1.2　林业企业战略管理的概念、分类及过程

（1）林业企业战略管理的概念

林业企业战略管理是林业企业在宏观层次通过分析、预测、规划、控制等手段，充分利用本企业的人、财、物等资源，以达到优化管理、提高经济效益的目的。企业战略管理是对企业战略的设计、选择、控制和实施，直至达到企业战略总目标的全过程。

（2）林业企业战略的分类

①按照企业内部管理层次分　林业企业战略分为公司战略、事业战略和职能战略。

公司战略是指由企业最高领导层对企业重大问题所指定的战略。它侧重于对企业从事经营的事业做出选择，并对公司的资源做出合理的分配。

事业战略是指企业在确定的视野范围内，确定每个项目经营的产品，以及在市场、地区范围内应追求的竞争优势（如质量、市场份额、声誉、产品特色等）上做出选择。如中林集团在全球拥有并经营 150 多家企业，集团下属的各个分支企业的战略相对于中林集团来说就属于事业战略。

职能战略是指各职能部门(如生产、销售、技术、人事、财务等)根据事业战略所规定的目标,为实现事业战略所规定的长期规划。它实际上反映实现事业战略的近期目标,如近3~5年在产品质量、降低成本、开发新产品方面应达到的水平。

②按企业经营管理内容分　林业企业战略分为产品战略、市场战略和技术战略。

产品战略是为了增强产品的市场竞争能力而制定的一系列战略,包括产品质量战略、产品品种战略、新产品开发战略、老产品整顿战略等。

市场战略是企业在选择市场、适应市场方面的战略。在选择市场方面,包括无差异型、差异型、密集型3种战略;在适应市场方面,包括市场渗透型、市场开发型、产品开发型、混合型4种战略。

技术战略是企业为了提高生产技术水平而制定的战略,包括技术结构战略、技术改造战略和技术创新战略。

③按战略目标角度分　林业企业战略分为密集型发展战略、一体化发展战略和多样化发展战略。

密集型发展战略即集中生产一种(类)产品的战略。在这种战略下,企业以快于以往的增长速度增加现有产品的销售额、利润额和市场占有率。

一体化发展战略又称联合化战略。一体化有3种形式:向后一体化,指生产加工企业向原材料生产方向的发展;向前一体化,指生产企业向产品销售领域的方向发展;横向一体化,指企业兼并、收购同行业企业。

多样化发展战略又称多角化战略,是指企业生产几个行业的产品,其经营领域超出了原有行业的范围,包括相关型多样化和非相关型多样化两种战略类型。

④林业分类经营战略　我国实行林业分类经营战略。林业分类经营是在社会主义市场经济条件下,根据社会对生态和经济的需求,按照对森林多种功能主导利用的方向的不同,将森林五大林种相应地划分为生态公益林和商品林两大类,分别按各自的特点和规律运营的一种新型的林业经营管理体制和发展模式。林业分类经营,是在我国林业经济体制改革不断深化、社会对林业生态功能的要求不断强化的情况下提出的全新的现代林业经营方式。基本做法是,将《中华人民共和国森林法》中规定的防护林和特种用途林划分为生态公益林,将用材林、经济林、薪炭林划分为商品林,两大类林种采取不同的经营手段、资金投入和采伐管理措施,把商品林的经营推向市场化,而生态公益林的建设则作为社会公益事业,采取政府为主、社会参与和受益者补偿的投入机制,由各级政府负责组织建设和管理。

(3)企业战略管理过程

战略管理过程包括战略分析、战略选择和战略实施与评价3个环节,如图4-2所示。在实际运行上,这3个环节之间是互相联系的。评价战略时就开始实施战略了,因此战略选择和战略分析就会重叠。战略分析也可能是一个持续的过程,这样战略分析与战略实施也会重叠,所以,战略管理过程的3个环节是相互联系、循环反复、不断完善的一个过程。

①战略分析　是指对影响企业现在和未来生存和发展的一些关键因素进行分析,这是战略管理的第一步。战略分析主要包括外部环境分析、内部环境分析和战略目标的设定3

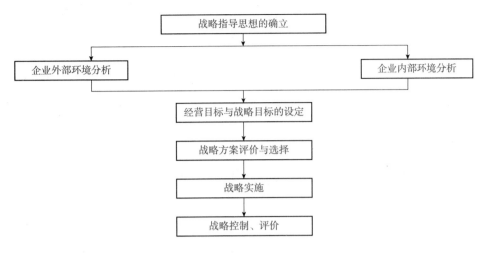

图 4-2 战略管理过程

个方面。

②战略选择 战略分析为战略选择提供了坚实的基础。战略选择主要包括 4 个部分内容：公司战略、竞争战略、职能战略以及战略方案的选择。美国管理学家迈克尔·波特认为，在与 5 种竞争力量抗争中，蕴涵着 3 类战略：总成本领先战略、差异化战略和专业化战略。

总成本领先战略是通过设计等一整套行动生产并提供为顾客所接受的产品和服务，通过对成本的高度关注和有效控制，使成本低于竞争对手而取胜。

差异化战略是通过设计等一整套行动生产并提供一种顾客认为很重要的与众不同的产品或服务，并不断地使产品或服务升级以具有顾客认为有价值的差异化特征。差异化战略是将产品或服务在行业内树立起独特的风格，以此来排斥竞争对手，使企业在激烈的市场竞争中获得超过平均水平的利润，能成功抵御 5 种竞争力量。

专业化战略是对特殊的顾客群或细分市场采用专业服务，通过不断的专业化来提高效率和质量为某一狭窄的战略对象服务，通过设计等一整套行动生产并提供产品或服务，以满足某一特定竞争性细分市场的需求。

企业可以采用两种集中化战略：以低成本为基础的集中成本领先战略和以差异化为基础的集中差异化战略。

③战略实施与评价 企业战略方案一经选定，管理者的工作重心就要转移到战略实施上来。战略实施是把战略制定阶段所确定的意图性战略转化为具体的组织行动，保障战略实现预定目标。战略实施也是战略管理过程的一个重要部分。新战略的实施常常要求一个组织在组织结构、经营过程、能力建设、资源配置、企业文化、激励制度、治理机制等方面做出相应的变化和采取相应的行动。

战略评价主要包括评价战略实施以及战略控制两部分。战略实施过程中环境会发生变化，企业只有加强对战略执行过程的控制与评价，才能适应环境的变化，完成战略任务。这一阶段主要是建立控制系统、监控绩效和评估偏差、控制及纠正偏差 3 个方面。

4.2 林业企业经营决策方法

4.2.1 林业企业经营决策的概念及其作用

(1) 林业企业经营决策的概念

林业企业经营决策是指林业企业在经营活动中,为了实现某一经营目标,在充分考虑到企业的内外各种可变因素的前提下,从若干个可供选择的可行方案中,选择一个最满意的方案并付诸实施的过程。

林业企业经营决策是一个动态的过程。决策之前需要搜集大量的信息资料,结合市场的各种可变因素及企业内部的各种条件,做出科学的预测。科学预测,就是企业领导者在领导工作中为了正确地做出决策和有效地控制事物的进程而进行的预测未来的认识活动。一般地说,企业领导者只有在调查研究的基础上,充分运用调查研究的结果和规律,进行科学预测,才能做出科学的决策,从而实现科学的领导。

(2) 林业企业经营决策的特点

① 目标性 它是决策的出发点,决策时需要一个明确的目的,如果没有明确的目的,企业的经营决策就是一种非常危险的盲目的决策。林业企业经营需要林业资源,在制定目标时,除了考虑经济效益目标之外,还要考虑生态效益和社会效益目标。

② 选择性 因为决策过程是一个择优的过程,如果只有一个方案,也就无所谓决策,因此经营决策的基本条件是具有两个或两个以上的可行方案。

③ 可行性 它是决策的依据,决策者必须根据实际情况,依据必要的信息和资料进行决策。如果不能付诸实施,决策只是空中楼阁。

④ 科学性 是指要借助一定的工具和方法,如运筹学、计算机等。

⑤ 预见性 决策是在实践行动之前的事先分析和决定,必须具有尽量准确的预见性。

⑥ 综合性 与企业经营相关的因素包括技术、经济、军事、政策、环境、社会等诸多复杂因素,要对这些因素进行协调平衡、综合选优,这是企业管理最本质、最高级的职能。林业企业影响因素更为复杂,除了外部的政治因素、经济因素外,可能还要考虑自然的地理因素、气候因素等各方面的影响。

(3) 林业企业经营决策的重要作用

决策是管理者从事管理工作的基础,是衡量管理者水平高低的重要标志之一,在企业管理过程中的作用极为重要,主要表现为:决策贯穿于管理过程的始终;决策能力是衡量管理者水平高低的重要标志;战略决策直接决定经营目标和方向,关系到企业的兴衰存亡。

4.2.2 林业企业经营决策的类型

(1) 按林业企业经营决策的层次划分

① 战略决策 是指直接关系到组织的生存发展的全局性、长远性问题的决策,如企业

中的经营目标、方针、规模，产品更新换代，以及新技术的采用等决策。这种决策对于企业的发展具有重要意义，一般涉及时间较长、范围较宽。由于所要解决的问题大多是内容比较复杂、抽象且是以前没有遇到的，因此管理者常常还要借助于自己的经验、直觉和创造力进行判断。

②管理决策　是为了保证战略决策的实现所做的决策，属于执行战略决策过程中的基本战术决策，如企业生产计划、销售计划的确定，新产品设计方案的选择，以及新产品的定价等均属此类决策。管理决策所面临的大多是实施方案的选择、资源的分配、实际业绩的评估等方面的问题，比较具体，具有局部性、灵活性大的特点。这些问题大多可以定量化，可以进行系统分析。但当企业处于动态环境中时，由于预测困难，有时也较多地依赖管理者的经验判断。

③业务决策　是指日常业务活动中为了提高效率所做的决策，如生产任务的日常安排、工作定额的制定等。这类决策所要解决的问题常常是明确的，决策者知道要求达到的目标、可以利用的资源，知道有哪些途径，也知道可能的结果，一般可以采用分析工具来进行选择。

(2) 按林业企业经营决策的可确定程度划分

①确定型决策　是指信息比较完备，只存在一个确定的目标，各种不同方案的结果均可以计算确定，只需比较各个方案的优劣即可做出决定的决策类型。一般可以运用数学模型求得最优解。

②风险型决策　是指由于存在着不可控制的因素，决策方案执行后可能出现几种不同的结果，有成功的可能，但也要冒一定的风险的决策。风险型决策一般具备如下5个条件：一是存在着决策者希望达到的明确的目标最大利益或最小风险；二是存在着两个以上的行动方案可供决策者选择；三是存在着两个或两个以上不以决策主体主观意志为转移的自然状态；四是不同行动方案在不同自然状态下的相应损益分析值可以计算出来；五是各种不同自然状态出现的概率可以预先估计出来。

③非确定型决策　所处的条件和状态都与风险型决策相似，不同的只是各种方案的未来将出现哪一种结果的概率不能预测，因而结果不能确定，只能凭决策者的经验和判断来做出决策。因此，此类决策风险最大。

(3) 按林业企业经营决策时间发生的频率划分

①程序化决策　又可称为规范性决策或常规决策，是指经常出现的、有章可循的决策。它有相对稳定的决策机构，决策主体可以凭借经验或建立的程序，重复使用，因而可以广泛地应用运筹学和计算机等手段。

②非程序化决策　又称非规范或非常规决策，是指新出现的具有大量不确定的因素，缺乏可靠数据、资料，无常规可循，必须进行特殊处理的决策。国外有人称之为不良结构决策，因它具有极大的偶然性与随机性，所包含的风险性较大，要求决策主体充分发挥创造性，凭靠智囊团和丰富的知识与高超的经营艺术，来做出科学的决策。

就其重要性而言，非程序化决策往往属于重大战略问题的决策，影响着企业经营的成败。在这两种决策中，不同的管理层所承担的任务是不同的，企业的中下层管理者处理的决策问题多属于程序化决策，而高层管理者主要是处理非程序化决策。

(4) 按林业企业经营决策的对象划分

①经营方针的决策　经营方针是针对某一时期经营管理所要解决的一定问题而采取的行动方针。林业企业经营决策要遵循"以营林为基础，普遍护林，大力造林，采育结合，永续利用"的林业建设方针，它也是检验林业企业经营决策是否科学、正确的依据。

②产品决策　企业的经济效益水平取决于企业产品的质量、更新速度和竞争力。产品开发要符合国家的长远规划和市场需要，尽可能利用现有条件，发挥自己的优势，以短养长，不断开发新产品。比如，林区大量的动植物和矿藏资源应当是开发利用的主要对象，可把资源优势转化为经济优势。

③技术决策　现代工业技术的发展日新月异，而大部分林业企业的现状是设备陈旧、技术落后，这个矛盾非常尖锐。必须有计划地进行技术改造和设备更新，以技术进步提高经济效益。对老企业进行技术改造的同时，新建企业也要尽可能采用先进技术，缩小与世界先进技术水平的差距。

④投资决策　在投资方向、项目、方案的选择中，应正确处理宏观投资决策和企业投资决策的关系。企业投资决策应落实、服从宏观投资决策；正确处理生产性投资和非生产性投资的关系，要兼顾两方面的比例；正确处理近期和远期的关系，应在重视远期投资收益的基础上兼顾近期投资的收益；正确处理投资需要与可能的关系，应量力而行，认真进行可行性分析。

⑤销售决策　销售决策的关键是摸清市场需要，使产品适销对路。

⑥人才开发决策　人才问题是影响林业经济发展的潜在因素。企业间的竞争实质是人才的竞争。人的智能开发包括人才分析、人才培养、人才选拔、人才使用、人才管理等环节。

以上6个方面是林业企业经营决策的主要内容，它们互相制约、互相影响，在相互平衡的基础上形成了一种推动企业向前发展的力量。

此外，按照决策问题是否用数量表示，可分为定性决策和定量决策；按照决策目标的数量不同，可分为单目标决策和多目标决策；按照时间长短，可分为中长期决策和短期决策等。

4.2.3　林业企业经营决策的程序

决策的程序，指的是将决策的全过程，依据一定的顺序划分成若干阶段，如图4-3所示。

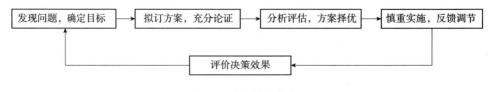

图4-3　决策的程序

(1) 发现问题，确定目标

发现问题，确定目标，是整个决策过程的基础，是科学决策的前提条件。决策是为了解决问题而对准备采取的行动做出的决定。问题是决策的逻辑起点。只有找准了问题和问题发生的原因,才能有针对性地确定决策目标,提出解决问题、实现决策目标的措施或办法。

(2)拟订方案,充分论证

拟订决策方案就是寻找实现决策目标的手段,因此,制订可供选择的各种方案,是决策的关键步骤。决策中十分强调拟订多种备选方案,备选方案越多,可供选择的余地就越大,决策就越科学。

(3)分析评估,方案择优

方案的分析评估和方案择优是决策全过程的关键。方案评估是方案选优的前提,方案选优是方案评估的结果。分析评估过程包括两个步骤:一是对备选方案的可行性和可能结果进行深入细致的分析;二是在分析的基础上,基于评价标准对备选方案的优劣程度做出评判。

在方案择优的过程中,决策者应坚持以下标准:一是能够实现决策目标,总体最优;二是付出的代价尽可能小,获得的效益尽可能大;三是承担的风险尽可能小;四是实施后产生的副作用尽可能小。还要注意把握好方案的利弊得失。选优只能是相对的,任何一种方案都存在利和弊,无非是利大弊小、利弊相等、利小弊大这3种情况,总体来说应是两害相权取其轻,两利相权取其重。

(4)慎重实施,反馈调节

决策的目的是实施,实施过程本身是对决策方案正确与否的检查,决策的实施是实现目标的一个关键阶段。决策是一个动态过程,由于现代决策的复杂性及决策者个人认识能力的局限性,已经做出的决策不符合或不完全符合客观实际的情况时有发生,这就要求决策者在进入决策实施阶段之后,必须注意追踪和监测实施的情况,根据反馈的情况对决策不断地进行调节。

4.2.4 林业企业经营决策的影响因素

林业企业经营决策的影响因素包括以下几个方面:

(1)内部环境和外部环境

环境的特点包括环境的稳定性、市场结构、买卖双方在市场的地位,影响着组织的活动选择。比如,就企业而言,如果市场稳定,当前的决策主要是过去的决策的延续;如果市场急剧变化,则需经常对经营方向和内容进行调整;企业对环境的习惯反应模式也影响着企业的活动选择。

(2)历史的决策

历史的决策对当前决策的制约程度要受到其与现任决策者的关系的影响。如果历史的决策是由现任的决策者制定的,则决策者不愿对企业活动进行重大调整;反之,则会易于接受决策的重大改变。

(3)决策者对风险的态度

愿意承担风险的企业,通常会在被迫对环境做出反应以前就已采取进攻性的行动,经

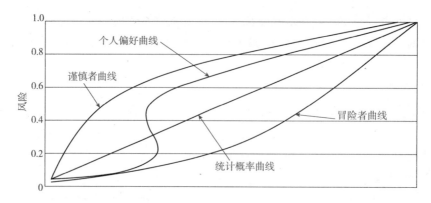

图 4-4 人们对待风险的态度

常进行新的探索；而不愿承担风险的企业，通常只对环境做出被动的反应，其活动则要受到过去决策的严重限制。

有些人在较小的成功概率下愿意承担大风险，是冒险家；有些人只有在很大的成功把握下才愿意承担大风险，是谨慎者。图 4-4 中的统计概率曲线，是完全按成功把握的正比例承担风险，是在数学上进行理想化的；图 4-4 中的个人偏好曲线，是大多数人的实际情况，即在风险较小时，都是冒险家，但当风险增大时，很快就成了谨慎者。

(4) 企业文化

在决策层次上，组织文化通过影响人们态度的改变而发生作用。在具有开拓、创新氛围的企业中，成员渴望、欢迎和支持变化；而在偏向保守、怀旧、维持的企业中，成员对将要发生的变化产生怀疑、害怕和抗御的心理与行为，可能给任何新决策的实施带来灾难性的影响。在后一种情况下，为了有效实施新的决策，必须首先通过大量的工作改变企业成员的态度，建立一种有利于变化的企业文化。

(5) 决策问题的性质

决策受问题的紧迫性和重要性影响。美国学者威廉·R. 金和大卫·L. 克里兰把决策类型划分为时间敏感决策和知识敏感决策。时间敏感决策是指那些必须迅速而尽量准确的决策，战争中军事指挥官的决策多属于此类。知识敏感决策的行动效果主要取决于其质量，而非速度，制定这类决策时，要求人们充分利用知识，做出尽可能正确的选择。

4.2.5 林业企业经营决策方法

(1) 定性决策方法

定性决策方法又称主观决策法，是指在企业经营管理决策中利用人们的知识、经验和能力等进行的决策，适用于受社会因素影响较大、包含的因素错综复杂的综合性决策，具有方法灵活、简单、省时省力、有利于决策的执行等优点。例如，森调队员确定样地每木检尺的顺序，可以凭经验、直觉做出决定。定性决策方法的局限性主要表现为主观成分多，有时易受决策人的知识、气质、能力等方面的影响，难以做出周密和准确的决策。

常用的定性决策方法有：

①企业领导个人决策法　就是最后由企业领导人做出决断的决策。个体决策的长处是

决策者能够迅速、灵活、机动地做出决策，在贯彻执行中也便于统一指挥，提高工作效率。个体决策的局限性在于，决策者个人素质决定着决策质量，如果缺少必要的制度，或者决策者独权专断，很可能导致家长制、一言堂。

②集体会议决策法（畅谈会法） 是将一群个体中每一成员对某类事物的偏好汇集成群体偏好，以使该群体对此类事物中的所有事物做出优劣排序或从中选优。作为一种抉择的手段，群体决策是处理重大定性决策问题的有力工具。

③德尔菲法 又名专家意见法，是依据系统的程序，采取匿名发表意见的方式，即团队成员之间不得互相讨论，不发生横向关系，以集中问卷填写人的共识及搜集各方意见，专家的意见渐趋一致，最后做出最终结论，可用来建立团队沟通流程，应对复杂任务、难题的管理技术。

④综摄法 又名提喻法、类比法或引导法，国外也称为戈顿法，是指以外部事物或已有的发明成果为媒介，并将它们分成若干要素，对其中的元素进行讨论研究，综合利用激发出来的灵感，来发明新事物或解决问题的方法。

⑤形态分析法 又称形态方格法、形态综合法或棋盘格法，是指通过系统结构以求得旧问题的新组合，从而提高决策的创新性。这种创新技术法被广泛应用于新产品、新技术和新包装的开发。

⑥侧向法 是指运用侧向思维的原理，从侧面入手来寻求创新思路解决决策问题。

⑦头脑风暴法 出自"头脑风暴"一词。所谓头脑风暴（brain-storming），最早是精神病理学上的用语，指精神病患者的精神错乱状态，现在转而为无限制的自由联想和讨论，其目的在于产生新观念或激发创新设想。

头脑风暴法又可分为直接头脑风暴法（通常简称为头脑风暴法）和质疑头脑风暴法（也称反头脑风暴法）。前者是在专家群体决策时尽可能激发创造性，产生尽可能多的设想的方法；后者则是对前者提出的设想、方案逐一质疑，分析其现实可行性的方法。

采用头脑风暴法组织群体决策时，要集中有关专家召开专题会议，主持者以明确的方式向所有参与者阐明问题，说明会议的规则，尽力创造融洽轻松的会议气氛。主持者一般不发表意见，以免影响会议的自由气氛。由专家们自由提出尽可能多的方案。

（2）定量决策方法

定量决策方法是指决策者在进行决策时，借助现代数学工具，建立反映各种因素的数学模型，并通过计算与求解，选择出比较满意的决策方案和方法。常用的定量决策方法有：

①确定型决策法 是指企业决策时所面临的问题的自然状态是确定的，决策者只需对不同方案的结果按一定的标准进行对比选择，就可选出最佳实践方案的一种决策方法。采用确定型决策方法时，应使决策问题具备以下条件：有决策者希望达到的目标；客观条件相对稳定；有两个以上可供选择的方案；各方案执行的结果是明确的。

a. 盈亏平衡分析法：又称保本点分析法或量本利分析法，是根据产品的业务量（产量或销量）、成本、利润之间的相互制约关系的综合分析，用来预测利润、控制成本、判断经营状况的一种数学分析方法。

企业要进行生产经营活动，就必须投入一定的人力、物力，这些人力、物力消耗的货币表现就是生产经营费用或者产品成本。产品成本包括：变动成本（或称变动费用），随产量变动而变动，如材料费用。固定成本（或称固定费用），不随产量变动而变动，如折旧费。

- 盈亏平衡分析模型

$$I = S-(Cv \times Q+F)$$
$$= P \times Q-(Cv \times Q+F)$$
$$= (P-Cv)Q-F$$

式中　I——销售利润；
　　　P——产品销售价格；
　　　F——固定成本总额；
　　　Cv——单位变动成本；
　　　Q——销售数量；
　　　S——销售收入。

即：利润＝销售收入−固定成本−变动成本
　　　＝销售量×单价−（固定成本＋销售量×单位可变量）

- 进行盈亏平衡分析　盈亏平衡分析法是一种常用的决策方法，它的核心是确定盈亏分界点，即利润＝0时，企业处于不亏不盈（保本）状态，如下式所示：

总成本：　　　　　　　　　$C = F+Cv \times Q$
总收入：　　　　　　　　　$S = P \times Q$
列出盈亏平衡方程：　　　　$C = S$
即：　　　　　　　　　　　$F+Cv \times Q_0 = P \times Q_0$
盈亏平衡点：　　　　　　　$Q_0 = F/(P-Cv)$

- 3个重要概念

单位边际贡献：单件产品售价与单件产品的变动成本之差称为单位边际贡献（即 $P-Cv$）。

边际贡献率：单位产品的边际贡献与单件产品售价之比称为边际贡献率（即单位边际贡献$/P$）。

边际贡献总额：将单位边际贡献与销售量的乘积称为边际贡献的总额（即单位边际贡献$\times Q$）。

b. 盈亏分界图：盈亏分界图的绘制方法是用横轴表示产量（实物单位或金额单位），纵轴表示成本和销售收入，在直角坐标系中画出反应销售收入、销售成本递增的两条直线，这两条直线的交点，就是盈亏分界点。在盈亏平衡点以上，销售总收入大于销售总成本，可获得利润；在盈亏平衡点以下，销售总收入小于销售总成本，就会发生亏损，销售量越少，亏损越大。显而易见，在销售量相同的情况下，盈亏平衡点越低，实现的利润越多。盈亏分界图如图4-5所示。

例4.1　某木制品公司销售某木制艺术品，上年销售量为1万件，每件售价20元，单位变动费用为15元，固定费用5000元，试计算下年度的盈亏平衡点。

解：销售量×单价−固定成本−销售量×单位产品变动成本＝0

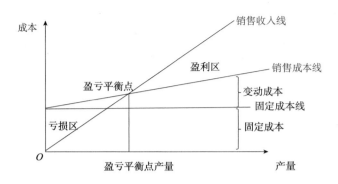

图 4-5 盈亏分界图

$$Q_0 = F/(P-Cv) = 5000/(20-15) = 1000(件)$$

c. 量本利分析在企业经营管理中的应用：

● 分析企业经营状况　可以用经营安全率这个指标来反映企业经营状况：

经营安全率=（现有或预计销售额-保本额）/现有或预计销售额×100%

经营安全率在不同范围内企业的安全状况见表 4-1 所列。

表 4-1　经营安全率和安全状况的对照

经营安全率	30%以上	25%~30%	15%~25%	10%~15%	10%以下
安全状况	安全	较安全	不太安全	要警惕	危险

● 分析影响利润的因素

第一，价格变动的影响。其他因素不变的情况下，当单价上升时，相应的保本点和保利点就会降低，使企业的运营状况向安全方向发展；单价下降会使利润下降，下降到一定程度，利润将变为零，这时的单价是企业能够忍受的单价最小值。

第二，单位变动成本变动的影响。其他因素不变的情况下，单位变动成本上升时，相应的保本点和保利点就会上升，使企业的运营状况向不安全方向发展，会使利润下降，并趋于零，此时的单位变动成本是企业能忍受的最大值；反之则相反。

第三，固定成本变动的影响。其他因素不变的情况下，固定成本增大时会使利润下降，并趋于零，此时的固定成本是企业能够忍受的最大值；反之，则相反。

第四，产量变动的影响。其他因素不变的情况下，产量变化对保本点和保利点没有影响，但通过边际贡献额引起利润同方向变动。即当产量增加时，利润增加；产量减少时，利润减少。

以上提供了单项措施实现目标利润的方法，但在实际经营中，影响利润的各个因素是相互关联的。比如，要增加销量，可能需要降低售价或增加优惠等。因此，企业应采取综合措施以实现目标利润，这就需要综合测算。

②风险型决策法　是指决策者对未来最终会出现何种结果无法肯定，但是可以在对各种自然状态的可能性大小做出估计后制定决策。由于这种决策具有一定的风险性，故称为风险型决策。风险型决策的择优原则是期望值原则。期望值是指在不同自然状态下可能得到的或期望得到的经营成果。

a. 决策表法：是指将决策问题的基本要素如方案、自然状态及发生概率、损益值等统一表示在一个表格之中，表中的数据就是一个决策矩阵，根据决策矩阵求出各方案的损益期望值，然后经过比较做出决策。

b. 决策树法(树形选优法)：是把决策的一连串因素按照其相互关系用图形表示出来的一种图解，这种图解形状似树，故称为决策树，如图4-6所示。

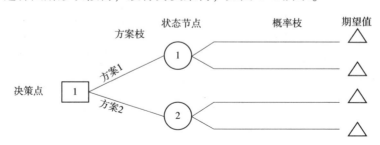

图4-6 决策树的结构要素

决策树的构成要素有：决策点(用方格表示)、方案枝、状态节点(用圆圈表示)、概率枝、期望值(用三角形表示)。

绘制决策树的步骤如下：画出决策点；从决策点上绘出方案枝；在方案枝的末梢绘出状态节点；从状态节点绘出若干概率枝，每条概率枝代表一种自然状态的概率；从概率枝的末梢标明每一方案在相应的自然状态下的期望值；计算每个自然状态下不同方案的综合损益值(期望值)，并将其记在该方案的状态节点上；比较各个方案的综合损益值，选出综合损益值最大的方案为最优方案。将其余方案"剪枝"。

综合损益值$(E) = [\sum(收益值 \times 概率) \times 年] - 投资额$

例4.2 某林业公司准备开发种植某种特种林。预计特种林收入有两种可能：销路好，其概率为0.7；销路差，其概率为0.3。可采用的方案有两个：一是大面积种植某种特种林，需投资5000万元；二是小面积种植某种特种林，需投资3000万元。两个方案的建设经营期限都是5年。损益资料如表4-2所示。要求对方案进行选优决策。

表4-2 新产品开发两个方案的损益资料　　　　　　　　万元

方案	销路好 概率=0.7	销路差 概率=0.3	投资	建设周期
大量开发	2000	-400	5000	5
小量开发	900	600	3000	5

解：先绘图，再进行下述计算。

$$E_1 = [2000 \times 0.7 + (-400) \times 0.3] \times 5 - 5000 = 1400(万元)$$
$$E_2 = (900 \times 0.7 + 600 \times 0.3) \times 5 - 3000 = 1050(万元)$$

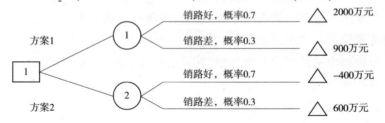

因为 $E_1 > E_2$，所以选择大面积开发，把其他方案"剪枝"。

③非确定型决策法　即不确定型决策法，是指决策问题存在着两个或两个以上的自然状态，且这种客观自然状态发生的概率是在不确定状态下的选择方案的一种决策方法。在决策的结果无法预料，各种自然状态下发生的概率不确定的状态下，决策者的主观意志和经验处于主导地位，可以选择完全不同的方案。

非确定型决策的方法有：小中取大法、大中取大法、大中取小法等。

a. 小中取大法（也称为悲观决策法）：这是一种较保守的决策方法，出发点是力求损失最小。方法是先从每个方案中确定一个最小的收益值，然后再从这些最小收益中选择最大值，其所对应的方案即为最优方案。

b. 大中取大法（也称为乐观决策法）：是指决策者对决策事件未来的估计是乐观的和有把握成功的，因此愿意以承担风险去获取最大收益。方法是先从每个方案的结果中选取一个最大收益值，再从各个最大收益中选出最大值，这个收益值所对应的方案就是最佳方案。

c. 大中取小法（也称为最小后悔法、机会损失分析法）：是将方案中各种自然状态的最大值作为该状态的理想目标，如果决策人当初并未采取这一方案，而是采取其他方案，这时就会感到后悔，痛失良机，为了避免将来后悔，因而采取大中取小的方法。方法是：当某种自然状态出现时，首先确定后悔值，所谓后悔值，就是在这种状态下决定采用的方案收益值与收益最大方案的收益值的差额；其次，从最大后悔值中选择一个最小值的方案，作为决策采用的最优方案。

以上这几种决策方法，只有在无法预知各种自然状态概率的情况下，不得以才采用，因而一般不常采用。如果有明确的决策目标如要求获得最大利润、最低成本、最短回收期，对风险决策的来源有一定的概率可寻，常用的是决策树法。

例 4.3　某林业公司准备开发种植某种特种林，但不知销售情况如何，种植多了怕销售困难，种植少了又怕得不到应有的利润，于是该公司准备了 3 种开发方案，预测市场可能出现的情况。其数据见表 4-3 所列。

表 4-3　3 种开发方案与市场情况预测

方案	畅销		销路一般		滞销	
	收益值	后悔值	收益值	后悔值	收益值	后悔值
方案一	900	300	600	0	−200	280
方案二	1200	0	500	100	−400	480
方案三	500	700	350	250	80	0
最大值	1200	700	600	250	80	480

试用小中取大法、大中取大法、大中取小法进行决策。

解：

● 小中取大法

先找出各方案的最小利润：

方案一最小利润：−200 万元

方案二最小利润：−400 万元

方案三最小利润：80 万元

取 3 个最小值中的最大值(80 万元)对应的方案(方案三)为最优方案。

- 大中取大法

先找出各方案的最大利润：

方案一最大利润：900 万元

方案二最大利润：1200 万元

方案三最大利润：500 万元

取 3 个最大值中的最大值(1200 万元)对应的方案(方案二)为最优方案。

- 大中取小法(最小后悔法)　第一步，先计算不同状态下各方案的后悔值，如畅销状态下各方案最大值是 1200，则方案一的后悔值＝1200－900＝300，方案二的后悔值＝1200－1200＝0，方案三的后悔值＝1200－500＝700，以此类推；第二步，找出各状态的最大后悔值，如畅销状态下各最大后悔值是 700，销路一般状态下各最大后悔值是 600，滞销状态下各最大后悔值是 480；第三步，取各状态的最大后悔值中的最小后悔值(480)对应的方案(方案三)为最优方案。

典型案例

案例 4-1　九曲小筑的经营策略

　　九曲小筑经营森林旅游及游客住宿，地理位置不错，位于福建一个著名的风景区附近，交通方便。但经营情况却不理想，两年来的入住率都只维持在 55%左右。竞争对手众多，周围有许多高档的饭店和宾馆，还有很多农家的小型宾馆。老板张丽注意到近期当地旅游局发布对当地游客的调查结果：67%的游客是不带孩子的年轻或年老夫妇；41%的游客两个月前就预定好了房间和旅行计划；67%的游客在当地停留超过 3 天，并且住同一旅店；77%的游客认为旅馆的休闲娱乐设施对他们的选择影响很大；38%的游客是第一次来此地游览。

　　得到上述资料后，张丽反复思量，今后要怎么做？一是要不要退出市场，另谋生计，或拿这笔钱来养老；二是如果继续经营，是保持原来的竞争战略，还是改变经营策略？

问题：

1. 导致九曲小筑经营不理想的主要原因是什么？
2. 你认为九曲小筑的发展前景如何？
3. 如何改变九曲小筑现在的不利局面？

案例 4-2　某林业集团的战略管理

　　某林业集团是一家集林木种苗、园林工程、生态旅游、旅游地产四大产业于一体的省级农业产业化和林业产业化双龙头企业，经营规模达 11 万余亩[*]，是某地区一家颇具社会

---

[*] 1 亩 ≈ 667m^2。

知名度和美誉度的明星民营企业。

目前存在的主要战略问题：缺乏前瞻性的战略规划、目标计划不清、核心能力缺乏。虽有各业务的明确发展目标，但缺少整体战略规划，缺少计划措施。没有根据战略的要求，合理配置资源，提升能力，打造核心竞争力。

经过调查研究，从业务能力和职能能力两个方面提出解决方案：

1. 业务能力方面

(1) 园林业务方面。建立高水平的品牌管理队伍，通过高品位、高质量和高水准的项目运作，提升品牌知名度。引进、培养高水平的施工队伍和项目管理人才，建立项目事前规划、事中监控、事后总结的动态循环系统。通过培养设计人才，联合或收购设计单位加快形成设计能力。确定目标客户制，将个人营销能力转换成团队营销能力，锁定大客户，形成快速回款能力。提高预决算的准确性、决算的及时性，培养高水平的预决算专业队伍。

(2) 种苗业务方面。加强销售部门的市场能力，并与市场部门紧密连接，利用外部林业及园林专家资源，形成未来高附加值、区域性景观树种的种植及销售规划能力。与高等院校进行技术合作，逐步提升栽培技术水平，共同研发具有知识产权的科研成果。通过标准化、信息化、流程化规范生产过程。

(3) 旅游业务方面。通过聘用、合作等方式整合外部顶级策划资源，逐步引进、培养专业策划人才。利用最专业的营销策划组织，快速提升和培养高素质的营销队伍。

(4) 旅游地产方面。与最前沿的旅游地产策划营销公司合作，利用自身的社会资源，培养高素质的营销队伍。

2. 职能能力方面

(1) 战略管理方面。在形成公司战略后，分解成业务战略和职能战略，转化成近期目标，生成计划和预算，并定期监督战略落实情况。

(2) 组织管理方面。通过明确管控模式，建立清晰的管控渠道和权责关系。明确上下级关系，保持合理的管理重心，杜绝越级指挥。通过简单有效的关键流程，建立顺畅的横向和纵向工作关系。

(3) 财务管理方面。合理把握融资渠道和规模，在保证各业务战略发展要求的基础上积极开拓投资渠道，提高资本利用率。建立预算管理制度，推行财务预算、业务预算，逐步建立全面预算管理体系。明确财务分析的具体内容和汇报周期。明晰资产管理流程，保证账物相符。加强资金安全的整体规划，提升资金使用效率。通过对各公司的深入剖析，建立具有行业特点的事前预测、事中成本控制、事后成本考核的系统。引进和培养专业审计人才，明确审计范围及审计制度的严肃性，严格执行审计程序。

(4) 人力资源管理方面。根据战略要求，明确人力资源规划，加强外部人才的鉴别和内部人才的培养，通过可量化的评价手段，及时对有贡献的员工进行激励。

(5) 文化管理方面。通过个人绩效和团队绩效挂钩的方法，奖励和提拔符合企业价值观的员工，加强企业制度执行的严肃性。

（6）风险控制能力方面。建立财务预警制度，保证信息的快速反应。建立定期不同层次的经营信息汇报制度，加强集团高层与员工的信息交流，对信息传达到位程度进行考核。加强对现有政策的研究，把握政策空间，强化法律法规控制职能，严格执行合同管理程序。

（7）信息管理能力方面。建立与管理体系相对接的信息化管理系统，固话管理流程、OA系统，为经营管理决策服务。

任务如下：网上查找福建省永安林业（集团）股份有限公司等林业企业的资料，分组分析相关林业企业的核心竞争力，并在班级组织一次交流活动。

巩固训练

1. 学生自主组成团队，每个团队3~5人。以学生自荐和同学推荐的方式选出各组组长，由组长对团队成员进行职责分工，主要包括：资料查找人员、资料整理编辑人员、PPT制作人员、报告完成人员、讲演人员等（分工是相对的，可适当转换角色），团队成员共同填写好工作页，组长审核、总结后上交教师。

2. 网上查找一个著名林业企业的资料，分组分析该企业的核心竞争力。

小 结

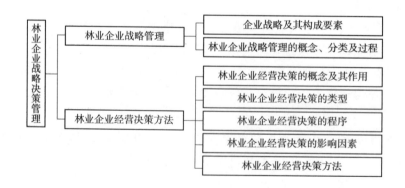

思考与练习

一、单选题

1. 可供选择的方案中，存在两种或两种以上的备选方案，每个方案都有几种不同结果可以知道，每种状态所发生（　　）的大小是可以估计的，在这种条件下的决策，就是风险型决策。

A. 概率　　　　B. 优点　　　　C. 缺点　　　　D. 后果

2. 下列哪种战略主要作用在于分散风险和有效利用资源？(　　)
   A. 密集型发展战略　　　　　　B. 多样化发展战略
   C. 集团化发展战略　　　　　　D. 一体化发展战略
3. 按决策发生的频率分类，决策可分为(　　)
   A. 程序化决策和非程序化决策　B. 确定型决策和非确定型决策
   C. 单目标决策和多目标决策　　D. 战略决策和管理决策

二、判断题

1. 战略的制定，在内部环境分析时主要探讨组织内部运作的优势和劣势。(　　)
2. 制定战略的实质，是为了获取相对竞争对手的持久的竞争实力地位和竞争优势。(　　)
3. 一般而言，只有企业这类组织应有明确的宗旨和使命。(　　)
4. 按决策的作用(所处地位)可以把决策分为战略决策、管理决策和专业决策。(　　)
5. 不确定型决策是指具有多种未来状态和相应后果，但是只能确定各状态发生的概率而难以获得充分可靠信息的决策。(　　)
6. 决策的正确与否首先取决于判断的准确程度，因此，认识和分析问题是决策过程中最为重要也是最为困难的环节。(　　)
7. 后悔值是指在某种状态下因选择某方案而未选取该状态下的最佳方案而少得的收益，决策时后悔值越大越好。(　　)

三、多选题

1. 企业战略的特点为(　　)。
   A. 全局性　　　B. 长远性　　　C. 指导性　　　D. 竞争性
2. 企业战略按管理层次分为(　　)3个层次。
   A. 公司战略　　B. 事业战略　　C. 职能战略　　D. 跨国战略
3. 战略环境的特点为(　　)。
   A. 复杂性　　　B. 不确定性　　C. 动态性　　　D. 唯一性
4. 按性质划分，决策的方法主要分为(　　)。
   A. 心理决策方法　B. 定性决策方法　C. 实践决策方法　D. 定量决策方法
5. 盈亏平衡分析法又称为量本利分析法，是通过分析(　　)的关系，以盈亏平衡点为依据来评价选择方案的决策方法。
   A. 人　　　　　B. 产量　　　　C. 成本　　　　D. 利润

四、计算题

1. 某家具企业生产某产品，预计年产量600件，年固定成本100万元，单价4000元/件，单位变动成本2000元，求盈亏平衡产量。该产品是否可生产？
2. 某林业企业生产甲产品，年固定成本为100万元，每立方米产品价格4000元，单位变动成本为2000元，求盈亏平衡产量。如果目标利润为50万元，产量为多少？如果要达到700m³目标产量，可得到多少利润？

3. 某家具厂生产甲产品，有两个投资方案：一是建大厂，投资 100 万元；二是建小厂，投资 20 万元。两个方案都可经营 10 年。未来 10 年的销路有好和差 2 种自然状态，销路好的概率为 0.7，销路差的概率为 0.3。在销路好的情况下的年利润为：大厂 60 万元，小厂 40 万元。在销路差的情况下的年利润为：大厂 10 万元，小厂 20 万元。该厂应建大厂，还是建小厂？

单元 5
林业企业人力资源管理

学习目标

知识目标

(1) 了解林业企业人力资源的概念、特点和构成。
(2) 理解林业企业人力资源管理的含义、职能以及发展趋势。
(3) 掌握林业企业人力资源管理的六大模块。

技能目标

能根据掌握的有关方针、政策及法规知识,进行林业企业人力资源管理。

案例导入

中小企业的招聘工作

S 公司是一家竹制品制造企业,公司规模不大,没有设置人力资源管理部门,招聘工作由行政部门负责。选拔聘用人员的标准是看学历和专业,加上招聘人员的主观判断。有些招聘人员利用职权徇私舞弊,招聘周期也很长。

随着公司规模的壮大,急需大量的人才,但行政部门对人员的招聘不严格,3 年内随意招聘 225 人,虽然完成了任务,但暴露的问题也很多。离职率高达 44%,有 33 人因人岗不匹配而转岗,有 55 人因绩效考核不合格被辞退,只有 51 人留在原有岗位上。也就是说,只有 23% 的人符合公司的用人要求。

问题:
1. S 公司人员招聘的问题在哪?
2. 人力资源管理的内容有哪些?

知识准备

人力资源管理是一项极为重要的工作领域,前途十分光明。在国外许多企业资源规划(enterprise resource planning,ERP)软件系统中,人力资源(HR)是独立的一块。在企业实施 ERP 过程中,HR 部分都是由专门的 HR 顾问负责。

5.1 林业企业人力资源概述

5.1.1 林业企业人力资源的概念

在经济学中,"资源"是指为创造人类社会赖以生存和发展的物质财富而投到生产活动中去的各种要素。资源通常包括自然资源、资本资源、人力资源和信息资源等,它们是任何生产过程中不可缺少的,决定着社会生产的总量和经济发展的速度。所谓人力资源,是指在一定范围内的人,所具有的劳动能力的总和。或者说,是指能够推动整个经济和社会发展的、具有智力劳动和体力劳动的总和。它包括数量和质量两个方面。

林业企业人力资源指的是林业企业所拥有或控制的,体现在全体员工体力与智力、知识和技能上的经济资源的总和。包括企业全体员工的体力劳动、企业家的决策能力、经理人员的经营管理能力、技术人员的科研开发能力和工人的劳动技能等智力劳动。

5.1.2 林业企业人力资源的特点

人力资源与自然资源相比,最活跃、最具能动作用,是最主要的资源。有一个比喻,若把世界上一切资源用"1"后面加几十个"0"来表示的话，那么最前面的"1"就是人力资源。如果没有最前面的"1"，后面的一切资源都是空的"0"。林业企业人力资源的基本特点是：

（1）生物性

人力资源的生物性主要表现为生殖繁衍性、新陈代谢性、遗传基因性、自然环境的反应性、身体语言性以及与自然界的双向交流性。人力资源的生物性要求开发主体要注意满足人的自然需求，要注意工作条件和工作环境对人的身体与心理的影响，要建立有利于人们身心健康的劳动制度。

（2）能动性

能动性是人力资源的一个根本性质，体现了人力资源与其他一切资源的本质区别。能动性主要体现在：第一，人力资源是一种"活"资源，而物质资源是一种"死"资源。物质资源只有通过人力资源的有效开发、加工和制造才会产生价值。第二，人力资源是可以开发的资源，人的创造能力是无限的，通过对人力资源的有效管理可以极大地提高企业的生产效率，从而实现企业的目标。能动性来源于对事物的认识，是认识的外在表现与结果。能动性有正向与负向之分，表现为对社会的价值作用不同。人力资源开发对策应注意使被开发者产生正向能动，减少和避免负向能动。

（3）时效性

人力资源的培训、储存、运用是同人的生命年龄有直接关系的，不同年龄阶段表现出不同的资源效力，这种不同既受自然属性的制约，又受社会属性的制约。时效性要求人力资源开发要抓住人的年龄最有利于职业要求的阶段并实施最有力的激励措施。不同职业人最佳开发年龄段是不同的，因此，针对不同职业人的年龄增长实施及时的开发对策是人力资源开发的正确选择。

（4）资本积累性

人力资源是人的体力、智力、知识、技术、能力、经验、信息、健康、关系的综合体现，是靠不断地投资而形成的，是外界教育、培训、影响及自我学习并努力积累的结果。这种活的资本积累，提供了人力资源的反复开发性与不断增值性。因此，它为人力资源开发主体提供了对人力资源加大投资的依据。加大对人力资源的投资以增加其资本积累是现代人力资源开发的重要方向。

（5）社会性

人力资源的社会性主要表现为信仰性、时代性、地域性、国别性、民族性、文化性、职业性、层级性、财富的占有性等。人力资源的社会性要求在开发过程中特别注意社会政治制度、国别政策、法律法规以及文化环境的影响，特别注意开发措施的人群针对性。

（6）差异性

人力资源的差异性表现为性别、年龄、文化程度、专业、技能、价值观、兴趣、性格、智力、资历等。这种差异性为人力资源的不同运用方向、优劣区分、针对性的开发奠定了基础，也为不同开发对策的提出提供了依据。研究差异性，找出规律性，是人力资源开发工作的重要任务。

5.1.3 林业企业人力资源的构成

(1) 人力资源的构成

人力资源由数量和质量两个方面构成。

①人力资源的数量 是指一个国家或地区中具有劳动能力、从事社会劳动的人口总数(图5-1)。

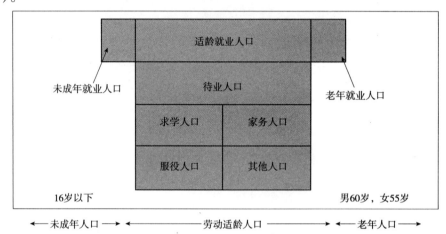

图5-1 人力资源的数量构成

②人力资源的质量 是指人力资源所具有的思想素质、文化素质和生理心理素质等方面的水平，其质量构成如图5-2所示。

(2) 林业企业人力资源的构成

①林业企业人力资源的数量 一般由正在被企业聘用的员工和企业欲从劳动力市场招聘的(即潜在的)员工两个部分组成，其单位是"个"或者"人"。

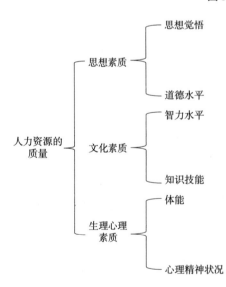

图5-2 人力资源的质量构成

②林业企业人力资源的质量 是指一个林业企业人力资源所具有的体质、智能、知识和技能等，体现为企业劳动力人口的体质水平、文化程度、工作能力和专业技术水平及劳动积极性。一般可用林业企业内总人口中大学以上学历层次、中高级职称所占比例等指标来反映。

林业企业人力资源作为一个经济范畴，有其量和质的规定性，数量和质量是相互统一的，数量是基础，质量是关键和核心。林业企业在人力资源开发中不仅要看拥有多少员工，更要看拥有什么样的员工，即看人力资源的质量。在知识经济时代，员工质量往往比数量更重要。

5.1.4 我国林业企业人力资源现状

(1) 人员总量逐步减少

根据《中国林业统计年鉴》统计数据，2005—2016 年末的 12 年时间内，全国林业系统从业人员和在岗职工分别减少了 32.5 万和 35.8 万人，平均每年分别减少 3 万人和 3.3 万人，其中在岗职工减少更多。造成这种现象的主要原因：一是林业生产周期长，短期效益低，地域相对偏远落后，工资福利待遇缺乏竞争力，难以留住人才；二是在"互联网+"深入发展，生产、营销方式不断创新的背景下，许多就业岗位不完全受专业限制，人才可选择的就业机会增多，加之林业行业条件相对艰苦，对人才的吸引力大幅下降；三是用人单位受经费、编制等体制性问题的制约，急需的专业人才进不来；四是企业和事业单位机构数量减少。

(2) 人员结构不尽合理

一是高层次人才缺乏。从学历结构看，虽然在岗人员中专科以上学历比例均有所提高（2011 年专科和本科以上学历比例分别为 23% 和 13%，2015 年分别增长到 25% 和 18%），但是本科及以上人才比例仍然偏低，其中企业本科以上学历只有 10.4%。从职称结构看，2015 年高级职称比例增加到 14.1%，其中企业高级职称比例为 12.5%。企业作为技术创新的主体，突显高层次人才的短缺。调查也发现，行业整体的高层次创新人才和高技能人才仍然缺乏。据国家林业和草原局职业技能鉴定指导中心统计数据，近年来高级技能人才人数逐年递减，由 2012 年的 13 万人减少到 2017 年的 1 万余人。二是后备力量不足。从年龄结构看，2011 年 30 岁以下和 50 岁以上人员的比例分别为 12.8% 和 13.9%，2015 年 30 岁以下人员比例降为 11.1%，而 50 岁以上人员比例上升到 16.7%。这说明年龄大的人数偏多，新进年轻人员少。三是非林专业人员比例较高。从专业结构看，据国家林业局人才交流中心（现国家林业和草原局人才交流中心）统计数据，2016 年机关、参公单位非林专业技术人才比例平均为 39.4%，机关、参公单位技能（工勤）人才非林专业比例平均高达 58.8%。

(3) 基层单位和制造业技术人员缺乏

高学历、高职称人才主要集中在省、市、县林业局机关和直属单位，从不同林业产业结构的角度看，林业专业技术人员的分布，2016 年林业制造业专业技术人员占在岗人员的比例为 17.7%，而第一和第三产业所占比例分别为 27.2% 和 33%。目前，林业制造业在林业产业结构中占 50%，而专业技术人员比例较低，与我国《林业发展"十三五"规划》提出的"做优做强林业产业"和我国建设制造强国要求不相适应。

(4) 人力资源管理体制及观念滞后

一是人力资源配置不合理。一些地方受机构改革、乡镇撤并、人员分流等因素影响，林业企业的技术人员存在着缺编、超编和配置不合理现象。二是政策机制不够完善。缺乏吸引人才和稳定人才的激励举措；人才评价体系与激励机制还不够健全；分配制度不尽合理，高层次人才，尤其是高层次科技创新人才的劳动价值没有得到很好体现；林业人才工作体制机制尚不健全，林业人才服务保障体系有待完善。三是人力资源管理理念较落后，人才是第一资源的观念还没有完全树立起来。有些企业内部仍采用传统的人事管理观念和模式，无法适应市场经济条件下对人力资源管理提出的新要求。特别是有些地处边远、经济落后地区的林业企业，在观念上还没有充分认识到人才作为第一资源的重要性和迫切性，从思想上还没有真正把发展转移到依靠科技进步和提高劳动者素质上来。

(5) 人才培训工作还较薄弱

随着林业科技的迅猛发展，知识的更新速度日益加快。加强林业在职人员的继续教育，不断提高人员业务素质，变得尤为重要。然而，目前对成人教育培训重视不够、培训经费投入不足、培训激励机制缺乏、培训模式滞后等，整体上无法满足技术人才知识更新和能力提升的需求。尤其是林业企业非专业出身人员比例较高，由于有关教育培训工作薄弱，难以应对新技术和新任务的挑战。大部分林业企业往往是根据工作需要对人员进行临时性、应急性培训，缺乏人才培训的长效机制，培训经费不足，培训内容陈旧、缺乏新意，培训形式缺乏创新、单一呆板，人才开发和培养明显滞后，不能满足新时代林业现代化建设对林业人才队伍提出的新要求。

5.2 林业企业人力资源管理概述

5.2.1 林业企业人力资源管理的含义

所谓人力资源管理，是根据组织的战略目标制定相应的人力资源战略规划，并为实现组织的战略目标进行人力资源这一特殊资源的获取、使用、保持、开发、评价和激励。

具体的人力资源管理可以从对人力资源量的管理和对人力资源质的管理两大方面理解。

林业企业人力资源管理，就是对林业企业人力资源的取得、开发、利用和保持等方面进行计划、组织、指挥和控制，使人力、物力保持最佳比例，以充分发挥人的潜能，提高工作效率，实现林业企业目标的管理活动。

5.2.2 林业企业人力资源管理的职能

(1) 获取

根据企业目标确定所需员工，通过规划、招聘、考试、测评、选拔获取企业所需人员。

获取职能包括工作分析、人力资源规划、招聘与选拔、使用等活动。

①工作分析　是人力资源管理的基础性工作。在这个过程中，要对每一职务的任务、职责、环境及任职资格做出描述，编写出岗位说明书。

②人力资源规划　是将企业对人员数量和质量的需求与人力资源的有效供给相协调。需求源于组织工作的现状与对未来的预测，供给则涉及内部与外部的有效人力资源。

③招聘与选拔　应根据对应聘人员的吸引程度选择最合适的招聘方式，如利用报纸广告、网上招聘、职业介绍所等。选拔有多种方法，如利用求职申请表、面试、测试和评价

中心等。

④使用　经过上岗培训，给合格的人员安排工作。

(2) 整合

通过企业文化、信息沟通、人际关系和谐、矛盾冲突的化解等有效整合，使企业内部的目标、行为、态度趋向企业的要求和理念，使之形成高度的合作与协调，发挥集体优势，提高企业的生产力和效益。

(3) 保持

通过薪酬、考核、晋升等一系列管理活动，保持员工的积极性、主动性、创造性，维护劳动者的合法权益，保证员工工作场所的安全、健康、舒适，以增进员工满意度，使之安心满意地工作。

保持职能包括两个方面的活动：一是保持员工的工作积极性，如公平的报酬、有效的沟通与参与、融洽的劳资关系等；二是保持健康安全的工作环境。

报酬：制定公平合理的工资制度。

沟通与参与：公平对待员工，疏通关系，沟通感情，参与管理等。

劳资关系：处理劳资关系方面的纠纷和事务，促进劳资关系的改善。

(4) 评价

对员工工作成果、劳动态度、技能水平以及其他方面做出全面考核、鉴定和评价，为做出相应的奖惩、升降、去留等决策提供依据。

评价职能包括工作评价、绩效考核、满意度调查等。其中绩效考核是核心，它是奖惩、晋升等人力资源管理及其决策的依据。

(5) 发展

通过员工培训、工作丰富化、职业生涯规划与开发，促进员工知识、技能和其他方面素质提高，使其劳动能力得到增强和发挥，最大限度地实现其个人价值和对企业的贡献，达到员工个人和企业共同发展的目的。

①员工培训　根据个人、工作、企业的需要制订培训计划，选择培训的方式和方法，对培训效果进行评估。

②职业发展管理　帮助员工制订个人发展计划，使个人的发展与企业的发展相协调，满足个人成长的需要。

5.2.3　林业企业人力资源管理的任务

人力资源管理的基本任务，就是根据企业发展战略的要求，通过有计划地对人力资源进行合理配置，搞好企业员工的培训和人力资源的开发，采取各种措施，激发企业员工的积极性，充分发挥他们的潜能，做到人尽其才、才尽其用，更好地促进生产效率、工作效率和经济效益的提高，进而推动整个企业各项工作的开展，以确保企业战略目标的实现。

具体地讲，现代企业人力资源管理的任务主要有以下几个方面：

①通过规划、组织、调配和招聘等方式，保证一定数量和质量的劳动力及各种专业人

员加入并配置到企业生产经营活动中，满足企业发展的需要。

②通过各种方式和途径，有计划地加强对现有员工的培训，不断提高他们的文化知识与技术业务水平。

③结合每一个员工的具体职业生涯发展目标，搞好对员工的选拔、使用、考核和奖惩工作，做到发现人才、合理使用人才和充分发挥人才的作用。

④采用各种措施，包括思想教育、合理安排劳动和工作、关心员工的生活和物质利益等，激发员工的工作积极性。

⑤根据现代企业制度要求，做好薪酬管理等工作，协调劳资关系。

5.2.4 林业企业人力资源管理的意义

实践证明，重视和加强企业人力资源管理，对于促进生产经营的发展，提高企业劳动生产率，保证企业获得最大的经济效益，有着重要的意义。加强林业企业人力资源管理，有利于促进生产经营顺利进行，有利于调动企业员工的积极性，有利于现代企业制度的建立，有利于提高经济效益。

5.2.5 现代林业企业人力资源管理与传统的人事管理的区别

现代林业企业人力资源管理与传统的人事管理的区别见表 5-1 所列。

表 5-1 现代林业企业人力资源管理与传统的人事管理的区别

项 目	人力资源管理	人事管理
管理理念	视人为资源	视人为成本
管理内容	以人为中心	以事为中心
管理形式	动态管理	静态管理
管理方式	人性化	强制化
管理策略	战略性	业务性
管理技术	多元化	机械化
管理体制	主动性	被动性
管理手段	现代化	人工化
管理层次	决策层	执行层

(1) 传统的人事管理

所谓传统的人事管理，主要是通过某种原理、方法和制度等对人事工作进行计划、组织、协调、监督和控制等一系列的管理流程。其特点主要体现为：

①在管理理念上　传统的人事管理将人视为成本，同时人事部门属于非生产和非效益部门，不讲投入产出，成本意识淡薄。

②在管理内容上　传统的人事管理以事为中心，主要工作就是管理档案、人员调配、职务职称变动、工资调整等具体的事务性工作。即从事"发工资、抄写(档案、内勤、统计)、调配、进出(员工招聘、补缺、离退休)"的日常工作。

③在管理形式上　传统的人事管理属于静态管理。也就是说，当一名员工进入一个单

位，经过人事部门必要的培训后，安排到一个岗位，完全由员工被动性地工作，自然发展。

④在管理方式上　传统的人事管理主要采取制度控制和物质刺激手段。

⑤在管理策略上　传统的人事管理侧重于近期或当前人事工作，就事论事，只顾眼前，缺乏长远，属于战术性管理。

⑥在管理技术上　传统的人事管理照章办事，机械呆板。

⑦在管理体制上　传统的人事管理多为被动反应型，按部就班，强调按领导意图办事或者按上级人事劳动行政部门的计划要求，整天忙于具体事务，工作的自主性很小。

⑧在管理手段上　传统的人事管理手段单一，以人工为主，日常的信息检索、报表制作、统计分析多为人工进行，很难保证及时、准确，并浪费人力、物力和财力。

⑨在管理层次上　传统的人事管理部门定位低，往往只是上级的执行部门，很少参与决策。

(2) 现代林业企业人力资源管理

现代人力资源管理是指运用现代管理方法，对人力资源的获取(选人)、开发(育人)、保持(留人)和利用(用人)等方面所进行的计划、组织、指挥、控制和协调等一系列活动，最终达到实现发展目标的一种管理行为。具体来说，现代人力资源管理的特点主要体现为：

①在管理理念上　现代人力资源开发视人力为资源，认为人力资源是一切资源中最宝贵的资源，经过开发的人力资源可以增值，能给企业带来巨大的利润。人力资源管理部门则逐步变为生产部门和效益部门，讲究投入和产出，生产的产品就是合格的人才、人与事的匹配，追求的效益包括人才效益、经济效益和社会效益的统一，还包括近期效益和远期效益的统一。

②在管理内容上　现代人力资源管理以人为中心，将人作为一种重要资源加以开发、利用和管理，重点是开发人的潜能、激发人的活力，使员工能积极主动创造性地开展工作。

③在管理形式上　现代人力资源管理属于动态管理，强调整体开发。也就是说，对员工不仅安排工作，还要根据组织目标和个人状况，为其做好职业生涯设计，不断培训，不断进行横向及纵向的岗位或职位调整，充分发挥个人才能，量才使用，人尽其才。

④在管理方式上　现代人力资源管理采取人性化管理，考虑人的情感、自尊与价值，以人为本，多激励、少惩罚，多表扬、少批评，多授权、少命令，发挥每个人的特长，体现每个人的价值。

⑤在管理策略上　现代人力资源管理不仅注重近期或当前具体事宜的解决，更注重人力资源的整体开发、预测与规划。根据组织的长远目标，制定人力资源的开发战略措施，属于战术与战略性相结合的管理。

⑥在管理技术上　现代人力资源管理追求科学性和艺术性，不断采用新的技术和方法，完善考核系统、测评系统等科学手段。

⑦在管理体制上　现代人力资源管理多为主动开发型，根据组织的现状、未来，有计

划、有目标地开展工作。如制定人力资源规划、实施人才引进培养、决定薪资报酬等，工作的主动性较大。

⑧在管理手段上　现代人力资源管理的信息检索、报表制作、核算、测评、招聘等均由计算机自动生成结果，及时准确地提供决策依据。

⑨在管理层次上　现代人力资源管理部门处于决策层，直接参与企业的计划与决策，为企业最重要的高层决策部门之一。

近年来随着绿色产业的兴起，林业相关专业的人才也越来越受欢迎。当前，林业企业人事部门的主要工作仍是计划经济体制下行政程序所规定的人员的聘用与调出、工资奖金核算、人事档案管理等事务性管理，这与现代市场经济条件下企业理念是不相符的。员工流动特别是企业干部流动，行政调配、安置的成分很大。尽管有的企业已有了"竞争"之名，但尚无"机制"之实，这与员工个人发展期望的矛盾很大。建立公开、公平、公正的竞争机制，已成为时代的要求。在林业企业转型的关键时期，林业企业需要清醒地认识到社会主义市场经济体制建设的主体是人，林业企业要在市场上占有地位，就必须以人为本，对现有的企业和员工的关系进行重新认识和定位，并对现有的人力资源进行科学的开发和管理，完善人力资源管理的竞争机制和激励机制，从而实现林业企业的快速健康发展。

5.2.6　人力资源管理的发展趋势

①管理重心转向对知识型员工的管理。
②人力资源管理的全球化、信息化。
③人力资源管理的服务性。
④人力资源管理的人本化。
⑤企业文化将成为人力资源管理的核心。
⑥人力资源管理职能外包。
⑦建立学习型组织的趋势将进一步得到加强。

5.3　林业企业人力资源管理的内容

林业企业人力资源管理的内容包含人力资源规划、招聘与配置、培训与开发、绩效管理、薪酬福利管理、劳动关系管理六大模块。在实际的工作中，人力资源管理的六大模块是相互作用的，它们之间存在一定的联系，各个模块之间相辅相成，组成一个不可分割的整体，但是各自分管不同领域。一个模块的变动会对其他模块产生影响，最终导致整体的改变。

5.3.1　人力资源规划

(1) 人力资源规划的含义

人力资源规划是指根据企业的发展规划和发展战略，通过对企业未来的人力资源的需求和供给状况的分析及估计，对人力资源的获取、配置、使用、保护等各个环节进行职能性策划，以确保组织在需要的时间和需要的岗位上，获得各种必需的人力资源的规划。

(2)人力资源规划的目标

①得到和保持一定数量具备特定技能、知识结构和能力的人员。
②充分利用现有人力资源。
③能够预测企业组织中潜在的人员过剩或人力不足。
④建设一支训练有素、运作灵活的劳动力队伍,增强企业适应未知环境的能力。
⑤减少企业在关键技术环节对外部招聘的依赖性。

(3)人力资源规划的步骤

①环境分析　分析企业所处的外部环境及行业背景,提炼对于企业未来人力资源的影响和要求;对企业未来发展目标以及目标达成所采取的措施和计划进行澄清和评估,提炼对企业人力资源的需求和影响。

②人力资源现状分析　包括分析企业现有员工的基本状况、员工具有的知识与经验、员工具备的能力与潜力开发、员工的普遍兴趣与爱好、员工的个人目标与发展需求、员工的绩效与成果、企业近几年人力资源流动情况、企业人力资源结构与现行的人力资源政策等。

③人力资源需求预测　通过对组织、运作模式的分析以及对各类指标与人员需求关系分析,提炼企业人员配置规律及对未来实现企业经营目标的人员需求进行预测。需求分析的主要任务是分析影响公司人力资源需求的关键因素,确定公司人力资源队伍的人才分类、职业定位和质量要求,预测未来3年人才队伍的数量,明确与公司发展相适应的人力资源开发与管理模式。

④人力资源外部供给预测　包括预测本地区人口总量与人力资源比率、本地区人力资源总体构成、本地区的经济发展水平、本地区的教育水平、本地区同一行业劳动力的平均价格与竞争力、本地区劳动力的择业心态与模式、本地区劳动力的工作价值观、本地区的地理位置对外地人口的吸引力、外来劳动力的数量与质量、本地区同行业对劳动力的需求等。

⑤确定人力资源规划目标　企业人力资源战略规划的制定是基于以上获得的信息来开展的,是与企业的发展战略相匹配的人力资源总体规划。要对员工总量、结构数量等目标进行评估、总结和确认,并确定企业不同人员的能力素质目标。

⑥制订行动方案　制订达成规划目标的措施与途径,拟定招聘、培训、激励等策略。主要内容包括:与企业的总体战略规划有关的人力资源规划目标、任务的详细说明;企业有关人力资源管理的各项政策策略及有关说明;企业业务发展的人力资源计划;企业员工招聘计划、升迁计划;企业人员退休、解聘、裁减计划;员工培训和职业发展计划;企业管理与组织发展计划;企业人力资源保留计划;企业生产率提高计划等。一份完整的人力资源战略规划是企业人力资源管理的基础和核心,企业人力资源管理的其他工作都会时刻围绕着它来不断展开。

5.3.2　招聘与配置

林业企业员工招聘与配置是按照林业企业经营战略规划的要求,把优秀、合适的人员招聘进企业，并把合适的人员配置到合适的岗位。

（1）人员招聘与配置的原则

效率优先原则；双向选择原则；公平、公正原则；确保质量原则；方法和程序科学原则；成本最低原则。

（2）人员招聘与配置的步骤

①人员需求诊断　由企业统一进行人力资源规划，或由各部门根据长期或短期的实际工作需要，由人力需求部门填写人员需求表。人员需求表的基本内容：所需人员的部门、职位；工作内容、责任、权限；所需人数以及何种录用方式；人员基本情况（年龄、性别）；要求的学历、经验；希望的技能、专长等内容，并报人力资源部门审核。

②制订招聘计划　根据人员需求情况制订招聘计划，计划中应该包括以下内容：录用人数以及达到规定录用率所需要的人员；从候选人应聘到录用之间的时间间隔；录用基准；录用来源；招聘成本计算。

③选择招聘渠道　包括：委托各种劳动就业机构；自行招聘；通过公共网络招聘。

④组织实施招聘　招聘流程：发布职位；获取应聘人员资料；筛选、面试；分析和评价面试结果；确定人员录用的最后结果；面试结果的反馈；面试资料存档备案。

⑤进行岗前培训　包括：熟悉工作内容、性质、责任、权限、利益、规范；了解企业文化、政策及规章制度；熟悉企业环境、岗位环境、人事环境；熟悉、掌握工作流程和技能。

5.3.3　培训与开发

企业员工的培训与开发是指企业通过学习、训导的手段，提高员工的工作能力、知识水平和潜能发挥，最大限度地使员工的个人素质与工作需求相匹配，促进员工的工作绩效的提高。其中，培训是指向新员工或现有员工传授其完成本职工作所必需的基本技能的过程；开发主要是指管理开发，指一切通过传授知识、转变观念或提高技能来改善当前或未来管理工作绩效的活动。

（1）培训与开发的主要目的

提高工作绩效水平，提高员工的工作能力；增强组织或个人的应变和适应能力；提高和增强企业员工对组织的认同和归属感。

（2）培训与开发的特性

①培训与开发的经常性　及时地充实知识和长期积累经验能使企业员工保持技术上的先进地位，获得最大的技术开发潜能。

②培训与开发的超前性　关注管理理论研究的最新成果，以及其他学科理论和技术前沿研究，以最大限度地培养、激发员工的创造力，为开发员工的最大潜能创造机会。

③培训效果的后延性　培训效果有后延性，若对培训的设计仅限于短期的具体目标，就不能满足企业应付和适应多变的动态环境和市场需求的要求。

（3）培训的步骤

培训一般可分为以下步骤：培训需求评估、培训规划制定、培训的实施、培训效果评估。

①培训需求评估　是指在规划与设计每项培训活动之前,由培训部门主管人员、工作人员等采取各种方法和技术,对各种组织及其成员的目标、知识、技能等方面进行系统的鉴别与分析,以确定是否需要培训及培训内容的一种活动或过程。培训需求信息的收集多采用问卷调查、个人面谈、团体面谈、重点团队分析、观察法、工作任务调查法。

②培训规划制定　培训规划是指对企业组织内培训的战略规划。企业培训规划制定必须密切结合企业的生产和经营战略,从企业的人力资源规划和开发战略出发,满足企业资源配置要求,提高员工素质,考虑人才培养的超前性和培训效果的不确定性,确定职工培训的目标,选择培训内容、培训方式。

③培训的实施　要做好这项工作,需注意以下几点:领导重视;要让员工认同培训;做好外送培训的组织工作;培训经费上的大力支持;制定奖惩措施。

④培训效果评估　包括:研究培训方案是否达到培训目标,评价培训方案是否有价值,判断培训工作给企业带来的全部效益(经济效益和社会效益)、培训的重点是否和培训的需要相一致。科学的培训评估对于分析企业培训需求、了解培训投资效果、界定培训对企业的贡献非常重要。目前使用最广泛的培训效果评估方法是柯克帕特里克的培训效果评估体系。成本-收益分析也是比较受推崇的方法之一,这种方法可将培训的效果量化,让企业可以直观地感受到培训的作用。

5.3.4　绩效管理

绩效管理是指识别、衡量以及开发个人和团队绩效,并使这些绩效与组织的战略目标保持一致的持续过程。

绩效管理是各级管理者和员工为了达到组织目标共同参与的绩效计划制订、绩效辅导沟通、绩效考核评价、绩效结果应用、绩效目标提升的持续循环过程。绩效管理的目的是持续提升个人、部门和企业的绩效。

(1) 绩效管理的分类

按管理主题来划分,绩效管理可分为两大类:一类是激励型绩效管理,侧重于激发员工的工作积极性,比较适用于成长期的企业;另一类是管控型绩效管理,侧重于规范员工的工作行为,比较适用于成熟期的企业。无论采用哪一种考核方式,其核心都应有利于提升企业的整体绩效,而不应在指标的得分上斤斤计较。

(2) 绩效管理的过程

绩效管理的过程通常被看成一个循环,这个循环分为4个环节,即绩效计划、绩效辅导、绩效考核与绩效反馈。

(3) 绩效管理的实施原则

①清晰的目标　对员工实行绩效考核的目的是让员工实现企业的目标和要求,所以目标一定要清晰。

②量化的管理标准　考核的标准一定要客观,量化是最客观的表述方式。很多时候企

业的绩效考核不能推行到位，沦为走过场，都是因为标准太模糊、要求不量化。

③良好的职业化的心态　绩效考核的推行要求企业必须具备相应的文化底蕴，要求员工具备一定的职业化的素质。事实上，优秀的员工并不惧怕考核，甚至欢迎考核。

④与利益、晋升挂钩　与薪酬不挂钩的绩效考核是没有意义的，考核必须与利益、与薪酬挂钩，才能够引起企业由上至下的重视和认真对待。

⑤具有掌控性、可实现性　绩效考核是企业的一种管理行为，是企业表达要求的方式，其过程必须为企业所掌控。

⑥"三重一轻"　绩效考核只有渗透到日常工作的每个环节当中，才能真正发挥效力，因此，应遵循以下"三重一轻"的原则：

重积累：平时的点点滴滴，正是考核的基础。

重成果：大大小小的成果，才可以让员工看到进步，才有前进的动力。

重时效：指定一个固定的时间考核，往往想不起来当初发生的事情。考核应该就在事情发生的当下进行，而不是过了很久之后进行。

轻便快捷：复杂的绩效考核方式，需要专业人员的指导才可能取得预定效果。对于中小企业，更侧重通过轻便的方式，为管理者提供和积累考核素材。

5.3.5　薪酬福利管理

薪酬福利是指员工为企业提供劳动而得到的各种货币与实物报酬的总和。

(1) 薪酬福利制度制定的步骤

制定薪酬策略→工作分析→薪酬调查→薪酬结构设计→薪酬分级和定薪→薪酬制度的控制和管理。

(2) 影响薪酬福利制定的因素

①内部因素　企业的经营性质与内容；企业的组织文化；企业的支付能力；员工岗位。

②外部因素　社会意识；当地生活水平；国家的政策法规；人力资源市场状况。

(3) 岗位评价

岗位评价是影响薪酬福利最重要的因素，岗位评价的中心是"事"而不是"人"。岗位评价虽然也会涉及员工，但它是以岗位为对象，即以岗位所担负的工作任务为对象进行客观评比和估计。

①岗位评价的实施过程　建立岗位评价委员会；制定、讨论、通过岗位评价体系；制定岗位评价表；评价委员会集体讨论岗位清单，并充分交流岗位信息；集体讨论，即按照评价要素及其分级定义，逐一确定每个岗位的等级；代表性岗位试评，交流试评信息；评委打点，即每一评价委员根据岗位说明书和日常观察掌握的岗位信息，按照岗位评价标准体系，逐一对岗位进行评价，并得出每一岗位评价总点数；制定岗位评价汇总表，汇总各个评价委员的评价结果，求出每一岗位评价点数的算术平均数；根据汇总计算的平均岗位点数，按升值顺序排列；根据评价点数情况，确定岗位等级数目，并确定岗位等级划分点

数幅度表；根据岗位等级点数幅度表划岗归级，形成初评岗位等级序列表；将初评岗位等级序列表反馈给评价委员，对有争议的岗位进行复评；将复评结果汇总，形成岗位等级序列表，岗位评价委员会工作结束；将岗位等级序列表提交工资改革决策委员会讨论通过，形成最终的岗位等级序列。

②岗位评价常见的方法

排列法：排列法是在不对工作内容进行分解的情况下，由评定人员凭着自己的经验和判断，将各工作岗位的相对价值按高低次序进行排列，从而确定某个工作岗位与其他工作岗位的关系。

分类法：又称归级法，是对排列法的改进。它是在岗位分析的基础上制定一套职位级别标准，然后将职位与标准进行比较，将它们归到各个级别中去。

配对比较法：也称相互比较法，就是将所有要进行评价的岗位列在一起，两两配对比较，其价值较高者可得1分，最后将各岗位所得分数相加，分数最高即等级最高，按分数高低将岗位进行排列，即可划定岗位等级。通过计算平均序数，便可得出岗位相对价值的次序。

要素计点法：又称点数加权法、点数法，是目前大多数国家最常用的方法。这种方法是先选定若干关键性评价要素，并确定各要素的权数，将每个要素分成若干不同的等级，然后给各要素的各等级赋予一定分值，这个分值也称为点数，最后按照要素对岗位进行评估，算出每个岗位的加权总点数，便可得到岗位相对价值。

5.3.6 劳动关系管理

劳动关系管理是指用人单位招用劳动者为其成员，劳动者在用人单位的管理下提供有报酬的劳动而产生的权利义务关系。

(1) 劳动合同的含义

在企业劳动关系中，最为重要的体现是劳动合同。劳动合同是劳动者与用人单位确立劳动关系、明确双方权利和义务的协议。集体合同是工会(或职工代表)代表职工与企业就劳动报酬、工作条件等问题，经协商谈判订立的书面协议。

(2) 劳动合同订立的原则

平等自愿，协商一致。

(3) 劳动合同具备的条款

包括：劳动合同期限；工作内容；劳动保护和劳动条件；劳动报酬；劳动纪律；劳动合同终止的条件；违反劳动合同的责任。

(4) 劳动合同期限的分类

包括：有固定期限，无固定期限，以完成一定的工作为期限。

(5) 无效劳动合同

违反法律、行政法规的劳动合同以及采取欺诈、威胁等手段订立的劳动合同属无效的劳动合同。

(6) 劳动合同的变更

履行劳动合同的过程中由于情况发生变化，经双方当事人协商一致，可以对劳动合同部分条款进行修改、补充。未变更部分继续有效。

(7) 劳动合同的终止

劳动合同期满或劳动合同的终止条件出现，劳动合同即终止。

(8) 劳动合同的续订

劳动合同期限届满，经双方协商一致，可以续订劳动合同。

(9) 劳动合同的解除

劳动合同的解除是指劳动合同订立后尚未全部履行前，由于某种原因导致劳动合同一方或双方当事人提前中断劳动关系的法律行为。

(10) 劳动争议

劳动争议是指劳动关系双方当事人因实行劳动权利和履行劳动义务而发生的纠纷。

①劳动争议的范围　因开除、除名、辞退职工和职工辞职、自动离职发生的争议；因执行国家有关工资、社会保险和福利、培训、劳动保护的规定而发生的争议；因履行劳动合同发生的争议；国家机关、事业单位、社会团体与本单位建立劳动合同关系的职工之间、个体工商户与帮工、学徒之间发生的争议；法律法规规定的应依照《企业劳动争议处理条例》处理的其他劳动争议。

②劳动争议处理机构　包括企业劳动争议调解委员会、劳动争议仲裁委员会、人民法院。企业劳动争议调解委员会是指用人单位根据《中华人民共和国劳动法》和《企业劳动争议处理条例》的规定在本单位内部设立的机构，是专门处理与本单位劳动者之间的劳动争议的群众性组织。企业劳动争议调解委员会由职工代表、用人单位代表、用人单位工会代表组成。劳动争议仲裁委员会是处理劳动争议的专门机构。人民法院是国家审判机关，也担负着处理劳动争议的任务。

此外，还有员工的使用与调配、员工的职业生涯管理等也属于人力资源管理的主要工作。除了以上人力资源管理的主要工作外，在现实的企业人力资源管理中，可能还会有一些其他工作。例如，人力资源自身的队伍建设；E-HR（电子人力资源管理）系统的建设与完善；集体合同的管理；工会的管理；外包人员的管理；集团/总部人力资源管理与分公司、子公司人力资源管理；人力资源业务外包等。这些工作是在人力资源管理的范围内，但具有一定的个性化，并不是每个企业都会遇到，所以，没有列入常规人力资源管理模块的工作内容中。

典型案例

案例 5-1　项目经理团队管理的烦恼

某竹业公司是一家竹具品设计开发公司，最近与某知名公司签订了一个新竹制家具设计开发项目的合同,需要挑选一位项目经理,并组建一个项目团队。由于该竹业公司最近项目较多,项目经理数量不足,项目马上要开始了,再去招聘来不及,于是公司领导决定任命有多次参与类似项目开发经验的王工程师承担此项目的管理工作。

王工程师接到任命后,开始投入到组建项目团队的准备工作中。首先,启动人员招聘程序,发出招聘广告,然后进行面试等工作。人员确定后,团队便进入了项目设计开发阶段。项目开发工作进行一个阶段后,平时负责木材工艺设计的王经理才发现,管理工作原来并不容易,比设计工作要难。从项目设计开始,整个团队就不断出现问题:设计理念不同造成成员之间矛盾接连不断,大家各自为政,团队工作效率低下,设计任务也不能按时完成,导致设计工作一度中止。公司的领导层也意识到问题的严重性,立即从管理层调来了一位有经验的人员来辅助王经理的工作。经过一系列的调整,该项目的开发工作才逐渐步入正轨。

请问本案例中出现的问题你会如何解决:

1. 选择的领导应该具备哪些素质?
2. 项目经理应该如何改革制度、提高工作效率?
3. 如何提高沟通技巧?如何进行合理的资源配置?

案例5-2 某木业发展有限公司人力资源部介绍

某木业发展有限公司人力资源部是负责公司人员招聘和员工薪资福利等管理的综合部门。其职责是按照国家有关方针、政策,对公司人事、劳资、监察、行政及员工福利等工作实施管理和保障。与各部门是协调、监督及指导的关系。

人力资源部设有经理、副经理、人事主管、劳资主管兼档案管理员(文员)、行政主管、司机、员工食堂厨师、洗消员、保洁员。人力资源部管理层各岗位职责如下:

1. 经理岗位职责

(1)认真学习、贯彻国家人事工作的方针、政策和相关的法律法规,为公司健康持续发展提出科学的意见和提供法规上的保障。

(2)组织修订和完善公司的规章制度,根据变化的形势不断修正和充实公司各项制度,使公司始终在健康、规范的轨道上运转。

(3)全面负责人事、劳资、行政、培训等工作,了解和掌握所属员工的思想情况,激发和调动员工的积极性,增强凝聚力和集体荣誉感。

(4)组织和带领本部门员工学习相关业务知识,不断提高管理水平和综合素质,胜任本职岗位的需要,更好地完成上级交给的工作任务。

(5)负责编制劳动工资计划,综合平衡各部门人员使用情况,经常检查、分析存在的问题和薄弱环节,采取积极有效的措施,保证劳动工资计划的完成。

(6)根据国家有关政策法规,负责组织制定公司工资方案和管理办法,以及对工资进行日常管理,做好员工调资、审批奖金、工龄、津贴等工作。

(7)根据用工计划组织招聘工作,负责员工的调入、辞退、辞职、调出及员工内部调整的审核;负责组织定员的编制工作,及时修正和拟订机构调整方案。

(8)监督、检查制度落实及劳动纪律执行情况,加强考勤、休假等日常管理工作,保证良好的工作和生活秩序。

(9)指导员工培训工作,重视员工素质提高,抓好培训计划组织实施和落实;了解和熟悉员工的各种岗位职责,经常检查、考核员工的工作表现和绩效,为员工的任免提供依据。

(10)经常深入员工中间,熟悉员工队伍的基本情况,掌握思想动态,有针对性做好疏导调解工作。

(11)结合各种活动,发现和培养人才;严格落实考评竞争机制,保证人才队伍建设形成良性循环和梯次发展。

(12)重视企业文化建设和团队精神培养,组织开展丰富多彩的文化体育活动,不断激发员工投身企业的热情。

(13)关心员工的切身利益,定期组织员工体检,加强对员工食堂的指导和管理。

(14)完成上级领导交办的其他工作。

2. 副经理岗位职责

(1)协助经理做好人事、劳资、行政、食堂等管理工作,掌握所属员工的思想情况。

(2)熟悉员工的各种岗位职责,检查、考核员工的工作表现和业绩,发现和培养人才,为员工的任免提供依据。

(3)组织开展员工文化体育活动,宣传企业文化和培养团队精神。

(4)负责公司各种证照的办理、年检及其他外联工作。

(5)经理不在岗时,主持经理工作,履行经理职责。

3. 人事主管岗位职责

(1)根据企业性质、岗位,编制年度用人计划和每次招聘的计划,并依此制订经费预算方案。

(2)根据岗位空缺及各部门人员需求,通过多种招聘渠道选聘人才。

(3)调查论证公司人员编制的合理性,对各部门定岗定编工作提出改进意见。

(4)负责办理员工入职、离职等相关手续;组织知会和发布任免令;管理好员工胸牌。

(5)结合员工转正进行考核,经常与员工进行交流,了解员工思想动态和成长需求。

(6)根据部门意见和员工需求,做好续签、终止及解除劳动合同工作。

(7)负责员工人事档案调遣及缴纳费用等相关工作,建立健全员工内部档案。

(8)注重发现、推荐人才,建立建强人才队伍,做好人才储备工作。

(9)认真学习国家人事工作有关法律法规,掌握人事动态、严格人事制度,及时提出劳动合同的修改意见。

(10)配合其他岗位加强员工的日常管理。

4. 劳资主管兼档案管理员(文员)岗位职责

(1)负责编制公司年度劳动工资计划。了解劳动工资计划执行情况,提出合理化建议,保证工资管理的科学性和规范性。

(2)恪守职业道德,严格工资管理纪律。

（3）根据国家政策、公司的经营情况及有关规定，研究论证工资架构体系，提出科学、有效的工资改进方案。

（4）加强员工考勤制度的管理和检查工作，监督各部门报送考勤的准确性、及时性。

（5）负责劳动工资统计报表的填写和报送工作。

（6）按照国家相关政策要求，为员工办理各种社会保险及相关手续。

（7）负责工服购置和制定发放标准，做好工服的日常管理工作。

（8）负责公司档案资料的收集、整理、保管、鉴定、统计工作。

（9）指导公司各部门文件材料的形成、积累、整理和归档工作。

（10）负责档案室设备、设施的日常维护和保养。

（11）负责对保管期限已满的档案进行鉴定，确无保存价值的档案要登记造册，并按有关规定予以销毁。

（12）接受档案时，依据移交清单仔细核对，并按照规定进行统一分类、登记、编目和排列。

（13）负责公司印鉴的保管及使用。对外行章需由总经理签字方可盖章，对所有需要加盖印鉴的介绍信、证明等公文应统一编号登记、存档，以备查询。

（14）文件打印、复印、传真办理后，应详细填写《文件办理登记表》，控制纸张的使用，厉行节约，做到一纸多用。

（15）严守公司机密，保证印鉴的完整与安全。

5. 行政主管岗位职责

（1）负责员工宿舍的分配及日常管理。

（2）负责公司公用车辆的派遣、维修和保养，缴纳车辆的相关费用；加强司机队伍的管理和建设。

（3）做好与司机和车辆有关的审验及相关费用的审核。

（4）负责公司各部门通信工具的管理和费用缴纳。

（5）负责订阅和管理公司各部门年度报刊、杂志。

（6）负责公司员工福利物品的统计与发放；协助财务统计部做好固定资产清查和登记工作。

（7）负责督促检查办公层办公秩序、礼节礼貌、卫生和能源管理。

（8）加强日常巡视和检查工作，及时发现和纠正存在的问题。

（9）定期检查员工餐厅所有登记、统计，保证准确清晰，及时发现、解决问题。

（10）根据每周食谱制订采购计划，待人力资源部经理签阅后提供给采购员。

（11）检查监督食品按规定存放，保持食物新鲜、清洁、卫生，做到生熟分开。

（12）监督厨房卫生清洁工作，杀菌剂、洗涤剂和杀虫剂标示清楚，分开存放。

（13）做好安全工作，严禁无关人员进入厨房；督促员工严格遵守炊事器具的操作流程和有关卫生防疫要求。

（14）检查各类电源开关、设备，督促检查，做好防盗工作。

（15）加强员工思想教育和日常管理，热情周到地为员工提供服务保障。

巩固训练

1. 学生自主组成团队，每个团队 3~5 人。以学生自荐和同学推荐的方式选出各组组长，由组长对团队成员进行职责分工，主要包括资料查找人员、资料整理编辑人员、PPT 制作人员、报告完成人员、讲演人员等（分工是相对的，可适当转换角色），团队成员共同填写好工作页，组长审核、总结后上交教师。

2. 具体内容：模拟成立一个公司，分别为团队人员设置岗位，并编制工作岗位说明书。

小 结

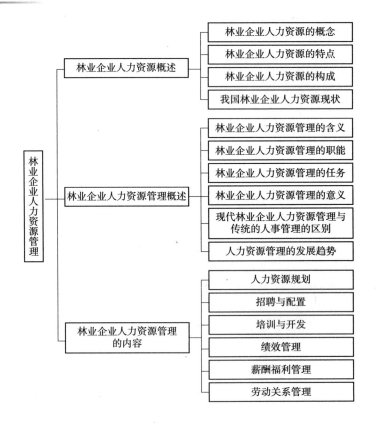

思考与练习

一、单选题

1. 下面哪个生产要素是最基本和最活跃的？（   ）
A. 资金　　　B. 技术　　　C. 人　　　D. 设备

2. 销售提成是企业支付给员工的哪一种形式的工资？（   ）

A. 基本工资　　B. 激励工资　　C. 成就工资　　D. 奖金
3. 养老保险、医疗保险是企业给予员工的哪一类福利？(　　)
A. 社会公共福利　　　　　　B. 个人福利
C. 企业内部公共福利　　　　D. 生活福利
4. 劳动者的素质不包括(　　)。
A. 体能素质　　B. 智能素质　　C. 非智力素质　　D. 以上都不是
5. 传统人事管理的特点之一是(　　)。
A. 以事为中心　　　　　　B. 把人力当成资本
C. 对人进行开发管理　　　D. 以人为本
6. 在现代人力资源管理理念中，人力资源管理部门被视为(　　)。
A. 事务性机构　　　　　　B. 简单服务性机构
C. 非生产非效益部门　　　D. 生产与效益部门
7. 发挥人力资源竞争优势，主要可以形成(　　)。
A. 竞争机制　　B. 敬业精神　　C. 团队精神　　D. 团队化

二、简答题
1. 什么是人力资源管理？人力资源管理有哪些主要职能？
2. 简述传统的人事管理与现代人力资源管理的区别。

单元 6
林业企业领导方法与沟通艺术

学习目标

知识目标

(1) 了解领导的含义、领导权力的构成,理解领导者的领导艺术,掌握各种现代领导理论。
(2) 了解激励的原则,理解激励理论,掌握激励的主要方法。
(3) 了解沟通的概念和作用,掌握沟通的方法。

技能目标

(1) 能正确运用各种领导理论,解决林业企业实际管理问题。
(2) 能正确应用激励的理论指导林业企业工作。
(3) 消除林业企业沟通障碍,进行有效沟通。

案例导入

艰难的改革

木制品家具制造行业竞争激烈,福建一民营木业公司的创始人(总裁)张强眼看企业发展乏力、效率低下,决定大刀阔斧进行改革。但改革没有那么容易,由于人力资源部经理吴力缺乏专业知识,几次改革均以失败告终。张强果断做出一个决定,请国内著名的管理咨询公司提供帮助。经过诊断,资深咨询师李宏对比标杆企业,决定对公司的业务流程、组织结构和岗位系统全面动刀,并获得了张强的全力支持。不料,大刀阔斧的改革之下,公司仍然危机四伏:掌握销售渠道的销售经理小李埋怨部门人才被调离,扬言要带着手下投奔竞争对手;与张强一起"打下江山"的质检部经理王军埋怨部门编制被削减,带着被精简掉的员工把张强围堵在家里讨要说法……盘根错节的利益关系让张强的改革举步维艰!

问题:
1. 张强、吴力、李宏、小李的权力来源是什么类型?
2. 按照领导理论分析,张强、李宏属于什么类型的领导?
3. 为什么改革会失败?应如何扭转这个局面?

知识准备

领导方法和领导艺术是领导学原理的一个重要组成部分。要实行有效的领导,领导者不仅要掌握基本的领导方法,而且要有高超的领导艺术,这样才能创造性地完成各项领导任务,达到预期的目的。

6.1 领导理论

在技术和思潮日新月异的时代,要适应全球市场的激烈竞争,实现企业的可持续发展,领导者必须运筹帷幄、深谋远虑,制定科学的企业战略目标,做出长远打算。领导理论是研究领导有效性的理论,是管理学理论研究的热点之一。影响领导有效性的因素以及如何提高领导的有效性是领导理论研究的核心。

6.1.1 领导的含义

领导就是对组织内每个成员(个体)和全体成员(群体)的行为进行引导和施加影响的活动过程,其目的在于使个体和群体能够自觉而有信心地为实现组织的既定目标而努力。领导者必须要有追随者,必须拥有影响其追随者的能力或力量,领导的目的是通过影响群体的行为来实现共同的目标,领导的实质在于影响。

领导的实质如图 6-1 所示。

图 6-1　领导的实质

6.1.2　领导权力的构成

领导是一个领导者影响人们努力完成一些特殊目标的过程。所谓影响力，就是一个人在与他人交往中，影响和改变他人心理和行为的能力。随着林业企业改革的深化和天然林保护工程的实施，林区能否重振雄风、再创辉煌，企业领导者的影响力起着重要的作用。

领导者影响力有两个基本来源：一个来源于领导者的地位权力，即伴随一个工作岗位的正常权利，称为职权或正式的权力；另一个来源于下属服从的意愿，称为威信或非正式的权力。职权与威信是领导者实施领导的基础，领导者正是以自己所拥有的职权和威信来影响和指挥别人，来体现在组织成员中的影响力。

（1）职权及其影响因素（组织权力）

职权是一种法定权，它是由组织正式授予管理者并受法律保护的权利，这种权力与特定的个人没有必然的联系，是同职务相联系的。如案例导入中木业公司的张强，作为公司总裁拥有决定企业组织结构及企业战略等法定权。职权是管理者实施领导行为的基本条件，企业授予管理者的职权一般包括以下几个方面内容：支配权、强制权、奖赏权。

构成职权影响力大小的主要因素如下：

①传统观念　即认为领导者不同于普通人，他们或者有权，或者有才干，总之，是比普通人要强，由此产生了对领导者的服从感。由于这种传统观念从小就影响着每一个人，从而使领导者的言行更具影响力。

②职位　由于领导者凭借组织授予的指挥他人开展活动的权力，可以左右被领导者的行为、处境，甚至前途、命运，从而使被领导者对领导者产生敬畏感。领导者的职位越高、权力越大，下属对他的敬畏感就越深，领导者的影响力也就越大。

③资历　一般而言，人们对资历较深的领导者心中比较尊敬，因此，其言行也容易在人们心中占据一定的位置。

（2）威信及其组成因素（个人权利）

威信是指由管理者的阅历和经验、能力、知识、品德、作风等个人因素所产生的影响力，这种影响力与特定的个人相联系，与其在组织中的职位没有必然的联系。由于这种影响力是建立在下属信服的基础之上的，因此有时能发挥比职权更大的作用。威信包括两个方面的内容，即专长的和品质的。

影响一个人威信高低的主要因素有：

①品格　主要包括领导者的道德、品行、人格等。优良的品格会给领导者带来巨大的影响力。

②才能　一个有才能的领导者，会给事业带来成功，从而会使人对他产生敬佩感，吸引人们自觉地接受其影响。

③知识　知识本身就是一种力量，知识丰富的领导者容易取得人们的信任，并由此产生带领感和依赖感。

④情商　人与人之间建立了良好的感情关系，便能产生亲切感。相互的吸引力越大，彼此的影响力也就越大。一个领导者平时待人和蔼可亲，关心体贴下属，与群众的关系融洽，其影响力往往就较大。

6.1.3　领导者的领导艺术

企业组织常常是一个由多重要素组成的比较复杂的社会性组织，因此，对企业领导者的领导方法提出了较高的要求，同时也决定了领导者的工作在很大的程度上是创造性的。

领导艺术，广义上是指领导者的人格魅力、智慧、学识、胆略、经验、作风、品格、方法和能力在领导实践中的具体体现，是在一定的科学文化知识、理论修养、领导经验、思维能力的基础上，创造性地运用领导科学、原则和方法所表现出来的高超技巧；狭义上是指领导者运用领导科学的一般原理、原则或领导方法的高超技巧。归结起来，领导艺术是指在领导的方式方法上表现出的创造性和有效性，领导者只有灵活运用各种领导方法和原则，才能有效领导，实现企业的既定目标。

(1) 领导艺术的特点

领导艺术是领导者个人素质的综合反映，是因人而异的。黑格尔说过："世界上没有相同的两片叶子。"同样也没有完全相同的两个人，没有完全相同的领导者和领导模式。

领导艺术具有随机、非模式化的特征。领导者在错综复杂的矛盾中抓住了主要矛盾，就能把领导艺术演绎得出神入化。

(2) 领导艺术的分类

①履行职能的艺术　主要包括沟通、激励和指导的艺术，以及决策艺术、用权艺术、授权艺术、用人艺术等。

②提高领导工作有效性的艺术。

③人际关系的协调艺术。

(3) 主要领导艺术

①用人艺术　用人的方法和艺术在领导工作中占有特别重要的位置。领导者用人的艺术主要有：合理选择，知人善任；扬长避短，宽容待人；合理使用，积极培养；善于激励。

②用权艺术　用权既要做到规范化，又要做到实效化，还要注意体制外用权。

③授权艺术　是指行政上级依法授予下级一定的权力和责任，使其在有限范围内有处理问题的自主权，从而提高行政绩效的一种艺术。要做到合理选择授权方法，视能授权，授权有度；授权留责，明确责权；适度监控，权责对等；逐级授权，防止越级。

④决策艺术　是决策过程企业与决策表现形式的原则性与灵活性的统一。决策艺术的重点要体现决策的创造性。决策过程要做到原则性与灵活性的统一、理性与非理性的统一、规范与非规范的统一、科学与艺术的统一。

⑤人际关系艺术

人际沟通艺术：态度和蔼，平等待人；尊重别人，注意方法；简化语言；积极倾听；抑制情绪；把握主动；创造互信环境。

处理人际纠纷艺术：严己宽人；分寸得当；审时度势；讲究策略；把握主动。

6.1.4　现代领导理论

(1) 领导特性理论

领导特性理论是通过对领导者个人品质的分析研究，以期找出有效领导的特征的理论，其目的是科学地选拔出能够最有效地影响他人完成组织目标并能取得最佳领导效果的人。

该理论认为领导工作效率的高低与领导者的素质、品质和个性有密切的关系。传统领导特性理论认为，领导者的品质和特性是先天存在的，来自遗传。现代领导特性理论认为，领导的品质和特性是一种动态的过程，是在后天的学习、实践、培养过程中形成的。

很多林业企业家其成功不是因为其具有高学历或高技术，而是因为其具有较好的社会适应性，包括诸如较好的社会洞察力、善处人际关系、对专业知识和管理知识较好的理解能力、在顺境和逆境中都能有较高抱负的意志力和确立奋斗目标时表现出的较好的变通性。这些社会洞察力、处理人际关系能力、理解能力、意志力变通性都显示了企业家(领导)特点。林业企业很多靠近山区资源地而办，条件艰苦，企业经营者都要有艰苦奋斗、吃苦耐劳的精神和毅力等个体特质才能坚持下来。

(2) 领导行为理论

①勒温的领导风格类型理论　美国依阿华大学的研究者、著名的心理学家勒温等人发现，团队领导者并不是以同样的方式表现他们的领导角色，领导者通常有不同领导风格，这些不同的领导风格对团队成员的工作绩效和工作满意度有着不同的影响。勒温等研究者力图科学地识别出最有效的领导行为，他们着力于3种领导风格的研究，即专制型、民主型和放任型。

a. 专制型领导作风：这是一种由管理者个人决定一切，靠命令组织实施，对员工实行严格监督控制的领导行为法。这种领导行为独断专行，依靠强迫使下属被动执行，下属没有选择和发挥的自由，是一种"管、卡、压"式的简单领导方式，这种领导权力完全来自职权。如案例导入中的总裁张强就属于专制型领导作风，他认为木业公司是自己创建的，他是总裁，企业的改革由他一人说了算。

b. 民主型领导作风：这种风格的领导者讲求民主，在决策前广泛采纳各人意见，在执行时，给下属以充分的自由发挥空间，这种领导权力来自领导个人魅力和权威，是一种最佳的领导风格。

c. 放任型领导作风：这种领导方式把一切权力下放给下属，从决策到执行都由下属自由决定，没有约束。

图 6-2　勒温领导风格理论剖视

勒温指出，在实际工作中，很少领导完全表现出某一种风格特征，往往介于3种风格之间，表现为混合型风格，即家长式风格、多数裁定风格、下级自决风格的组合，如图6-2所示。

②领导行为四分图理论　领导行为四分图理论是由美国俄亥俄州立大学的领导行为研究者在1945年提出来的，他们列出了1000多种刻画领导行为的因素，通过高度概括归纳为两个方面：组织观念和体贴精神。

组织观念是指领导者规定其与工作群体的关系，建立明确的组织模式、意见交流渠道和工作程序的行为，具体包括设计组织结构，明确职责、权力、相互关系和沟通办法，确定工作目标与要求，指定工作程序、工作方法与制度。体贴精神是建立领导者与被领导者之间的友谊、尊重、信任关系方面的行为，具体包括尊重下属的意见，给下属以更多的工作主动权，体贴下属的思想感情，注意满足下属的需求，平易近人，平等待人，关心群体，作风民主。

组织观念与体贴精神不是互不相关的两个极端，领导者的行为可以是这两个方面的任意组合，即可以用二维坐标的4个象限来表示4种类型的领导行为，分别为低组织与低体贴、高组织与低体贴、高组织与高体贴、低组织与高体贴(图6-3)。

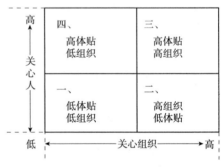

图 6-3　领导行为四分图

4种领导行为的好坏不是绝对的，要具体情况具体分析。例如，有人认为在生产部门中效率与"组织"之间的关系成正比，而与"体贴"的关系成反比，而在非生产部门中情况恰恰相反。一般来说，高组织与低体贴带来更多的旷工、事故和抱怨，许多研究证实了这个结论，但也有人提供了相反的证据。出现这种分歧的原因是他们只考虑了"组织"和"体贴"两个方面，而没有考虑领导所面临的环境。

(3) 管理方格理论

管理方格理论是美国行为科学家罗伯特·布莱克和简·莫顿于1964年提出的。他认为领导主要通过处理人与工作的关系来体现，他们指出在对生产关心和对人关心的2种领导方式之间，可以进行不同程度的互相组合。如图6-4所示，横坐标表示对工作的关心，纵坐标表示对人的关心，纵横9格交叉构成81个方格，每个格都代表领导对人和对工作的不同关心程度，根据企业管理者"对工作关心的程度"和"对人关心的程度"的组合，可以将领导分为5种典型的类型。

①贫乏式领导(1.1)　对工作和对人的关心都很少，实际上，他们已经放弃自己的职

责,只想保住自己的职位。

②俱乐部式领导(1.9) 对工作关心少,对人关心多,他们努力营造一种人人得以放松、感受友谊与快乐的环境,但对共同努力以实现企业的生产目标并不热心。

③中庸式领导(5.5) 既不偏重关心工作与生产,也不偏重关心人,风格中庸,不设置过高的目标,能够提高一定的士气和适量的生产。

④任务式领导(9.1) 对工作关心多,对人关心少,作风专制,他们眼中没有鲜活的个人,只有需要完成生产任务的员工,他们唯一关心的只有生产指标。

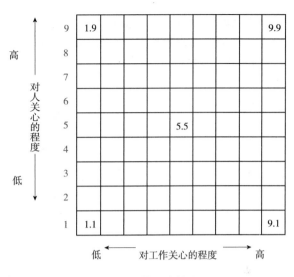

图6-4 管理方格图

⑤理想式领导(9.9) 对生产、工作和对人都很关心,对工作和对人都很投入,在管理过程中把企业的生产需要同个人的需要紧密结合起来,既能带来生产力和利润的提高,又能使员工获得事业的成就感与满足感。

(4)权变领导理论

权变领导理论是对领导行为有效性的评价,它实际上不取决于领导者所采用的某一特定领导方式,而是根据该领导方式所应用的情景而定。由此,提出了领导方式对特定情景的适用性标准:与特定情景相适合的领导方式是有效的,而与特定情景不适合的领导方式则往往是无效的。研究发现,在一种情景下具有相当效能的领导方式,在另一种情景下可能失去效能。

菲德勒在分析领导者风格后,认为领导效果取决于环境条件,而影响环境条件的根本因素有3个:

● 领导者与下属的关系 这是指下属对其领导人的信任、喜爱、忠诚和愿意追随的程度,以及领导者对下属的吸引力。通俗地说,就是上下级之间的关系,这是最为重要的影响因素,起决定性作用。

● 职位权力 即领导者所处之位的固有权力,包括其所处的职位能提供的权力和权威是否明确充分,在上级和整个组织中所得到的支持是否有利,对雇佣、解雇、晋升和增加工资的影响程度大小等。

● 任务的具体化 即由下属担任的工作任务的明确程度,指工作团队要完成的任务是否明确,有无含糊不清之处,其规范和程序化程度如何,是否能够让下属明确其所承担的任务。

菲德勒从领导者分工入手,认为没有固定的最优领导方式,任何领导形态均可能有效,关键是要与环境情景相适应,即应当根据领导者的个性及其面临的组织环境的不同,采取不同的领导方式。菲德勒指出，适用于任何环境的独一无二的最佳领导风格是不存在的，某种领导风格只能在一定的环境中才能获得最好的效果。

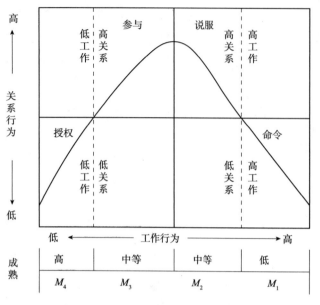

图6-5 领导的生命周期理论

(5) 领导的生命周期理论

领导的生命周期理论也称为领导寿命循环理论，这是一个重视下属的权变理论。该理论的主要观点是：领导者的风格应适应其下属的成熟程度。在下属日趋成熟时，领导者的行为要做出相应的调整，这样才能称为有效的领导(图6-5)。

领导的生命周期理论是基于领导者的工作行为、关系行为与被领导者成熟程度之间的曲线变化关系来研究领导方式的。它强调以领导者对下级的行为来考察其效率。

但是赫西和布兰查德更向前迈进了一步，他们认为每一维度有高有低，从而组成以下4种具体的领导风格：

命令型领导：高工作-低关系。领导者定义角色，告诉下属应该干什么、怎么干以及何时去干。

说服型领导：高工作-高关系。领导者同时提供指导性的行为与支持性的行为。

参与型领导：低工作-高关系。领导者与下属共同决策，领导者的主要角色是提供便利的条件与沟通。

授权型领导：低工作-低关系。领导者提供极少的指导或支持。

赫西-布兰查德的领导生命周期理论中，将下属成熟度分成4个阶段，随着下属成熟度的逐步提高，领导风格也要逐步推移。

第一阶段(M_1)：下属既无能力又对执行任务有抵触情绪，他们既不能胜任又不能被信任。这时应该采取命令型的高工作-低关系的领导风格。领导工作要强调有计划、有布置、有监督、有检查。

第二阶段(M_2)：下属对工作任务有配合的态度，即有积极性，但目前尚缺乏足够的技能。这时宜采用说服型领导，布置工作不仅要说明干什么，还要说明为什么这样干，以理服人，不搞盲从。

第三阶段(M_3)：下属有能力，对任务开始有自己的主见。这时宜采用参与型领导，领导者要与下属沟通信息、交流感情，鼓励下属参与领导、提供情况和建议，改善关系，增强信任感。

第四阶段(M_4)：下属成熟度高，既有能力又愿意配合工作任务。这时宜采用授权型领导，信任下属，放手让下属去干，充分调动下属的主观能动性。

领导的生命周期理论形象地反映领导工作行为和下属的成熟程度的关系，对领导行为有一定指导作用，但是，不能教条地搬用这个理论，现实中应随机应变。随着生产力和科学技术的进步，员工的受教育程度在不断提高，同时成熟度也在提高，随着成熟度的改变，更多的是对归属和被认可、受人尊敬、发挥才能的需求，领导者应考虑到员工的这一变化。

6.2 激 励

6.2.1 激励的主要作用

企业管理中，激励是指主管人员促进、诱导下级形成动机，并引导行为指向目标的活动过程。由于人们一般是跟随那些他们认为有助于达到个人目标的人，因此，领导者应了解什么最能激励其下属，以及这些激励因素如何发挥作用，并把这些认识体现在管理活动中，这样他们才有可能成为有效的领导者。激励的主要作用如下：

(1) 激励是开发员工潜能的必要措施

缺乏激励，员工的潜在工作能力只能发挥出20%~30%，良好的激励，却能使其发挥出80%~90%。由此可见，通过激励开发员工潜在的工作能力，工作效率会成倍增长，甚至可以超水平发挥。

(2) 激励是吸引优秀人才的重要手段

当前企业竞争激烈，企业竞争的关键是人才竞争。企业通过各种优惠政策、丰厚待遇等激励制度，可以吸引企业需要的人才。

(3) 激励是形成良好企业文化的有效途径

通过激励，使良好的价值观在企业和员工心目中被肯定和坚持，使不良的价值观被抛弃，良好的制度得以保留，不良的制度被取消或改进。同时，科学的激励能够创造出一种良好的竞争环境，形成良性的竞争机制。

6.2.2 激励理论

6.2.2.1 激励理论中对人的认识

(1) "经济人"假设

"经济人"假设源于享受主义哲学和英国经济学家亚当·斯密(Adam Smith)的关于劳动交换的经济理论。亚当·斯密认为：人的本性是懒惰的，必须加以鞭策；人的行为动机源于经济和权力，经济和权力决定员工的效力和服从。

美国工业心理学家麦格雷戈在他的《企业中的人性方面》(1960)一书中，提出了2种对立的管理理论：X 理论和 Y 理论。麦格雷戈主张 Y 理论，反对 X 理论。而 X 理论就是对"经济人"假设的概括。

①X 理论的基本观点

a. 多数人天生是懒惰的，他们都尽可能逃避工作。

b. 多数人都没有雄心大志，不愿负任何责任，而心甘情愿受别人的指导。

c. 多数人的个人目标都是与组织目标相矛盾的，必须用强制、惩罚的办法，才能使他们为达到组织的目标而工作。

d. 多数人工作都是为满足基本的生理需求和安全需求，因此，只有金钱和地位才能鼓励他们努力工作。

e. 人大致可分为两类，多数人都是符合于上述设想的人，另一类是能够自己鼓励自己，能够克制感情冲动的人，这些人应负起管理的责任。

②基于"经济人"假设的管理策略

a. 管理工作重点在于提高生产率、完成生产任务，而对于人的感情和道义上应负的责任，则是无关紧要的。简单地说，就是重视完成生产任务，而不考虑人的情感、需要、动机、人际交往等社会心理因素。从这种观点来看，管理就是计划、组织、经营、指导、监督，这种管理方式称为任务管理。

b. 管理工作只是少数人的事，与广大员工无关。员工的主要任务是听从管理者的指挥，拼命干活。

c. 在奖励制度方面，主要是用金钱来刺激员工产生积极性，同时对消极怠工者采用严厉的惩罚措施。

(2)"社会人"假设

"社会人"假设的理论基础是人际关系学说，这一学说是由霍桑实验的主持者梅奥提出的，之后又经英国塔维斯托克学院煤矿研究所再度验证。

①"社会人"假设的基本观点

a. 从根本上说，人是由社会需求而引起工作的动机的，并且通过同事的关系而获得认同感。

b. 工业革命与工业合理化的结果，使工作本身失去了意义，因此能从工作中的社会关系去寻求意义。

c. 员工对同事的社会影响力，比对管理者所给予的经济诱因控制更为重视。

d. 员工的工作效率随着上司能满足他们社会需求的程度而改变。

②基于"社会人"假设的管理策略

a. 管理者不应只关注完成生产任务，而应把重点放在关心人和满足人的需求上。

b. 管理工作不能只注重指挥、监督、计划、控制和组织等，而更应重视职工之间的关系，培养和形成职工的归属感和整体感。

c. 在实际奖励时，提倡集体奖励制度，而不主张个人奖励制度。

d. 管理者的职能应有所改变，他们不应只限于制订计划、组织工序、检验产品，而应在下属与上级之间起联络人的作用。既要倾听下属的意见和了解其思想感情，又要向上级呼吁、反映。

e. 提出"参与管理"的新型管理方式，即让下属不同程度地参加企业决策的研究和讨论。

(3)"自我实现人"假设

"自我实现人"假设的概念是马斯洛提出来的。麦格雷格总结了马斯洛、阿吉里斯以及其他人的类似观点，结合管理问题提出了 Y 理论，Y 理论与 X 理论是根本对立的。Y 理论实际上是"自我实现人"假设的概括。

①Y 理论的基本观点

a. 一般人都是勤奋的，如果环境条件有利，工作如同游戏或休息一样自然。

b. 控制和惩罚不是实现组织目标的唯一方法，人们在执行任务的过程中能够自我指导和自我控制。

c. 在正常情况下，一般人不仅会接受责任，而且会主动寻求责任。

d. 在人群中广泛存在着高度的想象力、智谋和解决组织中问题的创造性。

e. 在现代工业条件下，一般人的潜力只利用了一部分。

②基于"自我实现人"假设的管理策略

a. 管理的重点从人的身上转移到工作环境上，即创造一种适宜的工作环境、工作条件，使人在这种环境条件下能充分挖掘自己的潜力，充分发挥自己的才能，即能够充分地自我实现。

b. 管理者的职能既不是生产指导者，也不是人际关系的协调者，而是一个采访者，他们的主要任务在于如何发挥人的才智，创造适宜的条件，减少和消除员工自我实现过程中所遇到的障碍。

c. 将奖励方式分为两类，即外在的物质奖励和内在的精神奖励。只有内在的精神奖励才能满足人的自尊和自我实现的需求，从而极大地调动起职工的积极性。

d. 管理制度应保证职工能充分地表露自己的才能，达到自己所希望的成就。

(4)"复杂人"假设

"复杂人"假设是 20 世纪 60 年代末至 70 年代初提出的。代表人物有沙因、史克恩、莫尔斯、洛希等，他们提出了一种新的管理理论，与之相应的是超 Y 理论。

根据"复杂人"假设，企业中员工的需求分为以下 5 类：

a. 人的需求是多种多样的，而且这些需求随着人的发展和生活条件的变化而发生变化。每个人的需求都各不相同，需求的层次也因人而异。

b. 人在同一时间内有各种需求和动机，它们会相互作用并结合为统一整体，形成错综复杂的动机模式。例如，两个人都想得到高额奖金，但他们的动机可能很不相同。一个可能是要改善家庭的生活条件，另一个可能把高额奖金看成是达到技术熟练的标志。

c. 人在组织中的工作和生活条件是不断变化的，因此会不断产生新的需求和动机，即在人生活的某一特定时期，动机模式的形式是内部需求与外界环境相互作用的结果。

d. 一个人在不同组织或同一组织的不同部门工作，会产生不同的需求。例如，一个人在工作单位可能落落寡合，但在业余活动或非正式群体中却可使交往的需求得以满足。

e. 由于人的需求不同、能力各异，采用不同的管理方式会有不同的效果。因此，没有一套适合于任何时代、任何组织和任何个人的普遍行之有效的管理方法。

6.2.2.2 马斯洛的需求层次理论

(1) 人类的5个需求层次

美国心理学家马斯洛把人的需求按照其重要性和发生的先后次序分成生理需求(physiological needs)、安全需求(safety needs)、社交需求(love and belonging needs)、尊重需求(esteem needs)和自我实现需求(self-actualization)5类，依次由较低层次到较高层次排列，如图6-6所示。

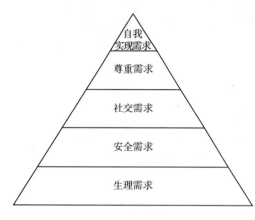

图6-6 马斯洛的需求层次理论

第一层次：生理需求。人类维持自身生存的最基本的需求，包括吃、喝、衣、住、睡眠、呼吸等。如果这些需求得不到满足，个人的生理机能就无法正常运转，个人的生命会因此受到威胁。马斯洛认为，生理需求是推动人们行动最首要的动力，只有这些最基本的需求满足到维持生存所必需的程度后，其他的需求才能成为新的激励因素。

第二层次：安全需求。马斯洛认为，当人的生理需求得到了充分的满足时，就会出现一种要求安全的心理，这是人的一种特殊的、较高层次的心理期待。这些需求包括人身安全、健康保障、财产所有、道德保障、工作保障、家庭安全等。

第三层次：社交需求。人人都希望得到相互的关心和照顾。友情、爱情等感情上的需求比生理上的需求来得细致，它和一个人的生理特性、经历、受教育程度、宗教信仰都有关系。

第四层次：尊重需求。人的内心都渴望得到他人的尊重，希望自己有稳定的社会地位，个人的能力和成就得到社会的承认，有晋升机会。

尊重的需求又可分为内部尊重和外部尊重。内部尊重就是人的自尊，是指一个人希望在各种不同情景中有实力、能胜任、充满信心、独立自主。外部尊重是指一个人希望有地位、有威信，受到别人的尊重、信赖和高度评价。马斯洛认为，尊重需求得到满足，能使人对自己充满信心，对社会满腔热情，体验到自己活着的价值。

第五层次：自我实现需求。包括道德、创造力、自觉性、问题解决能力、公正度、接受现实能力。自我实现的需求是最高层次的需求，是指实现个人理想、抱负，发挥个人的能力到最大程度，达到自我实现境界，接受自己，也接受他人，解决问题能力增强，自觉性提高，善于独立处事，要求不受打扰地独处，完成与自己的能力相称的一切事情的需求。即人必须干称职的工作，这样才会使他们感到最大的快乐。马斯洛提出，为满足自我实现需求所采取的途径是因人而异的。

（2）对需求理论的理解分析

①5种需求像阶梯一样从低到高，按层次逐级递升，但这种次序不是完全固定的，可以变化，也有例外情况。

②需求层次理论有2个基本出发点：人人都有需求，某层次需求获得满足后，另一层次需求才出现；在多种需求未获满足前，首先满足迫切需求，该需求满足后，后面的需求才显示出其激励作用。

③一般来说，某一层次的需求相对满足了，就会向高一层次发展，追求更高层次的需求就成为驱使行为的动力。相应地，获得基本满足的需求就不再是一股激励力量。

④5种需求可以分为2级，其中生理上的需求、安全上的需求和感情上的需求都属于低一级的需求，这些需求通过外部条件就可以满足；而尊重的需求和自我实现的需求是高级需求，它们是通过内部因素才能满足的，而且一个人对尊重和自我实现的需求是无止境的。同一时期，一个人可能有几种需求，但每一时期总有一种需求占支配地位，对行为起决定作用。任何一种需求都不会因为更高层次需求的发展而消失。各层次的需求相互依赖和重叠，高层次的需求发展后，低层次的需求仍然存在，只是对行为影响的程度大大减小。

⑤马斯洛和其他的行为心理学家都认为，一个国家多数人的需求层次结构，是与这个国家的经济发展水平、科技发展水平、文化和人民受教育的程度直接相关的。在发展中国家，低级别需求占主导的人数比例较大，而高级需求占主导的人数比例较小；在发达国家，则刚好相反。

（3）需求理论在林业企业的应用

当前我国林业企业正面临着尖锐的森林资源供需和日趋严重的环境保护之间的矛盾。林业企业若想摆脱困境，必须实现由资源依赖型企业向知识创新型企业转变。在新的历史条件下，林业企业如何转变观念，充分利用有限的资源，探索建构符合林业企业发展的企业员工激励机制，成为影响和制约我国林业企业可持续发展的重要因素。

①生理需求应用　生理需求是级别最低、最具优势的需求。

激励措施：增加工资、改善劳动条件、给予更多的业余时间和工间休息、提高福利待遇。

山区林业企业普遍实行的工资制度是岗位绩效工资，以岗定薪，工资随着岗位变动而变动。但是，工资中固定部分远远超过不固定部分（绩效工资），而且企业根据效益调整绩效工资时，实行企业职工人人平等，与岗位没有任何关系，削弱了绩效工资的激励作用。可以通过合理的分配机制，调动职工的积极性，从而提高企业的经济效益：重实绩、重贡献，工资待遇要向优秀人才和关键岗位倾斜，打破分配中的"大锅饭"；减少技能工资额，把工资总额中的津贴、补贴纳入岗位工资，加大岗位工资所占的比例，按照企业效益和职工的实际贡献确定职工收入，做到奖勤罚懒、奖优罚劣；大力发展林业后续产业，把资源优势真正转变为市场优势，吸收职工入股，控股分红。

②安全需求的应用　安全需求同样属于低级别的需求。

缺乏安全感的特征：感到自己受到身边事物的威胁，觉得这世界是不公平的或是危险的。认为一切事物都是危险的而变得紧张、彷徨不安，认为一切事物都是"恶"的。

激励措施：强调规章制度、职业保障、福利待遇，并保护员工不致失业，提供医疗保险、失业保险和退休福利，避免员工收到双重的指令而混乱。

例如，山区林业企业地处偏远，生活条件较差，需要通过改善住房条件、改善工作环境、提供医疗保险、失业保险、退休福利来提高员工的安全感，激发林业员工工作积极性。

③社交需求的应用　社交需求属于较高层次的需求，为精神需求。

无法满足社交需求的特征：因为没有感受到身边人的关怀，而认为自己没有价值活在这世界上。

例如，偏远地区的林业企业员工，因为条件限制缺乏社交场所，交不到异性朋友，找对象困难，常常因此情绪低落，影响工作积极性。

激励措施：领导者要多关心生活，关心员工的心理健康，提供同事间、单位间社交往来机会，支持与赞许员工寻找及建立和谐温馨的人际关系，开展有组织的体育比赛和集体聚会。

④尊重需求的应用　尊重需求属于较高层次的需求。

无法满足尊重需求的特征：变得很爱面子，或是很积极地用行动来让别人认同自己，也很容易被虚荣所吸引。例如，基层林业员工往往劳动强度大，地位低，又得不到领导的重视和表扬，情绪低落。

激励措施：公开奖励和表扬，强调工作任务的艰巨性以及成功所需要的高超技巧，颁发荣誉奖章，在公司刊物发表文章表扬优秀员工。

⑤自我实现需求的应用　自我实现需求是最高层次的需求，前4项需求都满足了，最高层次的需求方能随之产生，是一种衍生性需求。

如果自我需求实现不了，会影响员工的工作积极性。

例如：很多林业企业管理者任用员工的标准只看文凭、经验，不考虑员工的能力、兴趣，导致有能力而文凭较低的员工很难发挥聪明才智，工作积极性低。

激励措施：在分配工作任务时，给有特长的人委派特别任务，为下级留有余地。合理用人，做到人尽其才。

6.2.2.3　赫茨伯格的双因素理论

赫茨伯格的双因素理论也称激励-保健因素理论。这种理论把需求的因素分成2个部分：

①保健因素　是指与工作环境和条件相关的因素，包括公司政策、管理措施、人际关系、工作条件、工资福利等，这些因素不能直接起激励作用，却带有保持员工的积极性、维持现状、预防产生工作不满意感的作用。

②激励因素　是指能调动员工积极性的因素，包括职业上的成长与认同、成熟感、工

作挑战性,以及导致满意感的因素。

赫茨伯格双因素理论的核心在于"只有激励因素才能够给人们带来满意感,而保健因素只能消除人们的不满,但不会带来满意感"这一论断,因此,如何认定与分析激励因素和保健因素并"因材施政"才是关键。例如,就销售人员的薪金设计来说,按照双因素理论,应该划分为基础工资与销售提成2个部分,基础工资应属于保健因素,销售提成则属于激励因素。对销售人员而言,通常做法是低工资高提成,这样才能促使销售人员尽可能地多做业务。所以,将赫茨伯格双因素理论运用于管理,首先,在于对存在的各因素进行质的分析与划分,明确地划分出保健因素与激励因素2个部分;其次,进行量的分析与划分,既保障保健因素的基本满足程度,又尽量地加大激励因素的成分,从而最大程度地激发员工工作的积极主动性。

在实际工作中,借鉴这种理论来调动员工的积极性,不仅要充分注意保健因素,使员工不至于产生不满情绪;更要注意利用激励因素去激发员工的工作热情,使其努力工作。如果只顾及保健因素,仅仅满足于"员工暂时没有什么意见",是很难创造出一流工作成绩的。

双因素理论还可以用来指导奖金发放。当前,我国正使用奖金作为一种激励因素,但是必须指出,在使用这种激励因素时,必须与企业的效益或部门及个人的工作成绩挂起钩来。如果奖金不与部门及个人的工作成绩相联系,一味地"平均分配",奖金就会变成保健因素,再多也起不了激励作用。

双因素理论的科学价值,不仅对搞好奖励工作具有一定的指导意义,而且对如何做好员工的思想政治工作提供了有益的启示。在社会主义条件下,不应把调动员工积极性的希望只寄托于物质鼓励方面。既然工作上的满足与精神上的鼓励将会更有效地激发人的工作热情,那么在管理中,就应特别注意处理好物质鼓励与精神鼓励的关系,充分发挥精神鼓励的作用。

6.2.2.4 麦克莱兰的激励需求理论

哈佛大学心理学家麦克莱兰从另一侧面论述了人的需求,他把人的高级需求分为3类,即权力需求、合群需求和成就需求。

①权力需求　即具有较高权力需求的人对影响和控制别人表现出很大的兴趣,总是追求领导者地位。

②合群需求　具有合群需求的人,通常从友爱、轻松的交流中得到快乐和满足。

③成就需求　具有高度成就需求的人,对成功有一种强烈的需求,同样也强烈担心失败。

麦克莱兰的研究表明,主管人员的成就需求比较强烈。而一个组织的成败,与他们具有高成就需求的人数有关。

6.2.2.5 弗鲁姆的期望理论

美国心理学家弗鲁姆采用动态分析的方法研究了人们对劳动付出与奖酬价值的认识。他认为,一个人从事某项活动的动力,取决于他对这一行动的全部价值的预期结果及其成功的概率的总和，公式为：

$$激励力量 = \sum 目标价值 \times 期望概率$$

关于如何使激励力量达到最大值，弗鲁姆提出了人的期望模式：

个人努力──→个人成绩(绩效)──→组织奖励(报酬)──→个人需求

目标价值又称为效价，即达成目标后的效用价值。同一目标，由于各个人所处的环境不同，需求不同，其需求的目标价值也就不同。期望概率是人们根据过去经验，判断自己达到某种目标的可能性大小，即能够达到目标的概率。目标价值大小直接反映人的需求动机强弱，期望概率反映人实现需求和动机的信心强弱。如果个体相信通过努力肯定会取得优秀成绩，期望值就高。这个公式说明：假如一个人把某种目标的价值看得很大，估计能实现的概率也很高，那么这个目标激发动机的力量越强烈。弗鲁姆通过研究人们的努力与预期所获报酬之间的因果关系来解释激励的过程。努力、报酬及需求之间的关系是：努力—绩效—报酬—需求。期望理论认为，激励力量伴随着以下3种情况增大：一是当自己的努力能产生高效时；二是当绩效产生特定结果(报酬)时；三是当报酬对自己有强大的吸引力时。

期望理论是在目标尚未实现的情况下研究目标对员工的动机影响。一个好的管理者，应当研究在什么情况下使期望大于现实，在什么情况下使期望等于现实，以更好地调动员工的积极性。为此，在设置目标时，必须考虑以下两个原则：第一，目标必须与员工的物质需求和精神需求相联系，使他们能从组织的目标中看到自己的利益，这样效价就大；第二，要让员工看到目标实现的可能性很大，这样期望概率就高。

弗鲁姆的期望理论，对于有效地调动林业企业员工的积极性，做好员工的思想政治工作，具有一定的启发和借鉴意义。

林业企业管理者应该将绩效与报酬紧密关联。绩效与报酬关联性越紧密，越容易激励员工提高工作效率，创造更高的绩效，从而提高报酬。

林业企业管理者要将物质奖励和精神奖励相结合。管理者应该了解员工，尽可能有针对性地采取多元化的奖励形式，使报酬在一定程度上与员工的期望相吻合。

6.2.2.6 亚当斯的公平理论

(1) 公平理论的定义

公平理论又称社会比较理论，该理论侧重于研究工资报酬分配的合理性、公平性及其对员工生产积极性的影响。该理论的基本要点是：人的工作积极性不仅与个人实际报酬多少有关，而且与人们对报酬的分配是否感到公平较为密切。人们总会自觉或不自觉地将自己付出的劳动代价及其所得到的报酬与他人进行比较，并对公平与否做出判断，公平感直接影响员工的工作动机和行为。因此，从某种意义上讲，激励过程实际上是人与人进行比较，做出公平与否的判断，并据以指导行为的过程。

比较有两种，一种是横向比较，另一种是纵向比较。横向比较是将自己获得的"报酬"与自己的"投入"的比值与组织内其他人做比较，只有相等时才认为公平。纵向比较是把自己目前投入的努力与目前所获得报酬的比值，同自己过去投入的努力与过去所获报酬的比值进行比较，只有相等时才认为公平。

（2）公平理论产生的原因

公平理论提出的基本观点是客观存在的，但公平本身却是一个相当复杂的问题，这主要是由于以下几个原因：它与个人的主观判断有关，与个人所持的公平标准有关，与绩效的评定有关，与评定人有关。因此公平是相对而言的。

（3）公平理论对林业企业管理的启示

公平理论对林业企业管理有着重要的启示：一是内部公平的应用。例如，薪酬政策内部一致性。当前林业事业组织在绩效工资制度实施过程中，无论绩效好坏、工作职责及工作难易，其绩效工资依然按照省级林业主管部门核定的额度发放，即实行无差别的发放制度。这无疑是一种缺乏公平性的薪酬设计方式。应该设计绩效等级制度，并与工资挂钩。二是外部公平的应用。例如，应充分考虑市场整体薪酬水平的外部公平。当前林区的林业员工的整体工资水平较低，应该积极改善这种状况，提高林区员工的整体工资待遇。三是个人公平的应用。例如，员工的奖励与绩效挂钩，给员工提供晋升机会等。四是在激励的过程中应注意对被激励者公平心理的引导，使其树立正确的公平观，引导员工认识到绝对公平是不存在的，不要盲目攀比，不要按酬付劳，按酬付劳是在公平问题上造成恶性循环的主要杀手。有的企业采用保密工资的方法，使职工相互不了解彼此的收支比率，以免职工相互比较产生不公平感。

6.2.2.7 斯金纳的强化理论

美国著名心理学家斯金纳（B. F. Skinner）经过对人和动物的学习进行的长期研究，提出了强化理论，又称为操作条件反射理论，是以学习的强化原则为基础的关于理解和修正人的行为的一种学说。如果这种刺激对他有利，则这种行为就会重复出现；若对他不利，则这种行为就会减弱直至消失。因此，管理者要采取各种强化方式，以使人们的行为符合组织的目标。所谓强化，是指增强某人前面的某种行为重复出现次数的一种权变措施。

根据强化的性质和目的，可把强化分为正强化和负强化。正强化指由于一种刺激物在个体做出某种反应（行为）后出现从而增强了该行为（反应）发生的概率，该刺激物称为正强化物。在管理上，正强化就是奖励那些组织上需要的行为，从而加强这种行为；负强化就是惩罚那些与组织不兼容的行为，从而削弱这种行为。正强化的方法包括奖金、对成绩的认可、表扬、改善工作条件和人际关系、提升、安排担任挑战性的工作、给予学习和成长的机会等。负强化是指由于一种刺激物在个体做出某种反应（行为）后而予以排除从而增强了该行为发生的概率，该刺激物称为负强化物。在管理上，负强化就是惩罚那些与组织不兼容的行为，从而削弱这种行为。负强化的方法包括批评、处分和降级等惩罚方法及忽视（对已出现的不符合要求的行为进行"冷处理"，达到"无为而治"的效果）。有时不给予奖励或少给奖励也是一种负强化。

在管理中应用强化理论时应以正强化方式为主。对在完成个人目标或阶段目标中做出明显绩效或贡献者，给予及时的物质和精神奖励（强化物），以求充分发挥强化作用。采用负强化（尤其是惩罚）手段要慎重，应用不当会带来一些消极影响，可能使人由于不愉快的感受而出现悲观、恐惧等心理反应，甚至发生对抗性消极行为。因此，在运用负强化时，应尊重事实，讲究方式方法，处罚依据准确公正，这样可尽量消除其副作用。将负强化与正强化结合应用一般能取得更好的效果。

6.2.3 激励的原则

(1) 目标结合原则

在激励机制中，设置目标是一个关键环节，目标设置必须同时体现出组织目标和员工需求。

(2) 物质激励和精神激励相结合原则

物质激励是基础，精神激励是根本，在两者结合的基础上，逐步过渡到以精神激励为主。

(3) 引导性原则

外部激励措施只有转化为被激励者的自觉意愿，才能取得良好的激励效果，因此，引导性原则是激励过程的内在要求。

(4) 合理性原则

激励的合理性原则包括2层含义：一是激励的措施要适度，要根据所实现的目标本身的价值大小确定适当的激励量；二是奖惩要公平。

(5) 明确性原则

激励的明确性原则包括3层含义：一是明确。就是明确激励的目的是什么，需要做什么和必须怎么做。二是公开。特别是在分配奖金等大多员工关注的问题上，更为重要。三是直观。实施物质奖惩和精神奖励时都需要直观地表达它们的指标，总结授予奖励和惩罚的方式。直观性与激励影响的心理效应成正比。

(6) 时效性原则

要把握激励的时机，"雪中送炭"和"雨后送伞"的效果是不一样的。激励越及时，越有利于将人们的激情推向高潮，使其创造性连续有效地发挥出来。

(7) 正激励与负激励相结合原则

正激励就是对员工的符合组织目标期望的行为进行奖励，负激励就是对员工违背组织目标的非期望行为进行惩罚。正、负激励都是必要而有效的，不仅作用于当事人，而且会间接地影响周围其他人。

(8) 按需激励原则

激励的起点是满足员工的需求，但员工的需求因人而异、因时而异，并且只有满足最迫切需求(主导需求)的措施，其效价才高，激励强度才大。因此，领导者必须进行深入的调查研究，不断地了解员工需求层次和需求结构的变化趋势，有针对性地采取激励措施，才能收到实效。

6.2.4 激励的主要方法

(1) 工作丰富化

工作丰富化是指在工作中赋予员工更多的责任、自主权和控制权。工作丰富化与工作扩大化不同，它不是水平地增加员工的工作内容，而是垂直地增加工作内容，这样员工会承担更多重要的任务、更大的责任，员工有更大的自主权和更高程度的自我管理，还会增加对工作绩效的反馈。

(2) 目标激励

所谓目标激励，就是确定适当的目标易诱发人的动机和行为，达到调动人积极性的目的。目标是组织对个体的一种心理引力，作为一种诱引，具有引发、导向和激励的作用，只有不断地启发一个人对高目标的追求，才能启发其奋发向上的内在动力。具体的目标能把员工的行为导向到管理者最希望他们去做的事情上，并激发他们发挥最大的潜能，取得满意的业绩。以员工经过奋斗能获得的成就与结果来进行激励，应该是最基本的激励方式。

(3) 组织成员参与管理

参与管理就是在不同程度上让员工参加组织的决策过程及各级管理工作，让员工与企业的高层管理者处于平等的地位研究和讨论组织中的巨大问题，使他们感受到上级主管的信任，从而体验出自己的利益与组织发展密切相关而产生强烈的责任感；同时，参与管理为员工提供了一个取得别人重视的机会，从而给人一种成就感。员工因为能够参与商讨与自己有关的问题而受到激励，参与管理既对个人产生了激励，又为组织目标的实现提供了保证。

(4) 职业生涯规划

公司成员都希望了解自己的潜力以及有没有成长的机会，而在激励的重要因素中，职业生涯规划经常被遗忘。事实上，在团队内部为员工设计职业生涯可以起到非常明显的激励效应。如果公司内部出现职位空缺时，总是最先想到内部人员，会给员工发出积极的信息：在公司里的确有更长远的发展。

6.3 沟 通

6.3.1 沟通的基本概念及过程

(1) 沟通的概念

沟通是指信息交流，是将某一信息传递给客体，以期取得客体做出相应反应的过程。

(2) 沟通的过程

完整的沟通过程应包括7个环节，即主体(发送者)、编码、媒体(传递渠道)、客体(接收者)、译码、做出反应(沟通渠道)和反馈。信息沟通模型如图6-7所示。

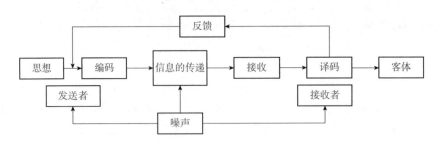

图 6-7　信息沟通模型

(3)人与人沟通的特殊性

在领导工作中，沟通是指人与人之间的交流，即通过 2 个或更多人之间进行关于现实、思想、意见和感情等方面的交流，来取得相互之间的了解，以增进良好的人际关系。人与人之间的沟通过程有不同于其他沟通过程的特殊性：首先，人与人之间的沟通主要是通过语言(或语言的文字形式)来进行的；其次，人与人之间的沟通不仅是消息的交流，而且包括情感思想、态度、观点的交流；再次，在人与人之间的沟通过程中，心理因素有着重要的意义；最后，在人与人之间的沟通过程中，会出现特殊的沟通障碍。

6.3.2　沟通的类型

(1)按正式与否划分(正式沟通与非正式沟通)

正式沟通是通过组织明文规定的渠道进行信息传递和交流。非正式沟通是在正式沟通渠道之外进行的信息传递或交流。人们的真实思想和动机往往是在非正式的沟通中表露出来的，这样的沟通，信息传递不受限制，它起着补充正式沟通的作用。

(2)按信息流动方向划分(上行沟通、下行沟通和平行沟通)

上行沟通是指组织中的成员、群体通过一定的渠道与决策层进行的信息交流，如下级向上级定期或不定期地汇报工作、反映情况或问题、征求意见等。下行沟通是指自上而下的信息传递和沟通，如果长期使用下行沟通，一方面，会形成一种"权利气氛"，影响士气；另一方面，会养成下级的依赖习惯和一切听从上级裁决的权威性人格，从而使下级缺乏工作的积极性和创造性。平行沟通又称横向沟通，是指在组织系统中处于相同层次的人、群体、职能部门之间进行信息传递和交流。横向沟通可以加强各部门之间的相互了解和协调，消除相互之间的冲突，增进团结。

(3)按信息反馈的情况划分(单向沟通和双向沟通)

一般来说，单向沟通指没有反馈的信息传递。双向沟通指有反馈的信息传递，是发送者和接受者相互之间进行信息交流的沟通。在时间上，双向沟通比单向沟通需要更多的时间，但在信息和理解的准确程度上大大提高；在接受者和发送者的置信程度上，发送者比较满意单向沟通；在噪声方面，由于与问题无关的信息较易进入沟通过程，双向沟通的噪声比单向沟通要大得多。

(4)按沟通方式划分(语言沟通和非语言沟通)

语言沟通包括口头沟通和书面沟通。口头沟通是面对面的、以口头传递信息的沟通方式，形式主要包括面对面交谈、电话、开会、讲座、讨论等，具有全面、直接、互动、立即反馈的特点。书面沟通是以文字为媒体的信息传递方式，形式主要包括文件、报告、信件、书面合同等，是间接的沟通方式。

书面沟通使传递的情报作为档案或参考资料保存下来，往往比口头沟通更为仔细，有时也能省钱和省时。书面沟通一般比较正式，可以长期保存，接收者可反复阅读。写得不好的书面信息，往往需要用很多书面和口头的情报来澄清，这既增加了情报的沟通费用，也引起了混乱。

非语言沟通是用非语言的某些重要方法来沟通，包括声音语气(如声调、语气)、肢体动作(如面部表情、手势、舞蹈、武术、体育运动)等。

最有效的沟通是语言沟通和非语言沟通的结合。

6.3.3 沟通的作用

沟通的作用如下：使组织中的人们认清形势；使决策更加合理和有效；稳定员工思想，统一组织行动。

信息沟通把组织与外部环境联系起来，企业管理者通过对外交流了解客户的需求、供应商的供应能力、股东的要求、政府的法规条例及社会团体关心的事项等。组织只有通过信息沟通才能成为一个与其外部环境发生相互作用的开放系统。

对组织内部来说，信息沟通是使组织成员团结一致、共同努力来达到组织目标的重要手段。只有通过沟通，才能把抽象的组织目标转变成组织中每一个成员的具体行动；没有良好的沟通，一个群体的活动就无法进行，既不可能相互协调合作，也不可能做出必要而及时的变革。

6.3.4 沟通障碍与有效沟通

(1) 沟通障碍的主要因素

①空间距离　管理者与下级之间的空间距离减少了他们面对面的沟通，会导致误解或不能理解所传递的信息，还会使得管理者和下级之间的误解不易澄清。

②沟通的曲解　当一个人分不清状况与自己的观点、感觉、情绪有差别时，就会发生曲解。管理者和下级都倾向于根据自己的观点、价值观念、意见和背景来解释信息，而不对信息做客观的解释，由于语言及媒介使用不当，接收者对信息产生误解，造成沟通的曲解。

③层次差异的限制　管理者和下级之间存在着各种差异，主要表现在知识及专业技术层次差异。管理者忽视了下级的知识层次，倾向于使用主管术语，或者是技术性的，或者是行政性的，下级对这些术语却一无所知。若发送者与接收者在知识水平上相差太大，在发送者看来很简单的内容，而接收者却由于只是水平太低理解不了，双方没有"共同的经验区"，接收者不能正确理解发送者的信息，则沟通就会出现障碍。

④缺乏信任　信任障碍主要与下级和管理者相处的经历有关。一方面，如果下级觉得把坏消息报告给上级于自己无益，就会隐瞒这些消息或把不利消息过滤掉；另一方面，如果上级利用下级来为自己谋利，如提升职位、显示功劳以及树立良好的形象，这些都会损毁下级对上级的信任。

⑤态度、观点、信念等不同　例如，下级向上级反映情况往往有"打埋伏"的现象，报喜不报忧、夸大业绩、缩小缺点等；上级向下级传达指示，下级往往不是照实理解这些指示，而是猜测这种指示的"言外之意""弦外之音"等。这都说明人们在传递和接收信息时，往往会把自己的主观意识掺杂进去。

⑥职责不明确　当下级的职责不明确时，他们就会找替罪羊或者搪塞责任，导致职责和沟通的含糊。

⑦沟通渠道及媒介的选择　信息沟通有多种渠道，各种渠道又有各自的优缺点，如果不考虑组织机构的自身实际情况和具体要求，随便选择沟通方式和渠道，会造成信息沟通障碍，因而对媒介的选择是沟通的一个极其重要的方面。组织在沟通中通常使用的媒介有通知单、小册子、板报、信函、年度报告、通信刊物、图表、工资单、标语、电话、闭路电视、建议书等，某些媒介对个人及其组织沟通都是适用的。

组织沟通的改善需要依据组织的具体情况来对症下药，在组织设计时明确各部门间的分工合作关系，经常进行沟通检查，完善及改进信息沟通的准则，改进信息沟通的手段等，都可以改进组织中的信息沟通。

(2) 有效沟通的特征

①准确、清晰　沟通是信息互通的过程，在这个过程中，信息的准确度和清晰度直接影响沟通的效果。所有的工作人员都希望接收准确又简单的指示，一旦信息传递失真或者信息过于琐碎，员工不能及时准确地从中了解工作任务和工作要求，这样的沟通就成了无效沟通，也会因此影响到员工的工作效率。

②双向、多层面沟通　有效的沟通应该是双向的、多层面的，应该在企业内部提倡上下级之间、各部门之间相互沟通，让每个员工对企业的管理拥有发言权，这能够使员工感受到管理层对员工的重视，进而有利于上下级、同级之间的理解和交流，为企业的良好发展扫清信息沟通的障碍。

(3) 管理者提高沟通技巧的途径

①掌握基本的表达技巧　口头表达能力要好，通过书面或者电子邮件形式的表达能力也要好。如果不能条理清晰地沟通，对方就不能明确对自己有何期待。

②想清楚准备说什么　管理者应该充实和丰满自己的思路，沟通前做好准备，想清楚自己要说什么。

③为会议做好准备　会议的资料要提前分发，并且表述要简明扼要。

④参与讨论　时常发生这种情况，要么是因为时间紧迫，要么可能是太过自以为是，管理者没有表明他们想要听到不一样的观点，这就导致会议结果都是"集体的思想"，因为没人能畅所欲言。

⑤认真聆听　管理者在开会时查看他们的手机，这表明他们没有集中注意力，就像在开会时读报纸一样。人们在口头和书面沟通技巧方面下的工夫非常少，而花在聆听上的时间更少，因此，很多管理者最终不了解相关信息，从而做出了错误的决策，酿成大错。多花点时间倾听，可能就会避免这样的错误。

典型案例

案例6-1　某林业公司员工激励机制

某林业公司于2007年改制成立，公司经营的业务有：森林经营、森林管护、花卉等园艺类植物生产；对林业、农业项目的投资；木制品、竹制品、初级农产品销售；对外贸易；中草药种植；木材生产、竹材采运、加工、销售等。多年来，公司在保障国家生态安全、木材安全、物种安全，以及推进林业可持续发展和国际资源开发合作中发挥了示范和引领作用。

1. 该林业公司员工激励机制存在的问题

(1) 工作分析不够明确。该公司在人力资源的管理上，主要围绕具体的工作运转，缺乏长期的计划，导致人才的流失，竞争力弱，公司员工普遍缺乏责任心，员工之间的竞争意识较差。目前在人才方面存在紧缺，一缺林业技术管理人才，二缺公司管理规划人才，目前公司中的专业技术人员只有全员的15%。

(2) 薪酬水平偏低，激励不足。受到地方政策的影响，该公司的经济实力受到很多的限制，利润普遍降低，再加上公司的设施成本高，就影响了员工的薪资待遇，不能促进员工的积极性。

(3) 培训机制不合理。该公司目前的培训种类主要包括新职工入职培训、入职一定时间的考核、定期的培训等。公司缺乏员工培训制度，员工培训的机会少，培训没有创新性，培训的效果达不到要求。另外，企业人力资源的开发只有暂时的短期的培训，没有长久的发展培训目标。

(4) 晋升空间有限。表现在短期定位，没有更多地为员工考虑。职业生涯规划上也有很多的问题，没有为员工设计职业生涯规划，很多员工不知道未来的路要怎么走，他们缺乏目标，因此，造成了严重的人才流失，影响企业的整体效益。

2. 该林业公司激励措施建议

(1) 双因素并重，营造企业良好氛围。首先，运用保健因素提高劳动效率。对于企业来说，保健因素有公司的政策、人际关系以及环境、薪资待遇等。当这些因素不能满足员工的需求的时候，员工就会产生不满的情绪，而当这些因素能满足员工需求的时候，员工就会满意，但是当这些因素处于不好不坏的状态，员工也形成了中性状态的情绪。其次，实施激励因素激发员工潜能。激励因素就是与工作内容有关系的因素，是能促使员工对工作满意或者是得到奖励的相关因素，如及时表扬并奖励、给予晋升机会。企业要把对员工的激励放在首要位置，把对员工的激励作为长期的策划工作，这样有助于员工潜在能力的挖掘，激发员工长期保持这样的状态，让他们自觉地为企业努力，增强企业的竞争力。

(2) 坚持多元激励并存。包括奖惩并重，精神激励与物质激励并重。合理任用职工，增加培训机会，设计合理的晋升机制，培养具有时代和部门特色的企业精神。

(3) 完善企业人才薪酬激励制度。对于刚毕业或毕业时间短的员工来说，薪酬的合理设计和发放显得更为重要。一份合理的薪酬发放体系，会给公司带来意想不到的效果。因此，该公司首先要对薪酬体系进行一个系统的分析、设计、优化，让薪酬体系对员工起到正激励作用，让员工进入公司有一种归属感，这样人才的流失就会降低，让新入职的员工感到公正和公平。

案例6-2　李林的领导模式

某林业集团公司旗下有人造板厂、制胶厂、种苗中心等十几个分部，李林是人造板厂新任命的领导。在李林开始其新工作时，他先进行了一项为期3个月的关于人造板厂工作任务和效率的分析。分析结果与集团公司得出的人造板厂工作效率低下而又花销大的看法完全符合。因此，李林对整个人造板厂进行了重组，制定出了一套新的进度计划程序，重新确立了评估绩效的标准。李林开始新工作的准则是"唯任务论"，根本不理会下属反映的情况。在他看来，领导就应该严格要求员工，使他们在严格的约束下努力工作。

随着时间的推移，工作效果逐渐好转，李林逐渐改变了他的领导模式，变得比较宽松，而不是只会通过下命令来领导了。他把部分责任交给了两位向他负责和报告的组长，但同时还保持和每一个员工的近距离交流。每周他还会带些员工去当地的一个体育馆打羽毛球。他还开始和员工开玩笑。他在"索取"的同时也注意"付出"。

因为李林成功的领导，人造板厂的工作成绩有了显著的提高，现在已经被视为最具效率的部门。顾客对人造板厂产品质量的好评率高达92%，这是该林业集团公司所有部门中最高的。

请问：

(1) 从领导行为理论的角度考虑，你会如何描述李林的领导行为？

(2) 李林的领导模式随着时间推移是如何变化的？

(3) 总的来说，你认为李林的管理模式是偏向于任务导向还是关系导向？

巩固训练

1. 学生自主组成团队，每个团队3~5人。以学生自荐和同学推荐的方式选出各组组长，由组长对团队成员进行职责分工，主要包括资料查找人员、资料整理编辑人员、PPT制作人员、报告完成人员、讲演人员等(分工是相对的，可适当转换角色)，团队成员共同填写好工作页，组长审核、总结后上交教师。

2. 分组分析下列案例。

老张手下有一名员工，工作能力很强，人也非常聪明，但是却老是一副玩世不恭的样子，经常早退、迟到，拉帮结派，哪里有好戏看就往哪里凑。虽然不会带头闹事，但是却总是扮演着煽风点火的角色。老张很是头疼，想开除他，但是考虑到他能力不错，几次都犹豫了。找他谈过几次话，也没有太大的效果。可他真是一个让人头痛的角色，有他在，公司就没有安宁。几经思考，老张决定还是把他辞退，可是心里多少还是有些惋惜，毕竟人才难得。

你认为老张做得对吗？有没有更好的办法？请结合相关领导理论进行分析。

小 结

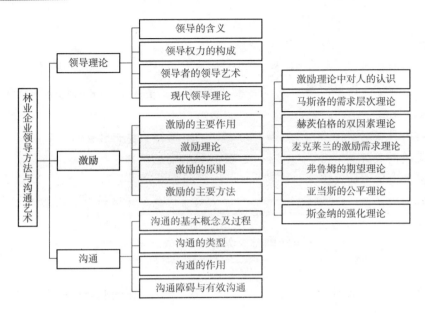

思考与练习

一、单选题

1. 小张大学计算机系毕业以后，到一家计算机软件公司工作。3 年来，他工作积极，取得了一定的成绩。最近他作为项目小组的成员，与组内一道奋战了 3 个月，成功地开发了一个系统，公司领导对此十分满意。这天小张领到领导亲手交给他的红包，较丰厚的奖金令小张非常高兴，但随后当他在项目小组奖金表上签字时，目光在表上注视了一会儿后，脸很快阴沉下来。对于这种情况，下列理论可以较恰当地给予解释的是(　　)。

　　A. 双因素理论　　　B. 期望理论　　C. 公平理论　　　D. 强化理论

2. 公平理论进一步表明，管理人员应该懂得(　　)。

　　A. 满足是难以一概而论的　　　　B. 人贵有自知之明

　　C. 人无贵贱之分　　　　　　　　D. 好人难得好报

3. 管理方格图中，表示领导者通过协调和综合工作相关活动而提高任务效率与士气的领导者类型是(　　)。

　　A. 乡村俱乐部型管理　B. 任务型管理　C. 贫乏型管理　D. 团队型管理

4. 生命周期理论中的低任务–低关系的领导方式是(　　)。

　　A. 推销型领导　　　B. 指导型领导　　C. 授权型领导　　D. 参与型领导

5. 王先生是某公司的一名年轻技术人员，一年前被调到公司企划部任经理。考虑到自己的资历、经验等，他采取了较为宽松的管理方式。试分析下列哪一种情况下，王先生的领导风格最有助于产生较好的管理效果。(　　)

A. 企划部任务明确，王先生与下属关系好但职位权力弱
B. 企划部任务明确，王先生与下属关系差但职位权力强
C. 企划部任务不明确，王先生与下属关系差但职位权力弱
D. 企划部任务不明确，王先生与下属关系好但职位权力强

6. 在实际中，企业最常采用的也是最有效的沟通技巧是(　　)。
   A. 实行岗位轮换　　B. 赞美对方　　C. 用道具　　D. 闲聊

7. 如果一种领导风格容易造成领导和下属的对立情绪、满意度低、缺勤率高且人员流动大，则很可能是(　　)。
   A. 低结构低关怀型　　　　　　B. 高结构低关怀型
   C. 低结构高关怀型　　　　　　D. 高结构高关怀型

8. 双因素理论中的双因素指的是(　　)。
   A. 人和物的因素　　　　　　B. 信息与环境的因素
   C. 保健因素与激励因素　　　D. 自然因素和社会因素

9. 比较马斯洛的需求层次理论和赫茨伯格的双因素理论，马斯洛提出的5种需求中，属于保健因素的是(　　)。
   A. 生理和自尊的需求　　　　B. 生理、安全和自我实现的需求
   C. 生理、安全和社交的需求　D. 安全和自我实现的需求

10. 在会议进行中，管理者不希望下属不停地提出各种问题干扰会议的进程，于是，在有人举手要发言时便无视他们的举动，只顾自己把话讲完。这种影响下属行为的方式是(　　)。
    A. 正强化　　　　B. 负强化　　　　C. 自然消退　　　　D. 惩戒

11. 赫茨伯格的双因素理论认为，(　　)不是激励因素。
    A. 责任感　　　　B. 工资　　　　C. 成就感　　　　D. 成长需求

二、简答题
1. 简述马斯洛的需求层次理论。
2. 领导者的影响力从何而来？
3. 如何进行更有效的沟通？
4. 简述激励的基本原则。

单元 7 林业企业财务管理

学习目标

知识目标

(1) 了解林业企业财务管理的内容和特点,理解林业企业财务管理的目标。

(2) 掌握林业企业资金筹集的方法。

(3) 了解林业企业资产管理的原则和种类,掌握林业企业资产管理的内容。

(4) 理解成本和费用项目,掌握林业企业成本费用管理的主要内容。

(5) 掌握林业企业销售收入和利润管理的内容。

技能目标

(1) 能合理地进行林业企业资金的筹集。

(2) 能有效地进行林业企业资产管理。

(3) 会进行林业企业成本和费用的管理。

(4) 会进行林业企业销售收入和利润的计算及管理。

案例导入

南材公司的筹资方案选择

南材公司是经营经济林产品加工与利用的季节性强的中型企业,每年一到生产经营旺季,企业就面临着产品供不应求、资金严重不足的问题。2019年,公司同样碰到了这一问题,公司生产中所需的某种果品面临缺货,急需100万元资金投入,但公司尚无多余资金。若这一问题得不到解决,则会给企业生产及当年效益带来严重影响。公司要求财务经理小张尽快想出对策,小张与公司其他财务人员经过一番讨论,形成了4种备选筹资方案。

方案一:银行短期贷款。工商银行提供期限为3个月的100万元短期贷款,年利率为8%,银行要求保留20%的补偿性余额。

方案二:票据贴现。将面额为120万元的未到期(不带息)商业汇票提前3个月进行贴现,贴现率为9%。

方案三:商业信用融资。某经济林果品种植公司愿意以 $n/30$($n=1、2、3、\cdots$)的信用条件,向其销售100万元的该种果品材料。

方案四:安排专人将150万元的应收款项催回。

该公司的产品销售利润率为9%。

要求:协助财务经理小张对南材公司的短期资金筹集方式进行选择。

问题:
1. 企业财务管理的目标有哪些?
2. 企业筹资方式有哪些?
3. 林业企业财务管理的内容主要有哪些?

知识准备

随着知识经济时代的来临,网络信息技术飞速发展,现代林业企业的市场竞争日趋白热化,财务管理信息化建设已迫在眉睫。林业企业管理者应更新财务管理理念,创新财务管理模式,加强财务管理信息化建设及集中管控,提升财务管理效率,从而提高林业企业的市场竞争力。

7.1 财务管理概述

7.1.1 林业企业财务管理的概念和特点

(1)林业企业财务管理的概念

财务管理是企业管理的一个组成部分,它是根据财经法规制度,按照财务管理的原则,组织企业财务活动,处理财务关系的一项经济管理工作。目的就是以最少的资金占用和消耗,获得最大的经济利益。林业企业财务管理是林业企业为获得最佳的经济效益、生态效益和社会效益,对资产的购置(投资)、资本的融通(筹资)、经营中现金流量(营运资金)以及利润分配的管理。林业企业的财务管理必须结合林业生产的特点,对林业企业的财务活动进行组织、监督和调节,是对林业企业的资金运动进行的管理活动。

(2)林业企业财务管理的特点

①综合性　财务管理既是企业管理中的一个独立方面,又是一项涉及企业管理的综合性管理工作。

②职能多元性　财务管理的基本职能是财务决策,同时还包括财务预测、财务预算、财务控制和财务分析等职能。

③内容广泛性　财务管理的内容主要有:筹资管理、流动资产管理、固定资产管理、无形资产管理、投资管理、营业收入管理和利润管理等。与其他行业企业相比,林业企业财务管理的内容更加广泛。从会计核算内容上看,林业的生产经营活动涉及很多行业,如种植业、土工建设以及机械加工业等。从林业产生的效益上看,林业可以向人们提供经济效益、社会效益和生态效益,具有多重性的特点。林业企业财务管理,一方面,要反映、监督林业企业生产经营的全过程及其他经济活动;另一方面,还要尽可能地对林业的生态效益和社会效益进行记录、计算、比较,以反映和监督其数量及价值量的变化和结果。

④信息前瞻性　财务管理能够反映企业的生产经营状况,其提供的信息为科学地预见企业生产经营的发展趋势提供了前瞻的可能。

⑤成本核算的复杂性　在林业生产各项目中,多数生产项目是露天作业,如森林培育、森林采伐、原条或原木集材、木材运输等生产项目,其生产经营活动受自然资源、作业条件影响很大。不同的地形、不同的季节、不同的运输距离、不同的林场等级等,都直接影响到有关生产项目费用的支出和成本的高低。企业内或企业之间,同一种生产项目,往往采用不同的作业方式、不同的劳动组织方式、不同类型的设备。以上对核算、成本分析和评价对比等带来了许多复杂因素。为了使林业成本计算更加准确,对于林业企业的成本核算,应严格区别各种情况分设明细账,进行逐项的考核,这样,才能较为准确地进行成本核算,以满足增收节支降低成本的需要。

⑥会计核算方式的多样性　林业企业的经营范围非常广泛,而且每项的生产形式都是不同的,这也就要求针对不同的经营活动来选择相应的会计核算方式,形成了会计核算方式的多样性。会计核算方式大致可以分为集中核算形式和分散核算形式,前者主要用于企业的财务部门,后者则用在基层的生产单位。随着我国林业经济的快速发展,林业内部进行了生产经营管理的改革,为了更好地适应制度改革的需要,可以根据林业企业的经营模式及生产经营的特点选择合适的会计核算方式,以满足企业经营现状的需要,促进企业经济的快速发展。

7.1.2　林业企业财务活动的过程

林业企业财务活动是指林业企业生产经营过程中的资金运动。资金运动是企业资金从货币资金形态开始,依次转化为储备资金形态、生产资金形态、成品资金形态,最后又回到货币资金形态的过程,如图7-1所示。

图7-1 林业企业资金运动规律

财务活动的过程主要包括:

①资金筹集 简称筹资,是指企业为了满足投资和用资的需要,筹措和集中所需资金的过程,如发行股票、发行债券、银行借款等。

②资金运用 就是把通过不同渠道筹集到的资金,投入到生产经营的各项资产及其营运的过程。如购建房屋,购买生产设备、运输设备、原材料、低值易耗品、包装物和支付各项费用等。

③利润分配 通常是指企业对所取得的投资成果进行分配。

资金的筹集、运用和分配3个方面的财务活动构成了企业财务活动的完整过程,是财务管理的基本内容。

7.1.3 林业企业财务管理的目标

财务管理目标是指企业财务活动所希望实现的结果。现代林业企业财务管理目标具有多元性和层次性的特点,通常认为林业企业财务管理的目标有以下3种。

①利润最大化 是指通过对企业财务活动的管理,不断增加企业利润,使企业利润达到最大。利润指标易于计算,便于财务人员和经营者理解,因此在实践中应用较为普遍。财务管理层通常考虑这个目标。单纯的利润最大化目标有优点,也有缺点(表7-1)。

表7-1 利润最大化目标的优缺点

优 点	缺 点
企业新创造的价值大,企业竞争力强	没有考虑货币时间价值的影响
	没有考虑获得利润与投入资本的关系
	易使企业忽略风险
	易使企业产生短期行为

②股东财富最大化 股东创办企业的目的就是获得更多的财富,因而财务管理的目标应从股东利益出发,追求股东财富最大化。股份制企业的财务管理目标是股东财富最大化。在股份经济条件下,股东财富最大化具体表现为股票价格最高化。使用这一财务管理目标的优缺点见表7-2所列。

③企业价值最大化 是指企业通过合理的生产经营,采用最佳的财务决策,在考虑货币时间价值和风险与报酬关系的前提下,使企业价值最大化。企业价值最大化目标反映了企业潜在或预期的获利能力。与股东财富最大化目标一样,企业价值最大化目标考虑了货币的时间价值和风险因素,立足于企业的长远发展,并且还兼顾了各利益相关者的要求(表7-3)。该目标被多数企业所接受,是财务管理目标的较好选择。这一目标在实践上可

以通过资产评估来确定林业企业价值，在理论上则可以通过未来各年林业企业的现金流量按考虑风险后的贴现率换算为现值来计量。

表 7-2 股东财富最大化目标的优缺点

优 点	缺 点
考虑了货币时间价值和风险因素	适用范围狭窄，只适用于上市公司，非上市公司很难适用
在一定程度上能够避免企业在追求利润上的短期行为	只强调股东利益，忽视了其他利益相关者的利益
目标比较容易量化，便于考核与奖惩	股票价格往往不能准确反映股东财富

表 7-3 企业价值最大化的优缺点

优 点	缺 点
不但考虑企业当前的盈利水平，更注重未来的长期获利能力	企业价值计量方面存在问题
既重视企业的长远发展，又克服管理上的片面性和短期行为	不易为管理当局理解和掌握
既考虑盈利水平，又注意企业的风险控制	没有考虑股权资本成本
使财务管理的目标与财务管理的主体相一致	
兼顾了股东以外的利益相关者的利益	

林业企业的财务核算不仅要计算林业企业所创造的经济价值，也要计算其创造的社会价值和生态价值，因此偏重营林的林业企业财务管理目标还有"同时兼顾生态目标"，只有这样，才能够真实、全面地反映出林业生产经营情况，促进林业企业的发展。这也为林业企业财务管理工作提出了更高的要求，增加了林业企业财务管理的工作量，同时对林业的发展起到了很大的帮助作用。

7.1.4 林业企业财务关系

企业在筹集、运用及分配资金时与各个方面发生的经济联系，称为财务关系。企业的财务关系反映着一定的经济利益关系。企业财务关系一般包括：企业与国家、企业与投资者、企业与受资者、企业与债权人、企业与债务人、企业内部各单位、企业与员工的关系。国家有专项资金用于林业企业有关项目补助，因此，林业企业财务与国家的关系十分密切，在使用这些补助款时要受有关部门的监督检查，专款专用。

7.2 林业企业资金的筹集

企业筹资管理是指企业根据其生产经营、对外投资和调整资本结构的需要，通过筹资渠道和资本(金)市场，运用筹资方式，经济有效地筹集所需的资本(金)的财务行为。筹资管理的目的为满足公司资金需求，降低资金成本，增加公司的利益，减少相关风险。

7.2.1 林业企业筹资渠道

企业的筹资渠道是指客观存在的融资的来源方式与通道，主要有下面几种：

国家财政资金：是国家对企业的直接投资或税前还贷、减免各种税款形成的。

银行信贷资金：是银行对企业的各种贷款。

非银行金融资金：是保险公司、证券公司、信托投资公司、租赁公司等提供的各种金融服务。

其他企业资金：企业间相互投资、商业信用形成的债权、债务资金。

居民个人资金：形成民间资金来源渠道。

企业自留资金：企业内部形成的资金，如公积金和未分配利润。

外商资金：国外商人投资国内企业所引进的国外货币。

不同的筹资渠道，其所承担的税负不一样。

7.2.2 林业企业筹资方式

企业的筹资方式是指可供企业在融资时选择的具体筹资方式，分为权益资金的筹资方式和负债资金的筹资方式。

（1）权益资金的筹资方式

权益资金是指企业依法筹集的、长期拥有并自主支配的资金。其筹资方式有：吸收直接投资、发行股票、利用留存收益等。

①吸收直接投资　是指企业以协议等形式吸收国家、其他企业、个人及外商等直接投入的资金，形成企业资本金的一种筹资方式。其出资方式有以货币资产出资、以实物资产出资、以工业产权出资、以土地使用权出资、以特定债权出资。吸收直接投资的筹资特点（与发行股票和负债资金筹资相比）的优点是能够尽快形成生产能力，公司与投资者容易进行信息沟通（股权没有社会化）；缺点是资本成本较高，公司控制权集中，不利于公司治理，不易于进行产权交易。

②发行股票　股票是股份公司发行给股东证明其在公司投资入股并借以取得股息的一种有价证券，它代表持股人在公司拥有的所有权。普通股是股份公司发行的无特别权利的股份，也是最基本的股份。通常情况下，股份公司只发行普通股。普通股按股票有无记名分为记名股和无记名股。普通股筹资的优点是两权分离，有利于公司自主经营管理，能增强公司的社会声誉，促进股权流通和转让；缺点是资本成本较高，不易及时形成生产能力。

③利用留存收益　留存收益的来源渠道有企业提取的盈余公积和未分配利润。留存收益筹资的优点主要有：资金成本较普通股低，保持普通股股东的控制权，增强公司的信誉。缺点主要有：筹资数额有限制，资金使用受制约。

具体的权益资金筹资的特点比较见表7-4。

表 7-4　权益资金筹资的特点

项　目	吸收直接投资	发行股票	利用留存收益
生产能力形成生产能力	能够尽快形成生产能力	不易尽快形成生产能力	—
资本成本	最高(投资者往往要求将大部分盈余作为红利分配)	—	最低
筹资费用	手续相对比较简便,筹资费用较低	手续复杂,筹资费用高	没有筹资费
产权交易	不利于产权交易	促进股权流通和转让	—
公司控制权	公司控制权集中,不利于公司治理	公司控制权分散,公司容易被经理人控制	不影响
公司与投资者的沟通	公司与投资者容易进行信息沟通	公司与投资者不容易进行信息沟通	—
筹资数额	筹资数额较大	筹资数额较大	筹资数额有限

（2）负债资金的筹资方式

负债资金又称为借入资金,是指企业通过商业信用、银行借款、发行债券等方式筹集的资金,属于负债,到期要偿还其本金和利息。其筹资方式有：向银行借款、发行公司债券、融资租赁、商业信用筹资等。

①向银行借款　银行借款是指企业向银行或其他非银行金融机构借入的、需要还本付息的款项,包括偿还期限超过 1 年的长期借款和不足 1 年的短期借款。向银行借款的优点是筹资速度快、资金成本低、借款弹性大；缺点是财务风险较大、限制条件多、筹资数量有限。

②发行公司债券　公司债券是指股份公司在一定时期内(如 10 年或 20 年)为追加资本而发行的借款凭证。对于持有人来说,它只是向公司提供贷款的证书,所反映的只是一种普通的债权债务关系。持有人虽无权参与股份公司的管理活动,但每年可根据票面的规定向公司收取固定的利息,且收息顺序要先于股东分红,股份公司破产清算时亦可优先收回本金。公司债券期限较长,一般在 10 年以上,债券一旦到期,股份公司必须偿还本金,赎回债券。债券筹资的主要特点是风险性较大、收益率较高、有一定的选择权和经营权。

③融资租赁　是目前国际上最为普遍、最基本的非银行融资形式。它是指出租人根据承租人(用户)的请求,与第三方(供货商)订立供货合同,根据此合同,出租人出资向第三方购买承租人选定的设备。同时,出租人与承租人订立一项租赁合同,将设备出租给承租人,并向承租人收取一定的租金。

融资租赁的特点是：出租的设备由承租企业提出要求购买；租赁期较长,接近资产有效使用年限；一般由承租企业负责设备的维修保养；租赁期满,按事先约定的办法处理设备,包括退还租赁公司,或继续租赁,或企业留购。通常采用企业留购办法,即以很少的"名义价格"买下设备。

④商业信用筹资　商业信用是指商品交易中的延期付款或延期交货所形成的借贷关系,是企业之间的一种直接信用关系。包括应付账款、应付票据、预收账款等。商业信用筹资是利用商业信用进行融资的行为。

商业信用筹资的优点：筹资非常方便。如果没有现金折扣，或企业不放弃现金折扣，则利用商业信用筹资没有实际成本，限制少。

商业信用筹资的缺点：时间一般较短，如果企业取得现金折扣，则时间会更短，如果放弃现金折扣，则要付出较高的资金成本。

各种负债资金筹集方式的特点比较见表 7-5。

表 7-5　各种负债资金筹集方式特点比较

项　目	向银行借款	发行公司债券	融资租赁	商业信用筹资
筹资速度	快	慢	快	快
筹资的限制条件	最多	较少	最少	最少
筹资弹性	大	小	—	大
筹资数量	有限	大	有限	有限
社会声誉	—	提高	—	容易恶化
资本成本	较低	居中	最高	高

7.2.3　林业企业筹资管理的原则

（1）筹措合法

企业的筹资行为和筹资活动必须遵循国家的相关法律法规，承担法律法规和投资合同约定的责任，合法合规筹资，依法披露信息，维护各方的合法权益。

（2）规模适当

企业筹集资金，要根据企业经营的情况正确预测和合理安排资金的需要量。筹资规模与资金需要量应当匹配一致。

（3）筹措及时

企业筹集资金，还要根据资金需求的具体情况，合理安排资金的筹集时间，适时获取所需资金，使筹资与用资在时间上相衔接。

（4）来源经济

企业应当在考虑筹资难易程度的基础上，针对不同来源资金的成本进行分析，尽可能选择经济、可行的筹资渠道与方式，力求降低筹资成本。

（5）结构合理

企业筹资要综合考虑股权资金与债务资金的关系、长期资金与短期资金的关系、内部筹资与外部筹资的关系，合理安排资本结构。

7.2.4　林业企业筹资管理的特点和资金来源

由于林业生产经营包括森林培育、森林采伐、木材综合加工利用和林区多种经营等类型，因此，林业资金的使用、构成及其周转也因不同的生产类型而各具其特殊性。从种苗生产、整地造林、幼林抚育、成林抚育、保护管理直到林木成熟，是森林培育的过程，需要经过几十年的时间。逐年投入这一生产过程的资金，要到林木成熟并获得立木林价时才能得到补偿。由于资金周转期长，必须通过多种途径取得资金供应。

我国现阶段林业企业资金的来源主要有四大方面：

(1) 中央财政林业补助资金

中央财政林业补助资金是指中央财政预算安排的用于森林生态效益补偿、林业补贴、森林公安、国有林场改革等方面的补助资金。

(2) 国家银行的林业贷款

主要用于扶持造林育林和林业生产经营中季节性的资金需要。

(3) 企业自有资金

企业自有资金指企业为进行生产经营活动所经常持有、能自行支配而不需偿还的资金。主要来自股东的投资及企业的未分配利润。

(4) 城乡劳动者联合集资或独资经营林业所使用和周转的资金

其发展方向是各种形式的社会主义林业合作经济。

7.3 林业企业资产管理

企业资产即企业的财产物资，是维持企业正常生产和经营的物质基础，是保证企业各项生产经营活动及行政事务活动能够顺利开展的必要条件。掌握这些资产的管理技能，完成好资产管理中的采购、保养、核查、控制、分析等各个环节，是企业管理工作的重要任务。

7.3.1 林业企业资产的分类及概念

根据不同的标准，企业的资产有不同的分类。林业企业资产按照性质主要分为：流动资产、固定资产、林木资产、无形资产和企业对外投资。

(1) 流动资产的概念及分类

流动资产是指可以在一年以内变现或耗用的资产，包括货币资金、短期投资、应收票据、应收账款和存货等。它和固定资产的区别在于这类物资的使用时间较短，且在使用中大多数改变其原有的形态，更主要的是大都使用一次就丧失其原有价值，或把其价值转移到新的物质载体中去。

应收及预付款项是指林业企业在开展业务活动和其他活动过程中形成的各项债权，包括应收票据、应收账款、预付账款、财政应返还资金和其他应收款等。

存货是指林业企业在开展业务活动及其他活动中为耗用或出售而储存的资产，如木材原材料、产品、包装物、燃料、水泥、试剂和设备修理用的元件、配件和低值易耗品、采伐后验收入库的木材，以及未达到固定资产标准的用具、装具等。低值易耗品包括低值品和易耗品。低值品是指单位价值在规定的起点以下，耐用时间在1年以上的物质资料；易耗品是指单位价值在规定的起点以上，耐用时间在1年以下的物质资料。一般地说，凡是达不到固定资产标准的工具、设备，如低值仪表、仪器、办公文具、量具、器皿以及低值劳保用品，都属低值易耗品。

(2) 固定资产的概念及分类

固定资产是指企业使用期限超过1年的房屋、机器、机械、建筑物、运输工具以及其他与生产、经营有关的设备、工具、器具等。固定资产是企业的劳动手段，也是企业赖以生产经营的主要资产。从会计的角度划分，固定资产一般可分为生产用固定资产、非生产用固定资产、租出固定资产、未使用固定资产、不需用固定资产、融资租赁固定资产、接受捐赠固定资产等。

林业企业的固定资产一般分为6类：房屋及建筑物；专用设备；通用设备；文物和陈列品；图书、档案；家具、用具及动植物。省级林业主管部门可根据实际情况，制定固定资产目录报同级财政部门备案后实施。

①房屋及建筑物　是指产权属于本企业的房屋和建筑物，包括办公用房、业务用房和宿舍以及其水电、取暖、卫生等附属设施。

②专用设备　是指属于企业所有、专门用于某项工作的设备，如机械设备、打字机、复印机、电子计算机控制系统、仪器、仪表等。

③通用设备　是指企业常用的办公与事务方面的设备，包括车辆、会议室设备等。

④文物和陈列品　是指博物馆、展览馆等文化事业单位的各种文物和陈列品。例如，古玩、字画、纪念物品等。有些企业后勤部门内部设有展览室、陈列室，凡有上述物品的也属于文物和陈列品。

⑤图书、档案　是指企业内部的图书资料室、档案馆所有的各种图书，包括政治、业务、文艺等方面的书籍。

⑥家具、用具及动植物　是指企业常用的办公家具、用具及林业企业所归属的林下动植物等。

(3) 林木资产的概念、分类及特点

①林木资产的概念　林木资产是林业企业和林权所有者拥有或控制的能够用货币计量的林木类生物资产，是营林生产活动发生的各种耗费所形成的活立木资产的账面价值。林木资产是林业企业资产的重要组成部分，是林业企业生产经营的主要对象，它既不同于固定资产，也不同于流动资产，它是一种可更新的生物资源，其分布范围广，成长时间长，组成内容复杂。

②林木资产的分类　按用途，分为用材林、经济林、薪炭林、防护林和特种用途林。用材林是以生产木材为主要目的的森林和林木，包括以生产竹材为主要目的的竹林。它的生产周期一般在10年到数十年之间，是林木资产核算的重点。经济林是以生产除木材以外的果品、食用油料、工业原料和药材等林产品为主要目的的森林。它的投产时间一般在3~10年，周期较短，回收快，经济效益较高。薪炭林是以生产薪炭材和提供燃料为主要

目的的林木(乔木林和灌木林)。薪炭林是一种见效快的再生能源，没有固定的树种，几乎所有树木均可作燃料。防护林是以防护为主要目的的森林、林木和灌木丛，包括水源涵养林、水土保持林、防风固沙林、农田及牧场防护林、护岸林、护路林。特种用途林是以国防、保护环境和开展科学实验等特殊用途为主要目的的森林。包括国防林、实验林、母树林、环境保护林、风景林、名胜古迹和革命纪念地的林木以及自然保护区的森林。

按性质，分为消耗性林木资产、生产性林木资产和公益性林木资产三大类。消耗性林木资产是指为出售而持有的或在将来能够收获为木材的林木类生物资产，包括用材林、竹林等。生产性林木资产是指为产出林产品或出租等目的而持有的林木类生物资产，包括经济林、薪炭林等。公益性林木资产是指以防护、环境保护为主要目的的林木类生物资产，包括防风固沙林、水土保持林和水源涵养林等。

③林木资产的特点

a. 林木资产的依附性：林木必须依附于林地而存在，因此其实物计量单位是一定林地面积上的林木蓄积量。

b. 林木资产价值的不确定性。

c. 林木资产生产的周期性：林木生产的周期长，因此投入的资金多，经营风险大。

d. 林木资产效用的多样性：林木资产具有生态、社会和经济三大效益。

e. 林木资产管理的艰巨性：林木资产分布地域广，形态复杂，既不能存储，又难以封闭，同时生产周期长，容易受各种自然灾害和人为因素的破坏，因此，林木资产的管理工作相当艰巨。

(4)无形资产的概念及分类

无形资产是指由林场控制的没有实物形态的可辨认非货币性资产，如专利权、商标权、著作权、土地使用权、非专利技术等。

(5)企业对外投资的概念及分类

对外投资是指林业企业按规定以货币资金、实物资产、无形资产等方式形成的债权或股权投资，按投资时长可分为短期投资和长期投资。

7.3.2 林业企业资产的管理要求

(1)流动资产的管理要求

a. 林业企业应当严格遵守国家有关现金、各种存款、零余额账户用款额度等管理规定，建立健全货币资金管理制度。

b. 林业企业对应收及预付款项要加强管理，定期分析、及时清理。年度终了，林业企业可采用余额百分比法、账龄分析法、个别认定法等方法计提坏账准备。逾期3年或以上、有确凿证据表明确实无法收回的应收账款，按规定报经批准后予以核销，并在备查簿中登记。

c. 存货应当定期或者不定期盘点，年终必须进行全面盘点清查，保证账实相符。对于盘盈、盘亏、变质、毁损等情况，应当及时查明原因，根据管理权限报经批准后及时进行账务处理。

(2) 固定资产的管理要求

林业企业固定资产管理应建立固定资产账卡，定期进行核对，保证账卡、账物相符。建立健全固定资产的保管、保养、管理制度。

林业企业应当根据固定资产性质，在预计使用年限内，采用年限平均法或工作量法计提折旧。折旧是指在固定资产的预计使用年限内，按照确定的方法对应计的折旧额进行系统分摊。文物和陈列品、图书、档案、单独计价入账的土地、以名义金额计量的固定资产不计提折旧。大型林业专用设备实行责任制，指定专人管理，制定操作规程，建立设备技术档案和使用情况报告制度。

(3) 林木资产的管理要求

林木资产按照消耗性林木资产、生产性林木资产和公益性林木资产三大类进行分类管理。

消耗性林木资产是指为出售而持有的或在将来能够收获为木材的林木类生物资产，包括用材林、竹林等。对于消耗性林木资产在收获或出售时，应当按照其账面价值结转成本，成本结转的方法包括加权平均法、个别计价法、蓄积量比例法、轮伐期年限法等。

生产性林木资产是指为产出林产品或出租等目的而持有的林木类生物资产，包括经济林、薪炭林等。对于生产性林木资产收获林产品时，应将其之前所发生的生产耗费根据生产性林木资产的使用寿命(不考虑预计净残值)，选用一定的折旧方法并根据用途分别计入相关林产品成本。生产性林木资产收获林产品发生的成本，按照产出或采收过程中所发生的材料费、人工费和应分摊的间接费用等支出计算确定，并采用加权平均法、个别计价法、蓄积量比例法等方法，将其账面价值结转为林产品成本。

公益性林木资产是指以防护、环境保护为主要目的的林木类生物资产，包括防风固沙林、水土保持林和水源涵养林等。公益性林木资产的价值量管理可参照消耗性或生产性林木资产的价值量管理。

林木资产用途发生改变时应按账面价值结转其成本。

为了加强森林资源资产化管理，林木资产应当实行价值量和实物量双重管理。

林业企业应当对林木资产定期或者不定期进行资产清查，对因山界和林权的变动、自然灾害等造成的林木资产增减，应按隶属关系，报经林业主管部门和财政部门批准后，进行账务处理。对重大灾害性损失，应按规定程序冲减林木(苗木)净资产。

(4) 无形资产的管理要求

林业企业通过外购、自行开发以及其他方式取得的无形资产，应当合理计价，及时入账。

林业企业在林地使用权出售、转让、出租、征用、投资时，应当进行资产评估，并按照国有资产管理规定处理。

(5) 企业对外投资的管理要求

林业企业在对外投资时，应当按照实际成本作为初始投资成本，并按有关规定加强核算工作。林业企业应当严格控制对外投资，在保证单位正常运转和稳步发展的前提下，按照国家有关规定可以对外投资的，应当履行相关审批程序。

林业企业不得使用财政拨款及其结余对外投资，不得使用财政拨款及其结余从事股票、期货、基金、企业债券等投资，国家另有规定的除外。以林木资产、无形资产等非货币性资产对外投资的，应当按照国家有关规定进行资产评估，合理确定资产价值。

林业企业应遵循投资回报、风险控制和跟踪管理等原则，对投资效益、收益与分配等情况进行监督管理，确保国有资产的保值、增值。

7.3.3 林业企业资产管理的原则

(1) 一般企业资产管理的原则

企业的资产管理既影响生产经营，又事关企业财务，必须有必要的管理原则并严格遵守。

①讲求效率，保证需要　企业资产管理工作的出发点和归宿，必须放在保证工作需要上面。在购置资产时，一定要根据实际工作需要和现实的财政状况，尽可能选用先进、实用、经济的技术装备，不断充实和改善企业办公的物质条件。

②健全制度，加强领导　要加强对资产管理的领导工作，就必须建立管理机构，配备专职人员，完善规章制度，以保证资产管理工作落到实处。财务部门、资产管理部门和使用部门要明确分工，各司其职，各负其责。要按照权责统一和奖优罚劣的原则，建立健全各项资产管理制度和奖惩制度，赋予资产管理部门、使用部门权力并加大其责任，对职责履行好的给予表彰奖励，对职责履行差的进行批评惩罚。

③账目清楚，物账相符　为了有效地进行资产管理，防止出现混乱状况，资产管理部门、使用部门和财务部门，必须采取科学、合理的管理方法，设置账卡，定期或不定期地对资产的种类、名称、规格、数量、性能、用途、存放地点、使用人员、管理人员以及调出、调入、报废、清理等增减变动情况进行清点和记载。若发现问题，及时查明原因，妥善处理，真正做到账卡相符、账物相符、账据相符。

④厉行节约，物尽其用　在企业资产的购置、建造和使用过程中，一定要大力提倡节约使用、综合利用、修旧利废、物尽其用，充分发挥资产的最大作用，尽量节省经费开支和财产物资，反对铺张浪费。

(2) 林木企业资产管理的特有原则

①林木资产分类经营，生态效益优先的原则。
②林木资产消耗量低于生长量原则。
③林木资产单独建账原则。

7.3.4 林业企业资产管理的环节

企业资产既是企业的财产组成部分，又是其生产和经营的必备资源。对企业资产的管理，主要包括物资资产采购、保管和分配使用3个环节。

(1) 物资资产采购

物资资产采购涉及经济利益，是最容易出现问题的企业管理环节，一旦出现问题，会给企业经营造成严重影响,因此企业对物资资产采购的管理必须制定严格的规定并认真落实。

要收集各部门的需求信息,编制物资采购计划和经费预算,经行政总监审核后报总经理审批。一定金额以上的大型物资采购计划,必须由物资管理部门统一实施。各部门自行购买的物资,必须报物资管理部门登记备案。

物资采购必须由两人以上进行,纪检、财务部门负责监督,所购物资必须及时交物资管理部门所设物资仓库保存。

购买物资,必须货比三家,比质比价,择优采购,节约经费。采购大宗物资,须经有关人员(行政总监、采购人员、监督人员等)集体研究决定,也可采取招标竞价的采购办法。

采购中最容易出现的是企业给采购人员回扣的问题,采购中如果有回扣,应一律交财务部门或折成价款,采购人员须向行政总监报告,行政总监负责审查,纪检监察部门进行必要的抽查。

必须坚持严格的入账程序,没有监督人员签字的发票,财务部门不得报销。一般发票的签字顺序是:采购人员、主管部门领导、监督部门人员、行政总监或运营经理。

(2)物资资产保管

物资资产保管是企业物资在采购之后到使用耗费前的滞留过程的管理,保管不当也会造成资产的遗失、损坏等。物资资产保管的环节有:

①入库验收　物资入库必须严格进行数量和质量验收,全面登记有关物资的名称、规格、产地、厂家、价格、数量和随物资带来的合格证、化验单、质量证明书与使用说明书等资料。通过点数、检尺、换算、过磅等方式,及时进行验收,发现数量短缺、盈余、损坏、质差或凭证不符等情况,必须立即联系有关经办人处理,重大问题要及时汇报。

②库存保管　验收后的物资要及时上架,按要求摆放;技术资料必须点清,并应妥善保管。库存物资要搞好科学管理,逐步做到分类清楚、标志鲜明、排列有序、堆放整齐、零整分开,账、卡、物、资金四对口,搞好维护保养,防止霉烂变质,一旦发现问题,及时采取相应措施,力争把损耗降到最低。

③定期盘点物资　保管部门应定期对物资进行盘点,对盘亏、盘盈的物资要查明原因,及时办理盘亏、盘盈手续,以确保账物相符。分别设立物资总账、分类账、明细账,登记物资数量与金额以及收、发、存动态。各种凭证要及时结算登账。要做到账表相符、账账相符、账证相符、账实相符。材料盈亏报废、规格调整、运耗事故以及物资价差,经领导批准后应及时调整账册。

④统计分析　保管部门应按公司规定的统计制度和时间,及时上报月、季、年各种统计报表和临时报表。如实填报物资动态与有关数据,不虚报、不瞒报、不漏报、不错报。注意积累统计资料,开展统计分析,掌握物资消耗规律,反映物资供应管理情况,做好参谋工作。

⑤回收处理　设立多余物资回收仓库,变无用为有用,变积压为流通,充分发挥物资

的潜力。设立报废设备与物资仓库。积极开展加工改制、拆件利用、整旧为新活动,提高物资再利用率。

(3) 物资资产分配使用

行政部门对企业资产的使用过程也要进行监管,以保证使用的合理、有效。大宗、贵重物资的使用,必须专门递交申请报告,经行政总监或总经理审批后,到仓库领取。一般的物资使用,须填写物资领取申报单,注明用途、归还期限、维护责任等内容,由部门负责人签字批准。发放物资时,保管员应仔细审查领取手续是否齐全、领用是否合理,并当场划价结算,扣除经费。应执行"先到先发"的原则,防止物资变质、霉烂;对专项控制的低值品、易耗品,可实行以旧换新的制度。使用过程中的物资资产保管,实行"谁使用,谁保管,谁维护"的办法。

7.4 林业企业成本费用管理

7.4.1 林业企业成本和费用项目

(1) 林业企业制造成本

林业企业制造成本是指林业企业生产过程中实际消耗的直接材料、直接工资、制造费用等。

①直接材料 包括企业生产经营过程中实际消耗的原材料、辅助材料、备品配件、外购半成品、燃料和动力、包装物以及其他直接材料,林木生产所耗的种子、苗木,木材生产所耗的林木的实际成本以及计入的林价等。如营林生产的直接材料,是指营林生产中耗用的自产或外购的种子、苗木、肥料、农药、燃料和动力、修理用材料和零件等材料。

②直接工资 包括企业直接从事林业产品生产的人员的工资、奖金、津贴及福利费等。如林场营林生产的直接工资,是指直接从事林木(苗木)生产人员的薪酬,包括林场支付的在职职工和临时聘用人员的各类劳动报酬,以及交纳的各项社会保险费等。

③制造费用 包括林业基层生产单位为组织和管理生产所发生的各种费用。一般包括:生产单位管理人员工资、职工福利费、固定资产折旧费、租入固定资产租赁费、修理费、机物料消耗、低值易耗品消耗、取暖费、水电费、办公费、差旅费、运输费、保险费、设计制图费、试验检验费、劳动保护费、季节费、修理期间的停工损失费以及其他制造费用。

(2) 林业企业期间费用

期间费用是指企业为组织生产经营活动发生的、不能直接归属于某种产品的费用。包括管理费用、财务费用和销售费用。期间费用直接计入当期损益,从当期收入中抵消。

①管理费用 是指企业行政管理部门为组织和管理生产经营活动而发生的各项费用,包括工资和福利费、工会经费、职工教育经费、劳动保险费、待业保险费、研究开发费、

业务招待费、房产税、土地使用税、技术转让费、技术开发费、无形资产摊销、坏账损失等。如营林管理费用是指林木采伐(或达到预定生产经营目的)及其后续加工、保管、销售等管理活动中发生的各项费用。

②财务费用 是指企业为筹集资金而发生的各项费用，包括利息支出、汇兑净损失、金融机构手续费以及为筹资发生的其他费用。

③销售费用 是指企业在销售产品、自制半成品和提供劳务等过程中发生的各项费用以及专设销售机构的各项经费，包括应由企业负担的运输费、装卸费、包装费、保险费、展览费、广告费、销售服务费、销售部门人员工资、职工福利费和其他经费等。

以林场为例，林场成本费用是指林场进行林木(苗木)生产所发生的育苗、造林、抚育、管护等各项生产费用，以及开展营林活动和其他活动过程中发生的资金耗费和损失，包括营林成本、营林业务支出、营林管理费用。下面是某林场 2019 年的产品成本分析表（表 7-6）。

表 7-6 产品成本分析表   元

项目	行次	计量单位	2019年实际			成本项目					
			数量	单位成本	总成本	国有林价	培育成本	直接材料	直接工资	其他直接费用	制造费用
杉原木	1	m³	2625	409	1 072 800	420 000			643 000	9800	
松原木	2	m³	1530	360	551 300	137 700			406 000	7600	
杂原木	3	m³	70	347	24 310	6300			17 800	210	
杉非规	4	m³	5037	397	2 000 944	564 144			1 420 000	16 800	
松非规	5	m³	823	344	283 349	51 849			222 800	8700	
杂非规	6	m³	175	296	51 840	11 025			40 800	15	
薪材	7	m³	1870	406	759 400				733 000	26 400	
合计			12 130		4 743 943	1 191 018	0	0	3 483 400	69 525	0

7.4.2 林业企业成本费用管理的主要内容

（1）成本预测

成本预测是指依据成本与各种技术经济因素的依存关系，结合企业发展前景以及采取的各种措施，通过对影响成本变动的有关因素进行分析测算，采用科学方法，对未来成本水平及其变化趋势做出的科学估计。

（2）成本决策

成本决策是指为了实现目标成本，在取得大量信息资料的基础上，借助一定手段、方法，进行计算和判断，比较各种可行方案的不同成本，从中选择一个技术上先进、经济上合理的优秀方案的过程。

(3) 成本计划

成本计划是指以货币形式预先规定企业计划期内完成生产任务所需耗费的费用数额，并确定各种产品的成本水平和降低成本的任务。成本计划是企业经营计划的一个重要组成部分，是公司对下属各部门及生产单位考核的重要依据。

公司财务部门应根据公司生产经营目标，以效益为出发点，在全面听取各有关部门及人员意见的基础上，充分考虑全行业先进水平，本着有利于促进全公司生产经营管理的目的，准确预测计划期生产经营中的各项因素，结合本公司实际，制订成本计划，并根据成本计划加强成本费用管理，控制费用开支。

成本计划包括：主要产品单位成本计划、制造费用开支计划、管理费用开支计划、可比产品成本计划、计划期增支因素预测。

成本计划采取由下而上的编制方式，首先由财务部门收集整理有关核算资料，同时计算计划期各项增支减利因素，并将编制草稿与有关单位集中讨论后向公司总部汇报。在编制时要依据增支因素、主要产品消耗计划、产量计划，依次编制产品单位成本计划、总成本计划等，并编制各项费用计划。月度计划经讨论修改报公司总部同意后，随月度经营计划由公司发文下发；年度计划经过讨论后报公司总部经公司有关会议讨论通过后，随年度生产经营计划一并下发。计划下达后，公司总部、各分公司具体执行成本计划，各部室主要执行各项费用计划。财务部门具体负责组织实施并检查计划的执行情况，定期考核。检查内容包括：基本生产车间月度及年度主要产品单位成本计划的完成情况；费用开支及计划完成情况。

(4) 成本核算

成本核算是指根据会计学的原理、原则和规定的成本项目，按照账簿记录，通过各项费用的归集和分配，采用适当的成本计算方法，计算出完工产品成本和期末产品成本，并进行相应的账务处理。

①企业核算内容　主要包括：完整地归集与核算企业生产经营过程中所发生的各种耗费；正确计算生产资料转移价值和应计入本期成本的费用额；科学地确定成本计算的对象、项目、期间以及成本计算方法和费用分配方法，保证各种产品成本的准确性。

以营林为例，营林成本的核算内容应包括苗木培育成本、造抚成本、管护费用3个部分。苗木培育成本指林场自行培育苗木过程中发生的必要支出，包括从种子催芽、整地、作床、播种、插条、育苗、换床到育大苗发生的材料费、人工费，以及苗木出圃阶段田间管理发生的人工费、物料费等。造抚成本指从造林开始至成林验收合格前的成本。造抚成本由造林费用和抚育费用组成，其中造林费用指林木郁闭前的造林作业所发生的费用，包括调查设计、整地、栽植和补植等费用；抚育费用指造林之后至成林验收合格之前所发生的抚育费用，包括松土、除草、抗旱、防冻、施肥等费用。管护费用指林木成林验收合格之后至采伐（或达到预定生产经营目的）前所发生的为预防和消除森林的各项破坏和灾害，保障林木健康生长，避免或减少森林资源损失而发生的各项支出，具体包括森林保护费、抚育间伐费、营林设施费、良种试验费、调查设计费以及其他管护费等。

②企业账户设置　根据财务规定设置核算账户。成本核算设置基本生产账户、辅助生产账户、制造费用账户等；费用核算设置管理费用账户、财务费用账户、销售费用账户、待摊费用账户、预提费用账户等。

③企业成本核算方法　第一，正确划分各种费用支出的界限，如收益支出与资本支出、营业外支出的界限，产品生产成本与期间费用的界限，本期产品成本与下期产品成本的界限，不同产品成本的界限，在产品与产成品成本的界限等。第二，认真执行成本开支的有关规定，按成本开支范围处理费用的列支。第三，做好成本核算的基础工作，包括：建立和健全成本核算的原始凭证和记录凭证的传递流程；制定工时、材料的消耗定额，加强定额管理；建立材料物资的计量、验收、领发、盘存制度；制定内部结算价格和内部结算制度。第四，根据企业的生产特点和管理要求，选择适当的成本计算方法，确定成本计算对象、费用的归集与计入产品成本的程序、成本计算期、产品成本在产成品与在产品之间的划分方法等。具体方法有品种法、分批法、分步法、分类法、定额法等。

林场营林成本核算应采用制造成本法核算林木（苗木）的生产成本。

(5) 成本控制

成本控制是指保证成本在预算估计范围内的工作。根据估算对实际成本进行检测，标记实际偏差或潜在偏差，进行预测准备并给出保持成本与目标相符的措施。主要包括以下几个方面：

①控制内容　包括监督成本执行情况及发现实际成本与计划成本的偏离；将一些合理改变包含在基准成本中；防止不正确、不合理、未经许可的改变包含在基准成本中；把合理改变通知项目涉及方。在成本控制时，还必须和其范围控制、进度控制、质量控制等相结合。

②标准化工作　是现代企业管理的基本要求，它是企业正常运行的基本保证，促使企业的生产经营活动和各项管理工作达到合理化、规范化、高效化，是成本控制成功的基本前提。在成本控制过程中，下面4项标准化工作极为重要。

第一，计量标准化。计量是指用科学方法和手段，对生产经营活动中的量和质的数值进行测定，为生产经营尤其是成本控制提供准确数据。如果没有统一计量标准，基础数据不准确，那就无法获取准确的成本信息，更无从谈控制。

第二，价格标准化。成本控制过程中要制定两个标准价格：一是内部标准价格，即内部结算价格，它是企业内部各核算单位之间、各核算单位与企业之间模拟市场进行"商品"交换的价值尺度；二是外部价格，即在企业购销活动中与外部企业产生供应与销售的结算价格。标准价格是成本控制运行的基本保证。

第三，质量标准化。质量是产品的灵魂，没有质量，再低的成本也是徒劳的。成本控制是质量控制下的成本控制，没有质量标准，成本控制就会失去方向，也谈不上成本控制。

第四，数据标准化。制定成本数据的采集程序，明晰成本数据报送人和入账人的责任，做到成本数据按时报送、及时入账，数据便于传输、实现信息共享；规范成本核算方式，明确成本的计算方法；对成本的书面文件采用国家公文格式，统一表头，形成统一的成本计算图表格式，做到成本核算结果准确无误。

③定额制定　定额是企业在一定生产技术水平和组织条件下，人力、物力、财力等各种资源的消耗达到的数量界限，主要有材料定额和工时定额。成本控制主要是制定消耗定额，只有制定出消耗定额，才有效进行成本控制。工时定额的制定主要依据各地区收入水平、企业工资战略、人力资源状况等因素。

④制度建设　成本控制中最重要的制度是定额管理制度、预算管理制度、费用申报制度等。在实际中，制度建设存在两个问题。一是制度不完善，在制度内容上，制度建设更多地从规范角度出发，看起来像命令。正确的做法应该是制度建设要从运行出发，这样才能使责任人找准位置，便于操作。二是制度执行不力，一出现问题总是强调管理基础差、人员限制等客观原因，不执行制度，制度形同虚设。

7.5　林业企业销售收入和利润管理

7.5.1　林业企业销售收入管理

(1) 林业企业销售收入的含义和产品销售收入分类

林业企业的销售收入，也可称为营业收入，是指林业企业在生产经营过程中，销售商品、提供劳务及他人使用本企业资产等日常活动中所形成的经济利益的总流入。

林业企业产品销售收入按经营产品类别划分如下：

①主要产品销售收入　是指从森林资源中取得的主要产品的销售收入。如木材、竹材、木材加工产品、锯材、人造板产品、苗木等产品的销售收入。

②综合利用销售收入　是指为了充分利用森林资源，以采伐剩余物、加工剩余物、造材剩余物为原料生产的产品的销售收入。如纤维板、刨花板、纸浆、细木工板、木炭、活性炭、小木制品等的销售收入。

③多种经营产品销售收入　主要是指林副产品、种植业及养殖业产品的销售收入。

④其他产品销售收入　是指除了上述产品以外的其他产品的销售收入。

以林场为例，根据《中共中央　国务院关于印发〈国有林场改革方案〉和〈国有林区改革指导意见〉的通知》《事业单位财务规则》（财政部令第68号）等相关规定，国有林场（事业单位企业化管理）的收入主要包括：

财政补助收入：即林场按预算隶属关系从财政部门取得的各类财政拨款，包括基本支出补助收入和项目支出补助收入。基本支出补助收入是指由财政部门拨入的符合国家规定的经常性补助，包括人员经费补助和日常公用经费补助；项目支出补助收入是指由财政部门拨入的主要用于营林基础设施建设、必要的营造林所需生产资料购置、设备和基础设施维护、向社会购买服务方式的造林护林、林木良种培育、林业有害生物防治、规划设计和方案编制，以及公益林管护等专项补助。

营林业务收入：即林场在林业活动中销售林木(苗木)、林产品或进行林地流转等取得的收入。

上级补助收入：即林场从主管部门和上级单位取得的非财政补助收入。

附属单位上缴收入：即林场附属独立核算单位按照有关规定上缴的收入。

经营收入：即林场在林业活动之外，非独立核算单位开展多种经营活动取得的收入。包括培训、租赁、餐饮、旅游及林下经济等活动的收入。

其他收入：即本条上述规定范围以外的各项收入，包括科研项目收入、教学项目收入、投资收益、利息收入、捐赠收入、国家征占用林地给予的林地林木补偿费、安置补助费等。

林场应当将各项收入全部作为单位预算依据，统一核算，统一管理。林场对按照规定上缴国库的资金，应当按照国库集中收缴的有关规定及时足额上缴，不得隐瞒、滞留、截留、挪用和坐支。

(2) 林业企业销售收入的确认

林业企业销售收入的确认是指判别林业企业销售收入是否实现的过程。采用权责发生制确认销售收入。企业商品销售收入的确认，必须同时符合以下条件：

①企业已将商品所有权上的主要风险和报酬转移给购货方。

②企业既没有保留通常与所有权相联系的继续管理权，也没有对已售出的商品实施控制。

③与交易相关的经济利益能够流入企业。

④相关的收入和成本能够可靠地计量。

(3) 林业企业销售收入的影响因素

一是价格与销售量，二是销售退回，三是销售折扣，四是销售折让。

(4) 林业企业销售收入管理的要求

①加强对市场的预测分析，调整企业的经营战略。

②根据市场预测，制订生产经营计划，组织好生产和销售，保证销售收入的实现。

③积极处理好生产经营中存在的各种问题，提高企业的经济效益。

(5) 林业企业销售收入计划的编制

林业企业销售收入计划是在各商品销售收入预测的基础上，以货币计量反映企业在一定时期内总的销售收入的计划。包括商品销售收入计划和其他销售收入计划。

①编制销售收入计划的要求　要以明确的经营目标为前期；要做到全面性、完整性；要充分估计到企业经营目标实现的可能性，要留有余地。

②编制销售收入计划的依据　一是对上年度企业销售产品进行分析统计，预测需求量，结合企业的现实生产能力，确定计划期产品销售量；二是根据已签订的合同要求供货时间、数量以及企业的生产周期并做适当提前；三是掌握企业产品库存数量，了解半成品进展情况；四是按上级下达的计划任务结合企业最大的可能性，确定计划期产品销售量。

③编制销售收入计划的方法　主要是直接法,即预测销售收入(量)后即可编制销售收入计划。分别确定各种产品的销售收入,汇总即得企业的总销售收入。可用下式得出：计划期产品销售收入=Σ(某种产品单位售价×计划销售量)。林业企业产品的价格确定：凡是有国家或上级主管部门规定的统一价格的,要按统一价格计算；没有统一价格的,则按浮动价格或协议价格计算。

(6) 林业企业销售收入的控制

①调整推销手段,认真执行销售合同,扩大产品销售量,完成销售计划。

②提高服务质量,做好售后服务工作。

③及时办理结算,加快货款回收。

④在产品销售过程中,要做好信息反馈工作。

(7) 林业企业财政专项资金管理

财政专项资金管理是指对专项资金设立、分配、使用和监督的管理。财政专项资金是财政预算安排的具有专门用途的财政性资金。主要包括中央财政专项资金和省级财政专项资金。

林业是国民经济中的弱质性产业,其一个十分重要的表现就是"金融弱质"。林业生产经营周期长,需要长期投资。国家针对林业生产制定了林业扶持资金政策。2014年4月30日,财政部、国家林业局以财农[2014]9号印发《中央财政林业补助资金管理办法》(以下简称《办法》)。

根据《办法》规定,中央财政林业补助资金(以下简称林业补助资金)是指中央财政预算安排的用于森林生态效益补偿、林业补贴、森林公安、国有林场改革等方面的补助资金。

①森林生态效益补偿　根据国家级公益林权属实行不同的补偿标准,包括管护补助支出和公共管护支出2个部分。国有的国家级公益林平均补偿标准,以及集体和个人所有的国家级公益林补偿标准以国家出台的政策为准。

②林业补贴　是指用于林木良种培育、造林和森林抚育,湿地、林业国家级自然保护区和沙化土地封禁保护区建设与保护,林业防灾减灾,林业科技推广示范,林业贷款贴息等方面的支出。

③森林公安补助　主要是用于森林公安机关办案(业务)经费和业务装备经费开支的补助。森林公安补助根据警力、地方财力状况、业务工作量、装备需求、森林资源管理等因素分配。

④国有林场改革补助　主要用于补缴国有林场拖欠的职工基本养老保险和基本医疗保险费用、国有林场分离场办学校和医院等社会职能费用、各省份先行自主推进国有林场改革的奖励补助等。中央财政安排的补助资金补缴国有林场拖欠的职工基本养老保险和基本医疗保险费用后有结余的,可用于林场缴纳职工基本养老保险和基本医疗保险等社会保险以及其他与改革相关的支出。

以福建省三明市为例,中央财政林业专项资金安排见表7-7。

表 7-7　三明市 2020 年中央财政林业专项资金汇总　　　　　万元

项目单位	合计	一、森林资源培育				二、森林资源保护			
		小计	林木良种培育补助	造林补助	森林抚育补助	小计	天然林停伐管护补助	天然林停伐补助(县属国有林场改革)	林业有害生物防治补助
预算科目			2 130 205-森林培育				2 110 507-天然林停伐补助		2 130 234-防灾减灾
合计	17 622.32	2880	175	1651	1054	14 742.32	10 275.32	3800	667
市林业局	40	40	40						
三元区	877.11	139	8	101	30	738.11	200.11	456	82
梅列区	562.08	81		58	23	481.08	128.08	325	28
明溪县	1848.77	336		133	203	1512.77	1200.77	300	12
清流县	2305.32	141		22	119	2164.32	1308.32	716	140
宁化县	1862.42	85		30	55	1777.42	1480.42	287	10
永安市	1671.58	281	35	182	64	1390.58	1342.58		48
大田县	1121.19	301		231	70	820.19	614.19	153	53
龙溪县	1582.56	372	24	348		1210.56	711.56	489	10
沙　县	1225.48	254	20	204	30	971.48	387.48	453	131
将乐县	2178.96	320	30	100	190	1858.96	1480.96	336	42
泰宁县	1341.1	340	10	181	149	1001.1	949.1		52
建宁县	1005.75	190	8	61	121	815.75	471.75	285	59

各级财政部门和林业主管部门应加强对林业补助资金的申请、分配、管理使用情况的监督检查,发现问题及时纠正。对各类违法违规以及违反《办法》规定的行为,按照《财政违法行为处罚处分条例》等国家有关规定追究法律责任。各级财政部门和林业主管部门应加强对林业补助资金管理使用情况的追踪问效,适时组织开展绩效监督。

7.5.2　林业企业利润管理

(1) 利润构成

企业的利润总额由销售利润(营业利润)、投资净收益和营业外收支净额组成。

利润总额=销售利润+投资净收益+营业外收支净额

①销售利润　即营业利润,是企业从事各种经营活动所取得的利润,包括主营业务利润和其他业务利润(表 7-8)。

销售利润=产品销售利润+其他销售利润-管理费用-财务费用

产品销售利润是企业销售主要产品、自制半成品、提供工业性劳务所取得的净收益。

产品销售利润=产品销售净收入-产品销售成本-产品销售费用-产品销售税金及附加

其他销售利润是企业的其他销售业务所取得的净收益,是其他销售收入扣除其他销售成本(其他业务支出)、其他销售税金及附加后的余额。

其他销售利润=其他销售收入-其他销售成本-其他销售税金及附加

表 7-8 某林场的营业收支明细　　　　　　　　　　　　　　　　　　　元

项目	行次	计量单位	营业数量	营业收入		营业成本		营业费用	营业利润	
				单价	金额	单价	金额		单位成本	金额
杉原木	1	m³	2600	1170	3 042 000	407	1 057 200	483 000	578	1 501 800
松原木	2	m³	1600	660	1 056 000	344	550 200	286 000	137	219 800
杂原木	3	m³	70	640	44 800	357	25 000	13 000	97	6800
杉非规	4	m³	3600	1100	3 960 000	397	1 430 000	672 000	516	1 858 000
松非规	5	m³	800	560	448 000	354	283 000	153 300	15	11 700
杂非规	6	m³	180	600	108 000	289	52 000	33 000	128	23 000
薪材	7	m³	1380	580	800 400	405	559 000		175	241 400
合计			10 230		9 459 200	387	3 956 400	1 640 300		3 862 500

②投资净收益　指企业投资收益减投资损失后的净额。投资收益和投资损失是指企业对外投资所取得的收益或发生的损失。投资收益扣除投资损失后的净收益，是企业利润总额的构成项目。投资收益包括对外投资分得的利润、股利和债券利息，投资到期收回或者中途转让取得款项大于账面价值的差额，以及按照权益法记账的股票投资、其他投资在被投资单位增加的净资产中所拥有的数额等。投资损失包括对外投资到期收回或者中途转让取得款项少于账面价值的差额，以及按照权益法记账的股票投资、其他投资在被投资单位减少的净资产中所分担的数额等。

③营业外收支净额　是指营业外收入与营业外支出的差额。营业外收入和营业外支出是指企业发生的与其生产经营活动没有直接关系的各项收入和各项支出。营业外收入包括固定资产盘盈及出售净收益、罚款收入、因债权人原因而无法支付的应付款项、教育费附加返还款等。营业外支出包括固定资产盘亏、处置固定资产净损失、处置无形资产净损失、债务重组损失、计提的无形资产减值准备、计提的固定资产减值准备、计提的在建工程减值准备、罚款支出、捐赠支出、非常损失等。

(2) 利润计划

利润计划是企业财务计划的重要组成部分，它是在利润预测的基础上编制而成的，是对利润预测和经营决策的具体反映。利润计划也是一定时期企业生产经营活动的目标。

(3) 利润分配

利润分配是将企业实现的净利润，按照国家财务制度规定的分配形式和分配顺序，在企业和投资者之间进行的分配。利润分配的过程与结果关系到所有者的合法权益能否得到保护，企业能否长期、稳定发展，企业必须加强利润分配的管理和核算。

①按照《中华人民共和国公司法》的规定，公司利润分配的项目包括以下部分：

a. 法定公积金：法定公积金从净利润中提取形成，用于弥补公司亏损、扩大公司生产经营或者转为增加公司资本。公司分配当年税后利润时应当按照10%的比例提取法定公积金；当法定公积金累计额达到公司注册资本的50%时，可不再继续提取。任意公积金的提取由股东会根据需要决定。

b. 股利(向投资者分配的利润)：公司向股东(投资者)支付股利(分配利润)，要在提取公积金之后。股利(利润)的分配应以各股东(投资者)持有股份(投资额)的数额为依据，每一股东(投资者)取得的股利(分得的利润)与其持有的股份数(投资额)成正比。股份有限公司原则上应从累计盈利中分派股利，无盈利不得支付股利，即所谓"无利不分"的原则。但公司用公积金抵补亏损以后，为维护其股票信誉，经股东大会特别决议，也可用公积金支付股利。

中国证券监督管理委员会于2008年10月9日颁布实施的《关于修改上市公司现金分红若干规定的决定》强调了股利分配中现金分红的重要性，要求上市公司应当在公司章程中明确现金分红政策，利润分配政策应当保持连续性和稳定性。此外，利润分配作为上市公司申请公开增发或配股的重要前提条件，还强调公司最近3年以现金方式累计分配的利润不少于最近3年实现的年均可分配利润的30%。

②利润分配的顺序　根据《中华人民共和国公司法》等有关法规的规定，企业当年实现的净利润，一般应按照下列内容、顺序和金额进行分配：

a. 计算可供分配的利润：

本年可供分配的利润＝本年净利润(或亏损)＋年初未分配利润(或亏损)

如果可供分配的利润为负数(即亏损)，则不能进行后续分配；如果可供分配利润为正数(即盈利)，则进行后续分配。

b. 提取法定盈余公积金：在不存在年初累计亏损的前提下，法定盈余公积金按照税后净利润的10%提取。法定盈余公积金已达注册资本的50%时可不再提取。提取的法定盈余公积金用于弥补以前年度亏损或转增资本金，但转增资本金后留存的法定盈余公积金不得低于注册资本的25%。

c. 提取任意盈余公积金：《中华人民共和国公司法》第167条第3款规定："公司从税后利润中提取法定公积金后，经股东会决议，可以提取任意公积金。"其主要用途是扩大再生产。任意盈余公积金计提标准由股东大会确定，如确因需要，经股东大会同意后，也可用于分配。

d. 向股东(投资者)支付股利(分配利润)：企业以前年度未分配的利润，可以并入本年度分配。公司股东会或董事会违反上述利润分配顺序，在抵补亏损和提取法定公积金之前向股东分配利润的，必须将违反规定发放的利润退还公司。

③利润分配的基本原则

a. 依法分配原则：企业利润分配的对象是企业缴纳所得税后的净利润，这些利润是企业的权益，企业有权自主分配。国家有关法律、法规对企业利润分配的基本原则、一般次序和重大比例也做了较为明确的规定，其目的是保障企业利润分配的有序进行，维护企业和所有者、债权人以及职工的合法权益，促使企业增加积累，增强风险防范能力。国家有关利润分配的法律和法规主要有《中华人民共和国公司法》《中华人民共和国外商投资法》等，企业在利润分配中必须切实执行上述法律、法规。利润分配在企业内部属于重大事项，企业的章程必须在不违背国家有关规定的前提下，对本企业利润分配的原则、方法、决策程序等内容做出具体而又明确的规定，企业在利润分配中也必须按规定办事。

b. 资本保全原则：资本保全是责任有限的现代企业制度的基础性原则之一，企业在利润分配中不能侵蚀资本。利润的分配是对经营中资本增值额的分配，不是对资本金的返还。按照这一原则，一般情况下，企业如果存在尚未弥补的亏损，应首先弥补亏损，再进行其他分配。

c. 充分保护债权人利益原则：按照风险承担的顺序及其合同契约的规定，企业必须在利润分配之前偿清所有债权人到期的债务，否则不能进行利润分配。同时，在利润分配之后，企业还应保持一定的偿债能力，以免产生财务危机，危及企业生存。此外，企业在与债权人签订某些长期债务契约的情况下，其利润分配政策还应征得债权人的同意或审核方能执行。

d. 多方及长短期利益兼顾原则：利益机制是制约机制的核心，而利润分配的合理与否是利益机制最终能否持续发挥作用的关键。利润分配涉及投资者、经营者、职工等多方面的利益，企业必须兼顾，并尽可能地保持稳定的利润分配。在企业获得稳定增长的利润后，应增加利润分配的数额或百分比。同时，为了满足发展及优化资本结构的需要，除依法必须留用的利润外，企业还可以出于长远发展的考虑，合理留用利润。在积累与消费关系的处理上，企业应贯彻积累优先的原则，合理确定提取盈余公积金和分配给投资者利润的比例，使利润分配真正成为促进企业发展的有效手段（表7-9）。

表 7-9 某林场损益和利润分配　　　　　　　　　　　　　　　　　　　　　元

项　目	行次	上年同期	累计数
一、主营业务收入	1		9 459 200
减：营业成本	2		3 956 400
营业费用	3		1 640 300
营业税金及附加	4		
育林及维简费	5		
二、主营业务利润	6		3 862 500
加：其他业务利润	7		267 240
减：管理费用	8		6 580 000
财务费用	9		-43 000
三、营业利润	10		-2 407 260
加：投资收益	11		
承包户上交净收入	12		
补贴收入	13		2 136 000
营业外收入	14		3500
减：营业外支出	15		8000
以前年度损益调整	16		-300 000
四、利润总额	17		24 240
减：所得税	18		

(续)

项 目	行次	上年同期	累计数
五、净利润	19		24 240
加：年初未分配利润	20		2 965 000
减：归还借款的利润	21		
单项留用利润	22		
六、可供分配的利润	23		2 989 240
加：盈利公积金补亏	24		
减：提取盈余公积金	25		
七、未分配利润	26		2 989 240

典型案例

案例7-1　福建森工企业筹资策略

福建森工企业为实现资本运营的高效化、社会化、市场化目标，需要正确选择融资工具，建立适合自身特点的资本筹资体系，从中选择比较有利的筹资渠道。

1. 筹资策略制定前提

在制定筹资决策时必须综合考虑以下因素：

(1) 明确筹资目的。要明确资本运营的具体目标和方式。如优化经济结构，推进企业的集约经营，加强森林资源的保护和管理，企业的公司制、股份制改造，资产的重新组合和优化配置，企业的兼并收购、产权交易等。

(2) 分析筹资代价和风险。筹资时，企业除了需要付出筹资代价(如利息)外，还要承担多方面的责任(取决于筹资方式和合同条款)，为此森工企业应建立良好的信誉，把信誉作为第一重要因素。筹资过程中还要充分把握利率变动和汇率变动风险。

(3) 抓住筹资条件和时机。森工企业筹资时要考虑人、财、事三方面因素，同时要考虑企业产业发展过程中的内在条件和宏观市场条件。森工企业公司制、股份制改造的规范化必然带来金融市场筹资的良好机遇。

(4) 正确选择筹资方式。对森工企业自有资本和借入资本的筹集要充分考虑筹资数额、资金到位时间、期限等。对金融市场的多种筹资方式如直接融资、间接融资、投资基金等，森工企业要根据自身具体情况和资本运营的战略目标做出合适的选择。

2. 筹资策略

森工企业必须解放思想，深化企业改革，使企业由政府及林业管理部门附属物的地位转变为自主经营、自负盈亏的独立的商品生产经营者。同时，作为资本运营主体的国有企业，必须合理制定筹资策略，选择适宜的融资模式，实现融资渠道的多元化。

(1) 直接筹资策略。

①发行股票筹集资金：此方式优点是能减少企业财务风险，降低企业负债率，保证资本运营对资金的需要。做此筹资策略选择必须具备几个条件：a. 股份公司经营状况良好，经济实力和资信相对较高。b. 股份公司成长需要大量资金，其他筹资方式不能满足。c. 股份公司名声在社会日益显扬，人们对企业有投资兴趣。d. 政府及林业行政管理部门有计划将股份公司推向证券市场。

②发行债券：企业债券是企业为筹集长期资金而发行的长期债务证券，规定到期日，归还本金，并支付利息。森工企业可以森林资源资产作保证尝试发行营林建设债券，主要用于森林资源培育及速生丰产林建设。

③发展林业产业投资基金：林业产业投资基金是一种借鉴发达国家市场经济"创业投资基金"运作形式，通过发行基金收益券募集资金，交由专家组成的林业投资管理机构运作，基金资产分散投资于不同的林业产业项目，投资收益按资分成的金融工具。林业产业投资基金作为一个商业性投融资工具，主要通过支持森工企业中高科技型的先导产业，来实现自身的增值并促进森工企业经济的增长，也可以适当投资于适应市场经济发展需要的中小型林产工业企业与森林服务性企业。

④发行可转换公司债券：可转换公司债券是一种介于股票和债券之间的融资工具，允许债券持有人在规定时间内，按一定比例将债券换成公司的普通股票。可转换公司债券作为一种将股权和债券结合在一起的投资品种，兼具股票和债券的优点，对企业来说，转债利率比银行利率还低，融资成本低；对投资者来说，转债既有债券到期还本付息的安全性，还有机会享受转换成股票后的较高收益。可转换债券筹集的资金特别适合投向投资期限长、回报速度慢的林产工业项目。

(2) 间接筹资策略。银行贷款是企业最为熟悉的获取借入资本的方式。森工企业通过贷款筹集借入资本不仅仅限于国内银行贷款，还包括国内非银行金融机构贷款、政策性银行贷款、外国商业银行贷款、国际金融组织贷款。森工企业采取这种筹资策略要特别重视银行贷款方式和金融形势的变化。国家实行紧缩政策时，银行对企业的贷款会相应减少，利率可能会提高，企业就应尽早采取应急措施，如提前申请贷款或调整资本运营计划等。

巩固训练

1. 学生自主组成团队，每个团队3~5人。以学生自荐和同学推荐的方式选出各组组长，由组长对团队成员进行职责分工，主要包括：资料查找、资料整理编辑人员等（分工是相对的，可适当转换角色）。团队成员共同填写好工作页，组长审核、总结后上交教师。

2. 分组分析下列案例：

某森工企业采用融资租赁的方式于2015年1月1日融资租入一台设备，设备价款为60 000元，租期为10年，到期后设备归企业所有。计算并回答下列问题：

(1) 如果租赁双方商定采用的折现率为20%，计算每年年末等额支付的租金额。

(2) 如果租赁双方商定采用的折现率为18%，计算每年年初等额支付的租金额。

(3) 如果企业的资金成本为16%，哪一种支付方式对企业有利？为什么？

小 结

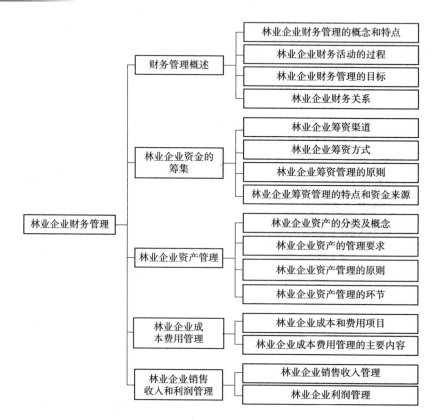

思考与练习

一、单选题

1. 下面哪一种筹资构成企业自有资金，同时成为所有者权益？（　　）

A. 企业发行股票　　　　　　　　　B. 企业发行债券

C. 企业向银行借款　　　　　　　　D. 企业应付款项

2. 固定资产折旧是企业财务活动中的（　　）。

A. 对内投资　　B. 耗资　　C. 筹资　　D. 收资

3. 下面哪个筹资渠道无须花费成本去筹集资金？（　　）

A. 银行信贷资金　　　　　　　　　B. 企业留存收益

C. 保险公司、信托投资公司资金　　D. 居民个人资金

4. 有限责任公司中哪一类公司的最低注册资本为50万元人民币？（　　）

A. 生产经营公司和商业批发公司　　B. 商业零售公司

C. 科技开发、咨询公司　　　　　　D. 股份有限公司

5. 100元本金在复利年利率10%的情况下，第一年、第二年和第三年的终值分别为（　　）。
   A. 100元、100元和100元　　　　B. 110元、121元和133.1元
   C. 110元、110元和110元　　　　D. 133.1元、121元和110元

6. 在复利年利率10%的情况下，未来5年中每年年末收入100元，则年金现值为（　　）。
   A. 500元　　　B. 379.08元　　　C. 551.5元　　　D. 610.5元

7. 下面占流动资产比例最高的是（　　）。
   A. 存货资产　　　　　　　　　　B. 货币资产
   C. 应收和预付货款资产　　　　　D. 机器设备

8. 最能体现企业短期偿债指标的是（　　）。
   A. 流动比率　　　　　　　　　　B. 速动比率
   C. 现金比率　　　　　　　　　　D. 应收账款周转率

9. 下面不能作为企业资本金即注册资本的筹资方式的是（　　）。
   A. 发行股票　　　　　　　　　　B. 吸收货币资金的直接投资
   C. 吸收实物和无形资产的直接投资　D. 发行债券

10. 资金运动是企业再生产过程中的（　　）。
    A. 特殊方面　　B. 价值方面　　C. 综合方面　　D. 财务活动

二、判断题

1. 资金包括机器设备、原材料等的货币表现。（　　）
2. 筹集到的资金可以是实物形态或无形资产形态。（　　）
3. 净利润可直接分配给公司股东即投资者。（　　）
4. 企业应付账款实质上就是向其他企业借入资金。（　　）
5. 股票票面价格和债券票面价格都无实际经济意义。（　　）
6. 资本金大于或等于法定资本金。（　　）
7. 按货币时间价值看，今年100元价值高于明年100元价值。（　　）
8. 企业可吸收实物如机器和无形资产如商标、专利等的直接投资。（　　）
9. 优先股兼有债券特性即优先分得股息和公司剩余财产。（　　）
10. 企业长期偿债能力指标资产负债率大于100%，实际上企业已资不抵债，处于破产边缘。（　　）

单元 8
林业企业创新发展与创业管理

学习目标

知识目标

(1) 了解林业企业创新的概念、分类和特点,掌握现代林业企业创新的内容。

(2) 了解企业管理的含义,理解创业管理与传统管理的区别,掌握企业创业的策略和林业企业创业项目选择的方法。

技能目标

(1) 能引领林业企业创新发展。
(2) 能进行林业企业创业设计和管理。

案例导入

茶油公司的创新之路

湖南大三湘茶油股份有限公司是一家专注于茶油产业的新型农林高科技企业,是衡阳市优秀茶油企业,也是湖南省乃至我国的茶油标杆企业之一。公司致力于打造"从茶山到餐桌"(包括育苗、种植、工艺研发、压榨生产、茶油关联产品的精深加工及终端销售渠道、增值服务拓展)的全产业链的现代农业企业。公司树立创新意识,目前已申请专利100多项,大三湘原香山茶油生产加工工艺荣获"国家科学技术进步奖""湖南创新奖"等殊荣。公司不仅自己经营得风风火火,还以"振兴茶油民族产业,带动千万农民致富"为使命,帮助农民脱贫致富。

问题:

1. 现代林业企业创新的内容包含哪些?
2. 创新与创业有什么关系?
3. 林业创业项目如何选择?

知识准备

推进大众创业、万众创新,是培育和催生经济社会发展新动力的必然选择,是扩大就业、实现富民之道的根本举措,是激发全社会创新潜能和创业活力的有效途径。

8.1 林业企业创新发展

美国著名管理学家哈罗德·孔茨指出:企业家精神就是要不满足于事情的现状并认识到采用不同的方法做事的需求。德鲁克提出:目前的经济已由"管理的经济"转变为"创新的经济"。

林业企业肩负着经济效益和生态效益的双重重任,在激烈的市场竞争环境下,唯有不断创新,即通过管理创新、技术创新、制度创新、文化创新的相互作用,来增强核心竞争力,才能实现可持续发展,最终实现林业的可持续发展。

8.1.1 林业企业创新的概念和类型

(1)林业企业创新的概念

林业企业创新是指以林业企业为主体,以市场为导向,为获取更好的经济效益、生态效益和社会效益,对企业的存在方式、经营理念、制度安排、经济行为及生产要素进行新的调整和新的组合的过程或行为。

林业企业的创新管理是指在特定的林业经济可持续发展的目标下，林业企业根据内外部环境条件的变化，应用创新的知识，采用新观念、新制度、新技术和新的管理模式，来提高市场竞争力并促进经济增长方式转变的活动。这里所说的内外部环境条件包括政策、经济、人文、市场、技术、自然等外部环境和企业的技术、资金、企业文化、人力资源等内部环境。

现代企业的本质特征就是创新，企业只有不断地创新，才能提高其市场应变能力和竞争能力，获得更多的利润和市场份额，并推动社会进步和经济发展。创新是企业的生命所在。

（2）林业企业创新的类型

根据创新产品进入市场的时间先后，结合市场经济条件下的社会发展需求，将林业企业创新分成以下 3 种基本类型。

①开拓性创新　也称率先创新，是指依靠自身的努力和探索，产生核心概念或核心技术的突破，并在此基础上完成创新的后续环节，率先实现技术的商品化和市场开拓，向市场推出全新产品。

②模仿性创新　是指企业通过学习、模仿率先创新者的创新思路和创新行为，吸取率先者的成功经验和失败教训，引进和购买率先者的核心技术和核心机密，并在此基础上改进完善，进一步开发。

③适应性创新　是指在过去赖以生存的环境接近终结的转折时期，企业洞察并适应新的环境变化，通过创新得以生存。企业有两种境界，一种是追求生存，另一种是追求长存。追求生存的企业更加关注市场占有率、利润、行业排名；追求长存的企业，目标是"永续经营"。要达成长存的目标，只有一个办法——适应性创新。适应性创新能够更好地应对残酷而未知的竞争。

8.1.2　林业企业创新的特点

（1）系统性

林业企业必须创建自己的创新体系。林业企业创新涉及组织创新、技术创新、管理创新、战略创新、企业文化创新等方面的问题。各方面创新是相互关联的，林业企业不能孤立地考虑某一方面的创新，而要全盘考虑整个林业企业的发展。林业企业应该建立起一个合理、有效的创新体系，创新体系中各个环节有互动作用，每个环节都可能是起点，也可能是终点，而且每个环节都有可能重复出现。国际上许多著名企业的案例都表明，在内外环境不断变化的条件下，企业持久发展的动力在于创新体系的各个环节的互动作用。林业企业创新体系互动模式如图 8-1 所示。

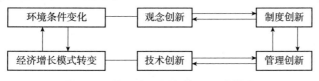

图 8-1　林业企业创新体系互动模式

（2）时效性

在瞬息万变的市场环境条件下，企业创新有很强的时效性，速度竞争将是最新竞争战场和竞争焦点，谁抢先占领新市场，谁就有可能在竞争中取胜。时效性成为创新的重要因素，也是创新决策的一大特点。

(3) 层次性

现代林业企业的组织结构呈多层次性，企业决策层周围往往是围绕一层至多层的组织。创新可能在企业不同层次的组织中产生，所以创新就呈现出与企业组织结构相对应的多层次性。

(4) 战略性

企业高层管理者做出的决策是战略性的决策。重要的创新决策最终是由高层做出决策的，因此，创新决策是具有战略意义的决策。企业创新发展必须要有战略的前瞻性，要有周期性计划，才能使企业可持续发展。

(5) 社会性

林业企业一方面要通过开发森林资源谋求自身发展，另一方面又需要发挥生态效益和社会效益。林业企业创新的目标是提高经济效益，同时要兼顾生态效益、社会效益，三者之间的平衡不易掌握，但又必须平衡。

8.1.3 现代林业企业创新的内容

8.1.3.1 产品创新

(1) 产品创新的定义

所谓产品创新，是指为更好地满足顾客需求而推出具有新功能、新结构、新外观的产品。产品创新是一个全方位、多层次的概念。产品创新应着眼于开发具有特定销售目标的产品，以给目标顾客带来更多功能、更大价值的满足感。

(2) 新产品的类型

罗伯特·库伯在《新产品开发流程管理》中列出了 6 种不同类型的新产品。

①全新产品　这类新产品是其同类产品的第一款，并创造了全新的市场，此类产品占新产品的 10%。

②新产品线　这类产品对市场来说并不新鲜，但对于有些厂家来说是新的，约有 20% 的新产品归于此类。

③已有产品品种的补充　这些新产品属于企业已有的产品系列的一部分。对市场来说，它们也许是新产品。此类产品是新产品类型中较多的一类，约占所推出的新产品的 26%。

④改进的老产品　这些不怎么新的产品从本质上说是企业老产品品种的替代。它们比老产品在性能上有所改进，能提供更多的内在价值，该类新改进的产品占推出的新产品的 26%。例如，某公司生产的胶合板，不仅会吸附甲醛，还会释放负氧离子，让人们不再担心装修的污染，是对胶合板的技术改进。

⑤重新定位的产品　适于老产品在新领域的应用，包括重新定位于一个新市场，或应

用于一个不同的领域，此类产品占新产品的 7%。

⑥降低成本的产品　将这些产品称作新产品有点勉强。它们被设计出来替代老产品，在性能和效用上没有改变，只是成本降低了，此类产品占新产品的 11%。

8.1.3.2　服务创新

服务创新就是使潜在用户感受到不同于从前的崭新内容，是指将新的设想、新的技术手段转变成新的或者改进的服务方式。这种服务在以前由于技术等限制因素不能提供，现在因突破了限制而能提供。服务既包括林业企业的售前、售中、售后服务，又包括林业服务企业的服务。

林业服务企业有其特殊性，例如，开发森林生态旅游项目在追求经济效益的同时，更应强调其生态和美学观赏功能，突出教育性和知识性，走经济效益、生态效益、社会效益三结合的路子，最终实现人和自然的和谐。必须在科学规划指导下，以森林生态旅游为基础，以市场需求为导向，以资源保护优先为前提，以满足旅游消费者求新、求美、求异为着眼点，以"自然生态"为原则，挖掘森林旅游的文化内涵，如开发各种有意义的纪念林、开展森林摄影比赛等，创造性地开发多样化与个性化相结合的雅俗共赏的森林旅游项目。

8.1.3.3　技术创新

技术创新是企业发展的动力。

(1)技术创新和产品创新的关系

技术创新主要指生产技术的创新，包括开发新技术，或者将已有的技术进行应用创新。技术创新和产品创新既有密切关系，又有所区别。技术的创新可能带来但未必带来产品的创新，产品的创新可能需要但未必需要技术的创新。一般来说，运用同样的技术可以生产不同的产品，生产同样的产品可以采用不同的技术。产品创新侧重于商业和设计行为，具有成果的特征，因而具有更外在的表现；技术创新具有过程的特征，往往表现得更加内在。产品创新可能包含技术创新的成分，还可能包含商业创新和设计创新的成分。技术创新一方面可能并不带来产品的改变，而仅仅带来成本的降低、效率的提高，如改善生产工艺，优化作业过程，从而减少资源消费、能源消耗、人工耗费或者提高作业速度；另一方面，新技术的诞生，往往可能带来全新的产品，技术研发往往对应于产品或者着眼于产品创新，而新的产品构想往往需要新的技术才能实现。

(2)技术创新与管理创新的关系

技术创新不仅指生产技术创新，还包括管理技术的创新。生产技术是企业打造名牌、赢得市场的前提和基础，管理技术是企业完善管理、提高效率的强有力的手段，两者都影响着企业核心竞争力的形成。管理技术包括硬体技术和软体技术两个方面内容。管理硬体指的是管理设施、设备、手段，如监控设备、通信设备、办公设备等；管理软体指的是管理理论、方法、经验。管理技术的创新对企业的管理成效发挥着事半功倍的作用。随着知识经济时代的到来，高新技术、管理思想变革广泛渗透到企业管理的各个环节，谁率先进行管理技术创新，率先引进先进的管理方法、手段，谁就能在竞争中处于优势。这就要求林业企业必须加大科学创新的力度，积极主动地将先进管理成果转化、应用到林业企业管理的各个环节中。

（3）现代林业企业技术创新的主要内容

包括：工艺创新；材料创新；手段创新。如木竹高效加工是工艺创新，开发林业生物质能源与材料是材料创新，林业智能装备、"互联网+"科技服务链是手段创新。

（4）现代林业企业技术创新的策略

林业企业要不断提高自主创新能力，实施创新驱动发展战略，做到人无我有，人有我优，人优我新。由于林业企业具有多种效益目标，因此林业企业的技术创新需要国家支持。《国家林业局关于加快实施创新驱动发展战略支撑林业现代化建设的意见》（林科发〔2016〕132号）提出增强科技创新有效供给的三大主题，其中与林业企业发展有关的是："引领产业绿色发展。围绕传统产业转型升级、新兴产业培育等战略需求，加强森林资源定向培育、木竹高效加工、非木质资源增值利用、林业生物质能源与材料、林业智能装备、碳汇林业、森林旅游与休闲康养等关键技术研究，构建从资源培育、原料收储、制造加工到产品服务一体化的产业技术创新链"。专家预测，这项技术有可能带来一个新的万亿级产业。对于山区、沙区、林区经济社会的发展，"围绕经济林、竹藤花卉、珍贵用材林、林下经济等资源高效培育与开发利用，突破优质高产新品种培育、高效经营、种植养殖、精深加工等实用技术，通过技术集成、组装配套和试验示范，培育不同区域的特色主导产业"。同时还提出了几个相应的配套措施：加快科技成果转化推广、提升林业标准化水平、加强科技人才队伍建设、完善林业科技体制机制、强化科技创新保障措施。各级林业主管部门为推进林业现代化、建设生态文明和美丽中国提供强大科技支撑。

8.1.3.4 组织与制度创新

（1）现代林业企业组织创新

组织创新是企业发展的保障。任何组织机构，都不是一成不变的，必须随着外部环境和内部条件的变化而不断地进行调整和变革，才能顺利地成长、发展。应用行为科学的知识和方法，把人的成长、发展希望与组织目标结合起来，通过调整和变革组织结构及管理方式，使其能够适应外部环境及组织内部条件的变化，提高组织活动效益的过程，就是所谓的组织创新，也称组织开发。企业组织创新包括组织机构的基本形式、部门设置、权力分配、岗位设定、人员分配等方面的创新，它直接关系到企业的管理水平、管理效率和管理成效。在市场经济环境中，一个高效灵活、适应性强的组织结构是企业快速适应市场的重要保障。当前，林业企业组织的创新必须坚持"精简、合理、高效"的原则，通过减少管理层级、压缩职能机构、裁减富余人员以及增强机动性能，建立起一种紧凑而富有弹性的工作机制，最大限度地发挥组织的效能。

（2）现代林业企业制度创新

制度创新是企业发展的基础。现代企业制度创新是指为了实现管理目的，将企业的生产方式、经营方式、分配方式、经营观念等重新进行规范化设计与安排的创新活动。制度创新是把思维创新、技术创新和组织创新活动制度化、规范化，同时又有引导思维创新、技术创新和组织创新的作用。它是管理创新的最高层次，是企业的顶层设计，是管理创新实现的根本保证。企业制度创新的目的是建立一种更优的制度安排，调整企业中所有者、经营者、劳动者的权力和利益关系，使企业具有更高的活动效率。

林业企业进行制度创新，首先要完善产权制度，进行产权创新。要把简单的资本制度，变成成功的、知识型的制度，才可以让传统林业产业变得强大。林业企业肩负营林、提供林产品、实现生态效益和经济效益的多重任务，根据具体任务，运用现代企业制度，对企业实行产权多元化改组，经济成分上由单一公有制向多种所有制关系并存转化，确立非公有制林业。改革采伐限额管理办法，真正赋予非公有经营者以自主权；切实减轻林业税费负担，使林业经营者真正有利可图；建立新型林业生产补助制度；建立林地流转市场，加速林业生产要素有序流动。

(3) 组织与制度创新分类

①以组织结构为重点的变革和创新　如重新划分或合并部门、流程改造、改变岗位及岗位职责；调整管理幅度；应加强林产品质量监管，建立主要林产品质量安全追溯体系，加强林产品风险评估和预警，健全林产品质量安全监测制度，强化涉及人体健康和生命安全的林产品质量监管；积极推动林业行业协会、学会等社会组织建立行业质量自律机制，制定行业质量自律行为公约；强化企业产品质量安全主体责任，推动林业企业诚信经营，主动发布企业质量信用报告。

②以人为重点的变革和创新　即改变员工的观念和态度，包括知识的变革、态度的变革、个人行为乃至整个群体行为的变革。

③以任务和技术为重点的变革和创新　即任务重新组合分配，更新设备、技术创新，达到组织创新的目的。如林业行业正实施林业"标准化+"行动，进行制度创新；建立"执行标准清单"制度，推动重点林业工程建设按标准进行设计、施工、监理和验收，主要林产品实现标准化生产；强化标准实施监督，将标准纳入林业行政管理和业务考核工作体系；加强各级各类标准化示范区(企业、基地)建设，开展林业认证认可试点，强化林产品地理标志保护。

8.1.3.5　管理创新

(1) 企业管理创新的含义

企业管理创新是指在特定的时空条件下，通过计划、组织、指挥、协调、控制、反馈等手段，对企业所拥有的生物、非生物、资本、信息、能量等资源要素进行再优化配置，并实现人们新诉求的生物流、非生物流、资本流、信息流、能量流目标的活动。

(2) 企业管理创新的内容

管理创新既可以指管理模式的创新，也可以指具体管理方式的创新。因此，企业管理创新，包含两个方面的内容：一是随着内外环境的变化，企业由一种管理模式转变成另一种管理模式，如我国林业国有林场改革就属于管理模式的创新；二是维持原有管理模式，改变其具体管理方式。按职能，将管理创新分解为目标、计划、实行、检馈、控制、调整、领导、组织、人力9项管理职能的创新；按业务组织的系统，将管理创新分为战略创新、模式创新、流程创新、标准创新、观念创新、风气创新、结构创新、制度创新。以企业职能部门的管理而言，企业管理创新包括研发管理创新、生产管理创新、市场营销和销售管理创新、采购和供应链管理创新、人力资源管理创新、财务管理创新、信息管理创新等。

（3）现代林业企业管理创新发展趋势

企业管理创新因环境的变化而变化，根据有关学者的总结和林业企业的发展规律，这里把林业企业管理创新发展趋势概括为以下几点：一是由单纯追求利润最大化向追求企业可持续成长转变，这点也符合林业生产长期性的特点；二是由传统的要素竞争转向企业运营能力的竞争；三是信息技术改变企业管理方式；四是由片面追求经济利益转变为注重履行社会责任，实现经济效益、生态效益、社会效益协调发展；五是重视顾客导向观念并超越。

8.1.3.6 营销创新

企业营销是企业生存和发展的保障，企业想持续性地发展下去，就需有一套先进的营销模式。营销创新是指营销策略、渠道、方法、广告、促销及策划等方面的创新，是根据营销环境的变化情况，并结合企业自身的资源条件和经营实力，寻求营销要素在某一方面或某一系列的突破或变革的过程。

林业企业传统的营销模式已不适应当今信息时代市场的需求。电子商务营销模式的发展，有利于林业企业木材及其他产品的快速销售，打破了传统营销模式信息传递慢、反馈不及时的缺点，不仅能使企业的信息及时传递出去，无形中也减少了企业运营的成本；能近距离地与消费者沟通，提供适合消费者特点的个性化商品，为林业企业增加经济效益。例如，山东省临沂市沂蒙老区过去是一个荒野之地，交通不便，靠传统营销方式打不开人造板销路。通过创新营销模式，创建林业物流，结合电子商务，改变了沂蒙老区人造板生产及销量在中国的地位。

8.1.3.7 文化创新

（1）企业文化创新的含义和内容

企业文化创新是指为了使企业的发展与环境相匹配，根据本身的性质和特点形成体现企业共同价值观的企业文化，并不断创新和发展的活动过程。企业文化创新的实质在于，企业文化建设中突破与企业经营管理实际脱节的僵化的文化理念和观点的束缚，实现向贯穿于全部创新过程的新型经营管理方式的转变。相对于现代企业的其他资源因素，如生产线、技术、资金、管理方式，企业文化可能是最能稳定发挥作用的因素。"真正影响企业发展与走向的不是技术，也不是资金，而是文化"。

企业文化创新要以对传统企业文化的批判为前提，对构成企业文化诸要素包括经营理念、企业宗旨、管理制度、经营流程、仪式、语言等进行全方位系统性的弘扬、重建或重新表述，使之与企业的生产力发展步伐和外部环境变化相适应。企业文化创新的前提是企业经营管理者观念的转变。因此，进行企业文化创新，企业经营管理者必须转变观念，提高素质。

（2）林业企业文化创新的思路

①深入挖掘林业企业文化的内涵　要彻底改变搞企业文化就是举办唱歌、跳舞、书法、摄影比赛等工会活动的思维定势，真正将企业文化的概念定位在企业经营理念、企业价值观、企业精神和企业形象上。当前，社会对生态文明建设的关注达到了前所未有的高度，人们对林业文化建设地位和作用的认识也产生了质的变化，林业行业亦被赋予了新的时代使命。因此，现代林业企业既要传承自身的企业文化，也要注入新的时代元素，突出生态文化建设、培育和弘扬林业的工匠精神。

②转变思想观念　改变原来的自我封闭、行政命令、平均主义和粗放经营观念，牢固树立适应市场要求的全新的发展观念、改革观念、市场化经营观念、竞争观念、效益观念等。

③不断更新知识　要掌握现代化的管理知识和技能，吸收国外优秀的管理经验，并且在文化上要积极融入世界，为企业走国际化道路做好准备。

④培育体现创新精神的速度文化　一个公司的成败取决于其适应变化的能力。这就意味着速度就是效益，时间就是金钱。因此，培育一种重视速度的企业文化成为很多公司的当务之急。企业速度文化的精髓在于最先发现最终消费者。新时代市场竞争的焦点不再集中于谁的科技更优良，谁的规模更强大，谁的资本最雄厚，而是要看谁最先发现最终消费者，并能最先满足最终消费者的需求。

8.2　林业企业创业管理

8.2.1　创业和创业管理的含义

（1）创业的含义

创业是一种存在已久的社会现象，它的解释与定义也是随着时代的发展而发展的。创业本意是"创立基业""创建功业"。目前人们对创业的定义是创业者通过发现和识别商业机会，在资源缺乏的情况下组织各种资源，提供产品和服务，以创造价值的过程。创业是一种劳动方式，是一种需要创业者运营、组织、运用服务、技术、器物作业的思考、推理和判断的行为。

创业涉及科技创业、社会创业以及创新和创业的组织化整合管理等方面。创业可以是个体创业行为，也可以是企业创业行为。本单元着重研究企业创业行为。

（2）创业管理的含义

创业管理主要研究企业管理层的创业行为，研究企业管理层如何延续注入创业精神和创新活力，增强企业战略管理的柔性和竞争优势。创业管理反映了创业视角的战略管理观点。Stevenson 和 Jarillo 于 1990 年提出创业学和战略管理的交叉，使用"创业管理"这个词以示二者的融合，他们提供了一个从创业视角概括战略管理和一般管理的研究框架，创业是战略管理的核心。

创业管理的核心问题是机会导向、动态性等。机会导向，即指创业是在不局限于所拥有资源的前提下，识别机会、利用机会、开发机会并产生经济成果的行为，或者将好的创意迅速变成现实。动态性，一方面即创业精神是连续的，创业行为会随着企业的成长而延续，并得以强化；另一方面即机会发现和利用是动态过程。

创业管理是由创新活力、冒险精神、执行能力以及团队精神等因素组合的一个系统，只有系统里的因素综合协调发生作用，企业才能取得可持续发展。通过系统因素的综合作用来把握机会、环境、资源和团队，创业管理更强调团队中不同层级员工的创业，而不是单打独斗式的创业。

(3) 创新与创业的关系

创新是创业的基础，是企业发展的原动力。创业是对创新的实践，在本质上是人们的一种创新性实践活动。创业管理的本质在于创新，创新并不一定是发明创造，而更多是对已有技术和要素的重新组合。

无论是企业经济发展转型还是实施新的管理模式，无论是在理论方面还是实践方面，创业与创新都是相互联系的，两者很难截然分开。创新性创业是实现这一目标不可缺少的步骤，也是创业的重要意义之一。

8.2.2 企业创业与个体创业的比较

(1) 企业创业的含义和动因

企业创业主要指被已有企业发起的组织的创造、更新与创新活动。创业活动是由在企业中工作的个体或团队推动的。企业创业是在已有的企业中创业，创业的主体是企业内部具有创业精神的组织成员。随着经济全球化以及技术的不断更新，产品生命周期和企业生命周期在不断缩短，为此，如何保持企业生命周期，实现企业可持续发展，成为企业亟待解决的问题。企业被逼倒闭，不如主动在创新中创业。企业创业逐渐成为企业发展的内在需求。

企业创业应包含以下核心内容：一是在现有企业内部实施；二是以创业机会为导向；三是追求新价值或追求企业其他战略目标——保持竞争优势或持续成长等；四是关注新创事业的产生、结果与原企业的关系；五是提倡全体员工参与和重视创新精神。

企业创业的动因主要有：一是应对激烈竞争环境的需要；二是为了留住可能流失的优秀员工；三是利用内部创业提高企业收益；四是合理安置老员工。

(2) 企业创业与个体创业的差异

企业创业与个体创业同属于创业活动，因此具有一些共同的特征，如机会导向、创造性地整合资源、价值创造、创新、变革等。但由于最初的资源禀赋、组织形态、战略目标等背景和条件不同，存在较为明显的差异。主要差异在于：

①创业基础不同　企业创业往往有母体企业的资金、资源的支持。个体创业完全由创业者自筹资金、自有人脉、自有物资设备，一切由个人管理。

②报酬与风险不同　企业创业的报酬与风险，往往与母体企业相关联。个体创业完全独立承担风险，自主经营，自负盈亏，风险更大。

③独立性不同　企业创业是在现有的组织内部实施创业，从属于母体企业，内创企业服从于原有企业的管理，一般所有权属于母体企业。个体创业是个体完全独立开创的企业，拥有完全独立的所有权、经营权、处置权等。

8.2.3　创业管理与传统管理的区别

创业管理不同于传统管理，表现为以下4个方面：

①产生背景不同　传统管理产生、成熟于机器大工业时代，创业管理产生于知识经济时代。机器大工业时代的传统管理聚焦于商品，是技术导向型的，研发、设计、工程、大批量制造、大市场、大规模操作、自动化和专业化都是重要因素。在知识经济时代，产品市场的生命周期缩短，企业竞争激烈，注重的是如何快速进入和退出市场、迅速升级产品等，这些都是创业管理的重点。

②研究对象不同　传统的管理理论是以现有的企业为研究对象，并且主要是以大企业为研究对象，而创业管理理论则是以不同层次的新建事业以及新的创业活动为研究对象。传统管理理论倾向于向人们提供知识和技能，侧重规避风险，着重培养优秀的职业经理人，创业管理着重于培养优秀的企业家。

③出发点不同　传统管理的出发点是效率和效益，创业管理的出发点是通过找寻机会取得迅速的成功与成长。创业管理的核心问题是机会导向，即创业是在不局限于所拥有资源的前提下，识别机会、开发机会、利用机会并产生经济成果的行为。

④内容体系不同　传统管理通过计划、组织、领导和控制来实现生产经营；而创业管理则是在不成熟的组织体制下，更多地依靠团队的力量，靠创新和理性冒险来实现新事业的起步与发展。创业管理的内容体系是围绕如何识别机会、开发机会、利用机会而展开的，其创业过程中研究的重点是组织与资源之间的关联性和耦合，包括个人的知识准备与新机会之间的耦合、创业过程中核心团队成员知识和性格的耦合、现有资源和能导致事业成功的战略之间的耦合、新的潜在事业特征和当前用户实践之间的耦合等。

8.2.4　创业的类型

（1）基于创业动机分类

①生存型创业　指没有更好的选择，不得不参与创业活动来解决面临的困难的创业。生存型创业的特征主要体现在以下方面：一是生存型创业面对的是现有的市场，最常见的是在现有市场中捕捉机会，表现出创业市场的现实性。二是生存型创业从事的是技术壁垒低、不需要很高技能的行业。在我国所有创业活动中，生存型创业占据大多数。这一类创业是受生活所迫，物质资源贫乏，起点较低，创业者大部分文化水平不高，创业项目也主要集中在餐饮副食、百货等低成本、低门槛、低风险、低利润的行业。创业目的大多仅仅是为了养家糊口、补贴家用。但是，其社会效应明显，它不仅能解决自身的就业问题，经营状况较好的还能聘请员工，带动他人就业。

②机会型创业　指出于个人抓住现有机会并实现价值的强烈愿望而进行的创业。机会型创业着眼于新的市场机会，拥有更高的技术含量，有可能创造更大的经济效益，从而改善经济结构。无论是从缓解就业压力还是改善经济结构的目的出发，政府和社会都应该更

加关注机会型创业，大力倡导机会型创业。

③企业内部创业　创业者一般在外部环境中创业，这里的外部环境包括政治环境、经济环境、行业环境和社会文化环境。但企业内部也可以进行创业。企业内部创业是一种借势发挥的创业。这种创业一般是由一些有创业意向的企业员工发起，在企业的支持下承担企业内部某些业务内容或工作项目，进行创业并与企业分享成果的创业模式。这种方式不仅可以满足员工的创业欲望，同时也能激发企业内部活力，改善内部分配机制，是一种员工和企业双赢的管理制度。20世纪90年代中后期，因为各方面原因，蛟河林业局发展处于停滞状态。面对困境，蛟河林业局积极探求崛起之路，通过转变传统经营理念，走出单纯依托木材生产发展林业经济的误区，充分利用林业的多种资源，扩展领域多元发展，坚持系统内外一起上，实现了立体开发和多元化经营，做到了优势互补，延长了产业链条，精深加工产生了效益。2005年12月，蛟河林业局内部成立的吉林省拉法山国家森林公园股份有限公司，建立了产权清晰、权责明确、政企分开、管理科学的现代企业制度。几年来，该公司相继成立了天林石材、森华木业、森夥地产等14家分公司，实现了发展方式的转变，使县域林业经济走上了持续健康发展的轨道。

(2) 基于价值创造分类

依照创业对市场和个人的影响程度，克里斯琴(Christian)将创业区分为4种类型，即复制型创业、模仿型创业、安定型创业和冒险型创业。

①复制型创业　是指在现有经营模式基础上简单复制的一种创业模式。复制型创业由于前期生产经营经验的累积而使得新组建公司成功的可能性很高，但在这种类型的创业模式中，创新贡献较少，也缺乏创业精神的内涵，并不是创业管理研究的主流。

②模仿型创业　是指创业者看到他人创业成功后，采取模仿和学习而进行的创业活动。模仿型创业具有投资少、见效快、迅速进入市场等特点。这种形式的创业，对于市场来说虽然也无法带来新价值的创造，创新的成分也很少，但与复制型创业的不同之处在于，创业过程对于创业者而言具有很大的冒险成分。创业者如果具有适合的创业人格特性，经过系统的创业管理培训，掌握正确的市场进入时机，就有很大机会获得成功。

模仿型创业有两个基本的要诀：一是选择模仿的对象。一定要选择已经证明成功的有前景的"好东西"，同时要牢记模仿只是手段和工具，模仿的目的是创新和颠覆。但应避免盲目创新，一定要谋定而后发。被模仿者和模仿者是先发和后发的关系，先发总有预想不到的问题，后发可以研究哪些最适合发挥，在学习、模仿先行者的基础上，有所取舍地创新。二是把握模仿的时机。在进入一个领域的时机把握上，一般选择有第二者出现后，即一家开创者加一家跟进者，这表示这个市场即将启动。

③安定型创业　这种类型的创业，虽然为市场创造了新的价值，但对创业者而言，本身并没有面临太大的改变，做的也是比较熟悉的工作。这种创业类型强调的是创业精神的实现，也就是创新的活动，而不是新组织的创造。企业内部创业即属于这一类型。

④冒险型创业　这种类型的创业，除了为创业者本身带来极大改变，个人前途的不确定性也很高；对新企业的产品创新活动而言，也将面临很高的失败风险。冒险型创业是一

种难度很高的创业类型,有较高的失败率,但成功后所得的报酬也很惊人。这种类型的创业如果想要获得成功,必须在创业者能力、创业时机、创业精神发挥、创业策略研究拟定、经营模式设计、创业过程管理等各方面都有很好的搭配。

8.2.5　促进企业创业的策略

(1)营造内部创业文化

逐步向员工灌输希望他们有所创新的想法,充分尊重和信任员工,为员工打造一个自由和开放的创新空间,为公司的创业文化赋予灵魂。

(2)与员工共同承担风险和奖励内部创业

激励机制有多种模式,需要秉承激励和风险对等的原则进行设计,企业可以根据创业业务的发展前景和员工的承受能力进行选择。常见的做法有:设立内部创业保障期模式,即在保障期内,内部创业者可以有一定的薪酬保底收入,保障期后根据业务的发展情况提取有激励性的薪酬;设立内部创业基金模式,即企业拿出一笔费用,专门供内部创业者使用。

(3)使变革创新成为一种制度

企业有时会用各种战略来维持现状,在创业型企业中应该把战略变成一种变革的工具,使之制度化。

(4)加强内部创业指导

加强对于内部创业者的指导,完善内部培训机制,帮助优秀员工尽快走上正轨。

(5)协调资源

企业应协调内部多种资源,如营销资源、技术资源等,给予内部创业者业务扶持,以此帮助内部创业者取得最大的成功。

(6)认识到失败的重要性

创业毕竟是一种创新,创业是尝试的过程,有可能失败,失败过程也是体验、学习过程,是进步的动力。

8.2.6　林业创业项目的选择

(1)选择林业创业项目要遵循的原则

①坚持政策导向　要选择国家政策鼓励和支持并有发展前景的行业。认真学习《国家创新驱动发展战略纲要》《国家林业局关于加快实施创新驱动发展战略支撑林业现代化建设的意见》《中央财政林业补助资金管理办法》等政策规定,选择政策支持和扶持的项目,促进林业现代化建设。如木竹高效加工、非木质资源增值利用、林业生物质能源与材料、林业智能装备、碳汇林业等项目。

②坚持创新导向　选择创业项目要做到"人无我有、人有我优、人优我特"。创新是创业的基础,创业本质上也是创新实践活动。创新是推动一个国家和民族向前发展的重要力量,也是推动整个人类社会向前发展的重要力量。

③坚持需求导向　创业者不要光凭想象、冲劲、理念做事，必须树立这样一个观点，即"顾客是上帝"，没有满意的顾客就没有企业的存在和发展。因此，选择林业创业项目时要进行市场调查和研究，特别是第一次创业时，创业者更要做详细的市场调研，包括宏观市场调研和微观市场调研。宏观市场调研的内容包括有关政策、购买力的影响因素及投向、消费群人口状况、供给来源及能力等；微观市场调研的内容包括市场需求、产品、价格、促销方式、销售渠道、竞争情况等。

④坚持优势导向　在选择创业项目时要能充分发挥自己的长处和优势，选择自己有兴趣和熟悉的行业，而且一旦确定创业项目就要持之以恒，不能半途而废。

⑤坚持量力而行　创业前要认真分析自己的条件，包括资金、资源、技能等条件，量力而行，不能好高骛远。

（2）选择林业创业项目的主要过程

①林业创业项目的开创　在开创林业创业项目时，应尽量放开思路，尽可能地挖掘创业项目。具体可从以下几方面开创：创业者的技能、创业者的兴趣、创业者的经验、创业者的社会关系、创业者所处的自然资源环境。

②林业创业项目的分析

a. 外部环境分析：创业项目的外部环境是创业者难以把握和不可控制的外部因素，是不断变化的动态环境。如消费者偏好及其变化、政策法规的变动、市场结构的变化、新技术革命引起的变化等。外部因素纷繁复杂，各种因素对创业活动所起的作用各不相同，有时这些因素又以不同的方式组成不同的体系，发挥着不同的作用。因此，要尽可能地通过各种信息渠道收集、整理、分析外部环境资料和数据。

b. 市场分析：准确的市场分析是选择林业创业项目的前提。其中最主要的是分析市场需求，具体包括产品的需求总量、需求结构、需求规律、需求动机等。市场需求将决定未来创业活动的生产经营状况。

c. 资源分析：没有资源是实现不了任何项目的，创业项目当然也不例外。对于创业者来说，必须了解产品的现有资源，通常包括土地、资金、技能、人际关系、设施设备等。

d. 竞争对手分析：创业者对竞争对手的情况必须做充分的调查分析，既有助于创业者摸清对手的情况，又能学习和借鉴竞争对手的长处、经验和教训，增强竞争能力。竞争对手分析主要是了解现有竞争对手的数量、经营状况、优势和弱势、竞争策略以及潜在的竞争对手等。

e. 投资效益分析：创业者对林业创业项目的投资效益分析具有十分重要的意义。通过分析设施的总造价、设备的总投资、为创办企业应缴的各种费用、产品的原材料价格、生产工人和管理工人的工资、产品的市场价格以及变动趋势等，计算出投资成本、投资产出以及投资效益，看企业能不能赢利。能赢利，企业才能生存与发展。

③林业创业项目的筛选　根据对林业创业项目的分析，对林业创业项目进行相互比较、权衡利弊，对林业创业项目进行筛选，选出一个符合自己实际的切实可行的创业项目。一个能够赢利的、有竞争力的好项目必须具备以下几个特点：获得性、新颖性、成长

性、未来性、可行性。

(3) 有潜力的林业产业项目

中国林业产业联合会常务副会长封加平在 2018 年提出，林业应该在以下 10 个产业中进行技术创新，挖掘潜力，主攻发展。

① 森林培育产业　属于第一产业，是所有林业产业的基础产业，可以为国家带来巨大的战略利益。发展森林培育业，应抓住 3 个关键：一是加强森林抚育；二是在现有林中种植珍贵树种；三是选择果材两用的优良树种。

② 生物质材料产业　是战略性新兴产业。森林生物质可生产竹缠绕复合材料、石墨烯、高性能碳和乙酰丙酸等。其中石墨烯被称为"改变 21 世纪的神奇材料"，将会引爆新的产业革命；乙酰丙酸是世界公认的生物基平台化合物，可以合成数千种产品和材料，如生物基精细化学品、生物医用材料、3D 打印材料、智能材料、微生物降解及改性材料和先进高分子材料、先进结构材料，广泛应用于各领域。例如，浙江鑫宙公司发明的竹缠绕复合材料，被专家确认是一项领跑世界的新材料，可以替代钢材、水泥、玻璃钢等传统材料，可以制造地下管廊、输水管道、高铁车厢、装配建筑。专家预测，这项技术有可能带来一个新的万亿级产业。

③ 生物质能源、生物炭基肥和生物农药产业　既是一个关系我国能源安全的战略性产业，又是一个关系我国防治土地污染、水污染的战略性产业；既是一个关系食品安全的产业，又是一个关系节能减排的产业。我国已创造了世界上最先进的生物质气化多联产技术，据估算，如果把我国的农林废弃物利用起来，可发电 9000 亿度，与我国现有的水利发电量相当；可产出大量可替代农药的木醋液，可减少我国化肥使用量的 30%；可逆转酸化、板结、污染的土地，成为目前唯一能够有效防治土地污染的途径。

④ 中药材、生物质提取物、生物饲料、生物制药及保健品产业　2016 年全球十大最畅销药品中有 8 个是生物药，销售额占整个药品总额的 31%。目前我国的植物提取物已达 300 多种。例如，元宝枫可提取神经酸，这是大脑神经细胞和神经纤维的核心成分，具有对大脑神经细胞的修复功能；从银杏叶提取的黄酮是治疗心脑血管疾病的优良药物；桑叶的用途已从过去的养蚕变成了做饲料和保健品；杜仲的花、果、叶、皮都具有很高的食用和药用价值，特别是杜仲胶，是一种战略资源，据专家估计，杜仲的关联产业将来可达上万亿元。

⑤ 生态旅游康养产业　据统计，2017 年我国林业休闲旅游人数为 31 亿人次。从 1982 年我国建立第一个国家森林公园开始，我国的林业休闲旅游产业已连续 35 年实现高增长。可见，我国生态旅游康养产业正处在黄金发展期。

⑥ 木本油料产业　木本油料是提供健康优质食用植物油的重要来源。近年来，我国食用植物油消费量持续增长，需求缺口不断扩大，对外依存度明显上升。为进一步加快木本油料产业发展，大力增加健康优质食用植物油供给，切实维护国家粮油安全，国务院办公厅于 2015 年初出台了《关于加快木本油料产业发展的意见》，提出了 5 项任务：一是优化木本油料产业发展布局；二是加强木本油料生产基地建设；三是推进木本油料产业化经营；四是健全木本油料市场体系；五是加强市场监管和消费引导。可见，木本油产业前景广阔。

⑦森林生态产品产业　我国46.5亿亩林地、60亿亩草地每年生产数以万计的林产品，是生态的、绿色的、无污染的。

⑧木竹建筑产业　木竹结构建筑和建材具有低碳环保、抗震减灾、施工便捷、可循环、可降解、传承民族文化等独特优势。发展绿色建筑与绿色建材是国家积极倡导的方向，更是建筑行业发展的必然趋势，木竹结构建筑和建材产业发展潜力巨大。我国木竹结构建筑和建材产业已经具备一定的发展基础，目前正是加速发展的良机。资源方面，我国有全球面积最大的人工林和竹林，还在推进建设3亿亩国家储备林基地，国内木竹材供给将持续增加。产业规模方面，全国专业从事木结构相关产业的企业已有8000多家，是10年前的10倍多，产值增长了近100倍。科技支撑方面，我国木竹建筑和建材领域开展了基础研究、关键技术研发和典型示范应用，产生了一大批可以转化的科研成果，仅相关授权专利就有300多项，标准体系已初步建立。市场需求方面，木竹结构建筑和建材正"得宠"，应用范围越来越广，木结构建筑面积每年增加20%左右，随着建筑理念更新、标准规范健全、关联产业提升、原料供给增加和城镇化推进，还有较大的增长空间和发展潜力。

⑨林下经济及中药材产业　林下经济主要是指以林地资源和森林生态环境为依托，发展起来的林下种植业、养殖业、采集业和森林旅游业，既包括林下产业，也包括林中产业，还包括林上产业。发展林下经济是巩固集体林权制度改革成果、促进绿色增长的迫切需要，是提高林地产出、增加农民收入的有效途径。中药材产业也是林下种植业，在林下种植中药材，既可以提升效益，又可以保障药效。可以预见，随着我国中医药振兴计划的实施和林下经济的发展，森林中药材产业前景十分广阔。

⑩碳汇产业　是所有以增加碳汇为主要目标，将导致温室效应的气溶胶或它们的前体进行收集并以某种形式储存的循环经济活动的总称。如林业碳汇、渔业碳汇、草原碳汇等经济活动，这些活动实现了碳的固定和储存，并由此减少了大气中的温室气体含量。森林碳汇是最重要的碳汇产业，因为森林具有吸收二氧化碳的超强能力。碳汇产业，是林业的衍生产业，也是未来的一项大产业，全球碳汇市场方兴未艾，林业碳汇产业将迎来新的挑战和发展机遇。目前全球有19个碳交易市场。欧洲31国建立了欧盟碳市场，美国几十个州建立了碳市场，大洋洲的新西兰、澳大利亚也建立了碳市场。我国已在北京、天津、上海、广东、深圳、湖北、重庆、福建8个省份建立了碳市场。

典型案例

案例8-1　下岗创业促进乡村振兴

李协鼎曾在洱源县供销社工作24年，曾被云南省人民政府评为供销系统"省级劳模"。随着供销社的改革，李协鼎下岗了。人到中年，正是人生最关键的时候，李协鼎不向命运低头、敢于拼搏的性格，使他决定自主创业。洱源因自然资源丰富，被人们赞誉为"鱼米之乡""梅子之乡"等。经过调研，他看准了洱源有梅果资源的优势，梅果的许多类型不但可以露地栽培供观赏，还可以栽为盆花，制作梅桩；鲜花可提取香精，花、叶、根和种仁均可入药；果实可食、盐渍或干制，或熏制成乌梅入药，有止咳、止泻、生津、止渴之效；梅又能抗根线虫危害，可作核果类果树的砧木。但当地缺乏先进的加工生产技术。李协鼎决心从事梅品加工产业，在自家的自留地上搭起了简易工棚，用空心砖垒起了泡鲜梅的池子。由于资金紧缺，他四处奔走，总算在县农业银行得到了50万元贷款。随后，他到上海、广州、昆明等地购回一批机器设备，在自己的1.8亩承包地上展开了"云南大理洱宝实业有限公司"的蓝图。

经过19年的艰苦创业，依托丰富的梅果资源优势，走科技创新之路，公司实现了跨越式发展。目前，公司拥有1个总厂、2个加工分厂，研发生产了洱宝话梅、冰话梅、雕梅、脆梅、鲜梅醋、炖梅醋、青梅酒、雕梅酒、青梅爽、青梅醋饮料、青梅糕、青梅酱等系列产品150多种，畅销全国及东南亚各国。公司先后被国家林业局（现国家林业和草原局）命名为"全国经济林产业化龙头企业"，被云南省林业厅认定为"林业产业省级重点龙头企业"，被云南省科技厅等七部门认定为"省级企业技术中心""云南省创新型试点企业"，被科技部批准认定为"高新技术企业"。

李协鼎致富后不忘回报乡里。他热心支持社会公益事业，16年来先后为灾区、教育事业、残疾人、消防、人畜饮水、乡村公路建设捐资达200多万元。公司相继被云南省委、省政府评为"社会扶贫先进集体"。

案例8-2 日本林业创新促进智慧林业发展

为应对地形地貌等不利条件和林业生产率低下等日本林业固有问题，以及人口减少、生育率降低和老龄化等社会问题，2019年12月日本林野厅公布了促进智慧林业发展的《林业创新推进计划》。我国当前的社会背景与日本相似，因此日本的林业创新对我国当前林业的创新发展具有借鉴意义。下面摘录部分内容，以供学习。

1. 林业创新的前景

利用数字化和信息与通信技术（ICT）创新林业管理，通过自动化机械与技术的应用，实现减轻劳动强度、节省人力的目标。通过造林技术创新，缩短林业投资回收期，减轻造林作业的劳动强度，为年轻人和妇女创造具有吸引力的就业岗位。通过开发新的木质产品并使其商业化，为全球解决塑料问题做出贡献，同时通过产业创新增加市场竞争力。

2. 林业创新的主要内容

(1) 森林资源的管理创新。利用激光测量技术掌握森林资源信息；利用激光测量共享森林资源信息，并进行数字化管理；使用激光测量数据进行精准的路网设计；引进森林云管理系统。

(2) 利用ICT进行生产管理创新。利用激光测量数据和ICT，使森林云管理系统和生产管理系统更加标准化，引进生产管理系统来制订木材生产计划、分配机械和人员、管理生产进度以及掌握木材产量。

(3) 采伐和造林作业技术创新。采伐作业的远程化和自动化；集材作业的远程化和自动化；运材作业自动化，如无人驾驶林内运材机的应用；开发机械化和自动化造林技术以及造林用辅助套装，如用于海岸林维护的种植机和能够在坡地林下作业的除草机的研发。

(4)林业新材料创新。应用木质素改性产品；应用纤维素纳米纤维(CNF)涂料；开发可替代塑料的新材料(PDC)；制造"从木材中提取酒精制成的饮料""树之酒"，并推向市场。

巩固训练

1. 学生自主组成团队，每个团队3~5人。以学生自荐和同学推荐的方式选出各组组长，由组长对团队成员进行职责分工，主要包括：资料查找、资料整理编辑人员、PPT制作人员、报告完成人员、讲演人员等(分工是相对的，可适当转换角色)，团队成员共同填写好工作页，组长审核、总结后上交教师。

2. 具体内容：请通过公共媒体或互联网搜寻一家林业企业的创业故事。

(1)用不超过2000字简明描述该企业的创业和经营故事，应该包括这家企业创业时的原始驱动力、团队优势、经历和克服过的主要困难、企业文化、企业和企业家对社会的影响等，以及你认为有意义内容。

(2)请根据收集到的信息进行归纳和分析，回答以下问题：

这家企业创业时抓住了或希望抓住市场上的什么商业机会？

创业时设想的产生营业收入和利润的商业模式是什么？

企业创业时拥有或希望发展的核心竞争力是什么？

企业在成长和发展过程中采用了哪些有效的营销手段和措施？

创业企业家的最大个人魅力或社会影响力是什么？

小结

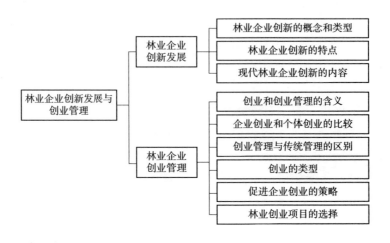

思考与练习

一、单选题

1. 模仿创新具有跟随性,并因而具有(   )。
   A. 被动性   B. 客观性   C. 主动性   D. 主观性
2. 项目多集中在服务业,并没有创造新需求,而是在现有的市场上寻找创业机会的创业类型是(   )。
   A. 传统技能型创业   B. 自主型创业   C. 就业型创业   D. 机会型创业
3. 实践基础上的(   )是社会发展的先导。
   A. 理论创新   B. 管理创新   C. 教育创新   D. 国家创新
4. 创业过程当中出现一些挫折是(   )的现象。
   A. 偶然   B. 应然   C. 或然   D. 必然
5. (   )是创业者根据主客观条件,因地制宜,正确地确定创业的发展方向、目标、战略以及具体选择实施方案的能力。
   A. 创业能力   B. 决策能力   C. 管理能力   D. 领导能力
6. 创业过程是由(   )驱动的。
   A. 机会   B. 成本   C. 资金   D. 技术
7. 创业者实施创业活动归根结底是为了赢得市场,因此构建创业模式的(   )阶段是创业模式构建的重点。
   A. 自身定位   B. 客户定位   C. 价值传递   D. 规划未来
8. 创业能否成功与能否正确判断和识别用户的(   )密切相关。
   A. 外表   B. 性格   C. 需求   D. 收入

二、简答题

1. 创业管理与传统管理有什么区别?
2. 创业的类型主要有哪些?
3. 企业创业与个体创业有什么差异?
4. 林业企业创新有哪些特点?

参考文献

BEN HOROWITZ, 2015. 创业维艰[M]. 北京：中信出版社.
彼得·蒂尔, 布莱克·马斯特斯, 2015. 从0到1[M]. 北京：中信出版社.
党凤兰, 1996. 林业企业经营管理[M]. 北京：中国林业出版社.
董新春, 2001. 林业经济管理[M]. 北京：中国财政经济出版社.
冯拾松, 2010. 管理学原理[M]. 北京：机械工业出版社.
何海怀, 2011. 企业管理基础[M]. 北京：电子工业出版社.
何学飞, 2004. 财务管理[M]. 长沙：中南大学出版社.
赫里斯（Hisrich. R. D.), 蔡莉, 2009. 创业管理[M]. 北京：机械工业出版社.
黄雁芳, 2001. 管理学教程案例集[M]. 上海：上海财经大学出版社.
李有荣, 2002. 企业创新管理[M]. 北京：经济科学出版社.
刘善华, 2006. 现代企业管理学教程[M]. 广州：暨南大学出版社.
滕铸, 2003. 现代企业管理学[M]. 杭州：浙江大学出版社.
王关义, 2012. 现代企业管理[M]. 北京：清华大学出版社.
魏勇军, 2011. 企业管理基础[M]. 长沙：湖南大学出版社.
温志宏, 2006. 中小企业创业与管理[M]. 武汉：华中科技大学出版社.
杨洁, 2006. 管理学[M]. 北京：中国社会科学出版社.
余敬, 2006. 管理学案例精析[M]. 武汉：中国地质大学出版社.
余向平, 2004. 企业管理原理[M]. 北京：经济管理出版社.
张亚, 2007. 企业管理[M]. 北京：中国林业出版社.
张义珍, 2000. 管理学[M]. 北京：中国物价出版社.
张玉利, 李新春, 2006. 创业管理[M]. 北京：清华大学出版社.
赵有生, 2004. 现代企业管理[M]. 北京：清华大学出版社.
郑明望, 2005. 财务管理[M]. 长沙：湖南大学出版社.